항일유적 답사기

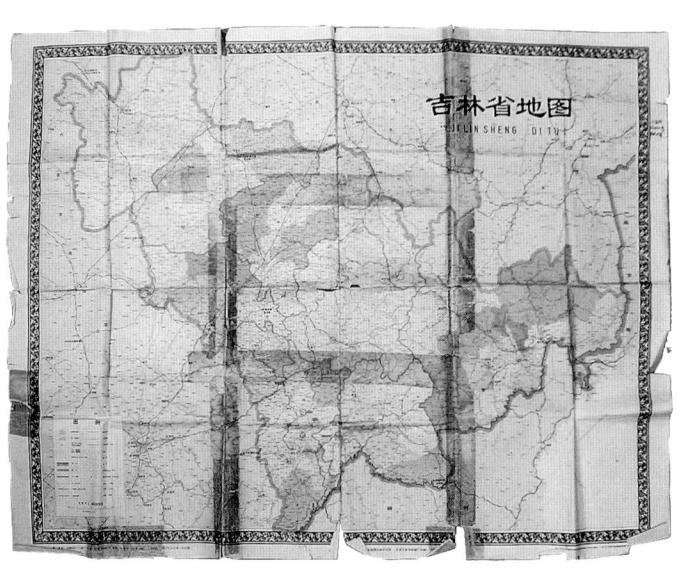

지은이가 답사 기간중 휴대했던 지린성 지도

- 중국에 흩어져 있는 선열들의 발자취를 찾아서 -

# 항일유적 답사기

박 도 지음

눈빛

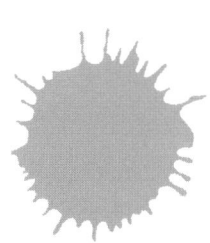

# 답사기로 엮은 민족해방운동사

강만길 | 역사학사, 친일반민족행위 진상규명위원회 위원장

평생 우리 근현대사를 연구하고 가르치다가 이제 일선에서 물러났지만, 우리 역사 교육, 특히 근현대사 교육에 대한 불만은 지금도 여전하다. 남의 강제 지배에서 벗어난 민족사회는 당연히 전체 교육과정에서 '민족해방운동사'를 따로 가르쳐야 하지만 우리는 그렇지 못했다. 해방 후 우리 역사학계는 상당한 기간 민족해방운동사를 따로 엮어서 가르칠 만한 여건이 되지 못했다. 1960년대에 와서야 비로소 독립운동사가 일부 연구되고 가르쳐졌으나 민족분단 상황 때문에 우익 운동사에 한정되었고, 그것도 현장 중의 현장인 중국과 내왕이 전혀 불가능한 조건에서 연구되고 또 기록된 것이었다.

1980년대 말기로 오면서 군사독재정권의 위세가 약해지자 사회주의 계통의 운동사가 어느 정도 연구되기 시작했다. 그러던 중 1990년대 들어와서 중국의 문이 열리자 현장을 답사하고, 또 중국쪽 자료를 이용한, 그리고 좌우익 운동을 함께 다룬 옳은 의미의 민족해방운동사가 연구되기 시작했다. 그러나 본격적인 민족해방운동사 연구가 시작된 지 아직 일천하기 때문에 박사학위 논문을 중심으로 한 연구서들이 다소 있을 뿐, 지식인 일반이나 특히 학생들이 쉽게 읽을 만한 책은 거의 없다고 해도 과언이 아니다. 나는 야담이나 사화가 아닌 역사를 이야기처럼 쉽고 재미있게 읽을 수 있는 책이 많이 나와야 한다고 생각하지만, 논문만을 써 오던 연구자들에게서 그것을 기대하기란 또한 쉬운 일이 아니다.

그런데, 이미 장편소설을 비롯해서 여러 권의 책을 낸 바 있는 작가 박도 씨가 중국 동북삼성을 포함한 여러 지방에 산재해 있는 우리 독립운동 현장을 두루 답사한 후, 여행기이면서 또 쉽게 쓴 독립운동사라 할 수 있는 내용으로 한 권의 책을 엮었다. 박도 씨는 1960년대 내 강의를 들었던 인연으로 한마디 보태줄 것을 청했다. 그의 재학 시절은 나도 30대 신출내기 선생이라 얼마나 괜찮은 강의를 했는지 의문이지만, 어쨌든 그때의 청강이 혹시 이 같은 책을 쓰게 된 동기의 일부라도 되었다면 나로서는 분외의 다행이 아닐 수 없다.

특히 이 책에는 나와 약간 인연이 있는 임시정부 초대 국무령 석주(石洲) 이상룡(李相龍) 선생 후손 중 한 분이 박도 씨와 동행하여 그 일가의 독립운동 사적이 비교적 소상히 다루어져 있다. 얼마 전에 작고한 석주 선생 손부 허은(許銀) 여사의 수기를 감명깊게 읽었지만, 사실 석주 선생 일가의 3대, 혹은 4대에 걸친 민족해방운동 과정은 언젠가 반드시 그것만이 따로 정리되고, 또 의미 있게 다뤄져야 한다고 생각한다.

1910년대에서 시작하여 1940년대 이후까지 걸치는 우리 민족해방운동은 시대 사정의 변화에 따라 그 성격이 변하지 않을 수 없었으며, 일단 민족해방운동전선에 참가한 집안은 이 같은 변화 과정에 조응하지 않을 수 없었다. 이 책에도 나오지만, 1900년대 초기의 의병장이요 석주 선생과 사돈간인 왕산(旺山) 허위(許蔿) 선생의 후손 중에서 1930-40년대 동북항일연군의 걸출한 지휘관 허형식(許亨植)이 나온 사실에서 그 전형적인 예를 볼 수 있다.

석주 선생 일가의 민족해방운동 과정도 예외가 아니라 할 수 있으며, 앞으로 우리의 평화통일론과 남북의 대등통일론이 자리잡아 가고, 그에 따라 민족해방운동사 연구 방법론이 옳게 방향을 잡아 가면 민족해방운동 과정의 이러한 흐름이 극히 자연스러운 것으로 논증될 수 있을 것이다.

물론 박도 씨의 이번 저술이 이 문제를 만족할 만큼 담아낸 것은 아니며, 사실 역사학 연구자가 아닌 그에게 그것을 기대하는 일 자체가 무리이기도 하다.

그러면서도 이 책은 독서인 일반으로 하여금 동북삼성을 중심으로 하는 중국
일대의 우리 민족해방운동전선 그 자체에 쉬우면서도 재미있게 접근하게 한다
는 점에서 그 값어치를 높이 평가할 수 있지 않을까 한다. 특히 젊은이들에게 일
독을 권하고 싶다.

# 역사는 영원히 되풀이된다

몇해 전 내가 교단에 있었을 때다. 대학 수시입학 전형을 보고 난 한 학생의 표정이 밝지 못해 그 까닭을 묻자, 구두시험 면접관이 '윤봉길 의사'에 대해 물었는데 답변을 제대로 하지 못해서 아무래도 시험에 떨어질 것 같기 때문이라고 했다. 순간 '너, 그것도 몰랐니'라는 생각이 들다가 이내 내 얼굴이 화끈거렸다. 50년을 학교 울타리에서 한결같이 배우고 가르쳐 온 나는 독립운동사를, 독립지사를 얼마나 알고 있는가?

서울에 40년을 살으면서도 '왕산로'의 유래도 몰랐거니와, 왕산(旺山) 허위(許蔿) 선생이 내 고향 태생이라는 것도 쉰이 넘은 나이에 중국 하얼빈에 가서야 비로소 알고서 얼마나 부끄러워했던가. 대체로 우리들은 독립운동사나 독립지사에 무지했다. 제대로 배우지도 못했고, 애써 가르치지도 않았기 때문이다. 누구 탓으로만 돌릴 게 아니라 우리 모두에게 그 책임이 있다. 이것이 뒤늦게나마 항일유적지를 더듬으면서 선열들의 얼을 새겨서 이를 가능한 쉽게 다음 세대에 전하고자 하는 이유이다. 이 일은 기성세대가 신세대에게 마땅히 해야 할 소명이다.

우리나라가 일제로부터 해방된 지 어느새 60년이 넘는 세월이 지났다. 항일유적지 현장에서 살펴보니 해방은 거저 얻은 게 아니었다. 선열들이 일제 압제 아래에서도 언 땅에다 해방의 씨앗을 뿌리고, 뜨거운 피를 흘리면서 그 씨앗을 가꾸었기 때문이다. 그러나 그분들은 대부분 꿈에도 그리던 '조국 해방'이라는 기쁨도 누리지 못한 채, 이역의 산하에서 숨을 거두셨다.

나는 1999년, 2000년에 이어 2004년에도 중국 대륙에 흩어져 있는 항일유적지를 더듬었다. 선열들의 희미해진 발자취를 애써 찾아, 이름없이 산화한 독립전사의 영전에 고국에서 가져간 술잔을 올리며 깊이 고개 숙였다.

"역사는 영원히 되풀이된다"고 한다. 사람들은 이 말을 잘 알고 있으면서도 지난 일은 까마득히 잊어버리기 일쑤다. 하지만 앞서가는 나라의 현명한 백성들은 똑같은 시행착오를 겪지 않으려고 지난 역사를 되새기며, 오늘에 일어난 일을 올곧게 기록하여 후대에 교훈으로 남긴다. 답사 길에서 만난 한 역사학자는 젊은 세대가 역사를 너무 모른다며 매우 안타까워했다. 그는 역사를 모르면 똑같은 잘못을 되풀이하게 마련이라며, "과거를 잊는 것은 반역이다"라고 했다.

1999년 제1차 답사 때에는 상하이 임시정부 초대 국무령 석주(石洲) 이상룡(李相龍) 선생의 증손 이항증(李恒曾) 씨와 중국 대륙을 누비며 무장투쟁을 하다가 조국 광복 제단에 목숨을 바친 일송(一松) 김동삼(金東三) 선생 손자 김중생(金中生) 씨와 동행하면서 그분들의 알뜰한 안내를 받았다. 2000년 제2차 답사 때는 나 혼자 하얼빈으로 가서 서명훈, 김우종 씨의 안내를 받았고, 2004년 제3차 답사 때는 안동문화방송국 특별취재팀과 동행하면서 독립운동가 후손 김시준, 이항증 씨의 안내를 받았다.

우리 일행은 답사에 앞서 국립묘지 임정 묘역을 찾아 여러 선열에게 고유의 인사를 올렸다. 선열들의 발자취를 백분의 일이나마 제대로 보고, 바로 쓸 수 있게 해 달라고 땅에 엎드려 마음속으로 빌었다.

우리나라가 분단되지 않았다면, 당시 우리 조상들의 망명길을 따라 열차를 타고 서울에서 평양으로, 평양에서 중국 단동으로 가는 게 마땅하련만, 현재의 여건으로는 도저히 불가능한 일이었다. 그래서 제1차 답사 때는 베이징으로, 제2차 때는 하얼빈으로, 제3차 때는 선양으로 날아간 뒤 거기서 동북삼성으로 옮겨 다니면서 그 일대에 흩어져 있는 항일유적지를 돌아보았다.

나는 답사중, 빼앗긴 나라를 찾겠다고 정든 고향산천과 문전옥답을 다 버리고 오직 뜨거운 마음으로 망명길에 올라 끝내 해방의 기쁨도 누리지 못한 채, 이역 땅에 묻힌 여러 훌륭한 유명 무명의 선열을 만나서 무척 기뻤다. 그동안 가짜 애국자들이 진짜 애국인 양 마구 날뛰어 몹시 역겨웠던 터에, 진짜 애국자를 역사의 현장에서 만남으로써 우리나라가 그간 수많은 외침 속에서도 꿋꿋이 반만 년 역사를 이어 온 까닭을 깨달았다. 한편으로는 이분들이 이역 땅에서 흘린 피의 발자취가 우리나라에서 제대로 조명받지 못하고 세월과 함께 역사의 뒤안길로 묻혀 버리는 현실에 가슴 아팠다.

답사를 마친 소감은, 나라의 힘이 약하고 백성들의 애국심이 결여되면 외침을 당하여 나라를 잃게 되고, 또 한 번 나라를 빼앗기면 다시 찾기도 어려울뿐더러 그동안 망국민들이 겪는 고초는 이루 말할 수 없이 참담하다는 것이다. 또한 나라의 장래는 그 나라 지도층의 도덕성과 젊은이들의 애국심에 달려 있다는 사실을 깨달았다. 이는 동서고금의 진리다.

거룩한 선열들의 발자취를 더듬는 일은 대단히 영광스러운 일이다. 하지만 내 학식이 부족하고, 넓으나 넓은 중국 대륙에 흩어진 선열들의 피 어린 발자취를 수박 겉핥기식으로 돌아보고 이 글을 쓴다는 것이 앞서 가신 선열들에 대한 모독은 아닐는지 송구스러운 마음 금할 수 없다.

이 책을 쓰면서 선배 학자들의 연구논문, 저서에 많은 도움을 받았음을 밝히며, 다음 세대를 위해 가능한 쉽게 쓰려고 그 원전을 인용함에 있어 다소 손상이 가게 한 점을 깊이 사죄드린다. 이 글의 순서는 답사 여정과 관계없이 항일유적지가 많은 동북삼성, 상하이, 베이징 순으로 엮었다. 내용의 중복을 피하고자 제1차 답사 여정을 중심으로 제2차, 제3차 답사를 덧붙이는 식으로 서술하였다. 여기 수록한 사진들도 대부분 서툰 내 솜씨로 찍었다. 한 장의 사진을 얻기 위해 아찔한 순간도, 무릎이 깨진 일도 있었지만 끝내 놓친 순간도 적지 않았다. 아무튼 부족한 사람이 답사 기간 동안 눈을 부릅뜨고 역사의 현장을 보고, 증언을 들으며 기록하고, 카메라에 담느라고 부지런히 다리품을 팔았다.

아무쪼록 이 책이 일제 강점하 이역에서 조국 해방의 비원을 품고 돌아가신 독립전사 원혼에 조금이라도 진혼이 되었으면 좋겠다.

2006년 10월
안흥 산골 글방에서

박도

# 차례

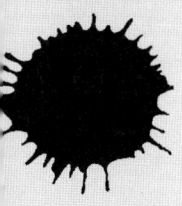

# 항일유적
# 답사기

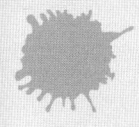

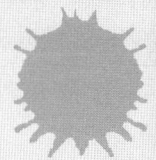

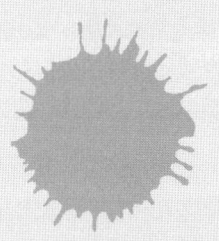

● 일러두기

1. 중국의 지명은 성 이상 주요도시는 현지음에 따라 표기하되 한자를 밝혔고, 성 이하 도시와 관용으로 굳어진 지명의 경우는 우리식 한자음에 따르되 『연변조선족력사화책』(연변해외문제연구소 편저, 연변인민출판사, 1997)을 참조하였다. 중국 인명은 모두 현지음에 따라 표기했다.

2. 이 책은 제1차 답사 후에 펴낸 『민족 반역이 죄가 되지 않는 나라』(우리문학사, 2000)를 6년 만에 다시 다듬고 기우면서 2·3차 답사기를 덧붙여 펴냈다.

# 1. 초록빛 '광야' 만주 벌판을 달리다

## – 하얼빈 가는 길

동북삼성 답사 첫날이다. 그동안 말로만 들었던 넓디넓은 만주 땅, 미지의 세계를 내 발로 밟는 설렘으로 간밤에 잠을 설쳤다. '만주(滿洲)'라는 말은 중국 동북(東北)지방 랴오닝(遼寧)성, 지린(吉林)성, 헤이룽장(黑龍江)성의 동북삼성에 일본인들이 붙인 지명이다. 만주는 그 면적이 자그마치 123만 제곱킬로미터로, 우리나라 전 국토의 다섯 배가 넘는다. 지난 한 세기 동안 만주 벌판은 군벌과 마적, 일제 관동군과 위만군 그리고 우리 독립군들이 서로 뒤엉켜 각축을 벌였던 풍운의 대륙이었다.

1999년 8월 4일, 새벽 5시 30분, 비가 질척질척 내리는 궂은 날씨로 창밖은 미처 어둠이 가시지 않았다. 아침밥도 거른 채 가벼운 차림으로 서둘러 답사에 나섰다. 벌써 빈관(賓館:여관) 앞에는 중공군 귀빈용 아우디 승용차가 우리 일행을 기다리고 있었다. 우리 답사단은 김중생, 이항증 선생과 저자까지 세 사람이다. 운전기사는 중공군 하사관 왕빙(王兵)이란 인상이 서글서글한 젊은 친구였다. 50여 년 동안 냉전체제에서 살았던 나로서는 '중공군'을 만나면 무시무시하고 섬뜩할 줄 알았다. 그러나 막상 녹두빛 제복을 입은 중공군을 마주 대하고 보니, 그는 매우 순박하고 앳된 젊은이로 적대감보다 오히려 호감이 갔다. 마치 내 아들이나 조카를 오랜만에 만난 듯 귀엽고 반가웠다. 나는 새삼 '만남'의

만주 벌판의 아득한 지평선

중요성을 절실히 느꼈다. 사람은 서로 만나야 한다. 설령 한 하늘 아래서 함께 살 수 없는 원수간일지라도 자주 만나면 봄날에 눈 녹듯 서로 원한이 풀리고 마침내 화해도 할 수 있으리라.

 길잡이 김중생 씨는 드넓은 만주 일대 항일유적지 장거리 답사에는 승용차의 성능도 좋아야 하고, 군용차 번호판을 달고 다녀야 공안(경찰)에게 불필요한 검문을 당하지 않는다면서 평소 친분이 두터운 중공군 아무개 부대장에게 부탁해 이 승용차를 마련했다. 이 나라에서도 민간인은 경찰을 두려워하고, 경찰은 군을 건드리지 않는다고 한다. 사람 사는 곳은 어디나 비슷한가 보다.

 아침 6시 정각, 우리 일행은 주룩주룩 내리는 빗발을 헤치며 장춘(長春)을 떠나 하얼빈(哈爾濱)으로 향했다. 승용차가 장춘 시가지를 벗어나자 망망대해 같은 만주 벌판이 끝없이 펼쳐졌다. 장춘에서 하얼빈까지는 280여 킬로미터나 되는 먼 길이었다. 도로는 곡선 길이 거의 없는 대부분 일직선 아스팔트 길이었다.

차창 밖 도로 양편의 가로수가 참 시원하고 아름다웠다. 드넓은 만주 벌판은 온통 옥수수밭으로 초록의 물결을 이루었는데, 이따금 벼가 자라고 있는 논들도 눈에 띄었다. 그 풍성한 초록의 향연 틈새에 해바라기밭들이 무료함을 달래듯 띄엄띄엄 샛노랗게 들판을 수놓았다. 그야말로 비단에 꽃수를 놓은 듯, 초록의 들판이 그지없이 아름다웠다. 장춘에서 하얼빈으로 가는 길은 서너 시간을 고속으로 달려도 산봉우리 하나 볼 수 없는 초록의 지평선이 마냥 이어졌다. 내 상상을 초월한 아득한 평야였다. 만주에서 태어나 50여 년을 이곳에서 살았던 김중생 씨는 이 일대가 지금은 대부분 옥수수밭으로 초원을 이루고 있지만, 겨울철에는 황량한 허허벌판으로 변한다고 했다.

비 내리는 장춘 – 하얼빈 가도,
도로 양편의 가로수가 싱그러웠다

궂은 빗속의 쑹화강 대교 기념비,
이 다리가 지린성과 헤이룽장성의
경계라고 한다.

장춘-하얼빈 도로를 세 시간 남짓 고속으로 달린 끝에 마침내 쑹화강(松花
江)을 만났다. 쑹화강 다리 위에서 승용차를 멈추고 잠시 쉬었다. 지난날 우리
독립전사들의 숱한 애환이 서려 있는 쑹화강은 만주 평야를 무심히 가로지르며
쉬엄쉬엄 흘렀다. 그 유명한 쑹화강 뱃사공은 보이지 않았고, 낡은 목선 한 척
만 강가 모랫바닥에서 을씨년스럽게 비를 맞고 있었다. 옛 시 그대로 "사공은
어디 가고 빈 배만 매였는고"였다.

멀리서 바라보니 강둑에는 고삐도 없는 수십 필의 말들이 가랑비에도 아랑곳
않은 채 한가로이 풀을 뜯고 있었다. 검은색, 갈색, 흰색의 말들은 야생마처럼
튼튼해 보였다. 어미말 틈에서 앙증스럽게 풀을 뜯는 망아지가 무척 귀여웠다.
하긴 어린것 치고 귀엽지 않은 게 어디 있으랴. 예로부터 중국에서는 '남선북
마(南船北馬)'라고 한다더니, 동북삼성 일대에서는 가는 곳마다 말들이 지천이
었다.

강을 건너면 거기서부터는 동북삼성 중에서 가장 넓은 헤이룽장성이라고 했
다. 이 헤이룽장성만 해도 그 넓이가 46만 3,600제곱킬로미터로 우리나라 남북
한을 합친 것보다 무려 두 배 이상 넓었다. 좁은 나라에서 살았던 사람은 땅덩
어리 크기에 그만 기가 질렸다. 이곳부터 우리 일행은 지린성에서 헤이룽장성

으로 들어선 셈이었다. 쑹화강 다리에서 조금 더 달리자, 마침내 어린 시절 사진 속에서나 접했음직한 까마득히 먼 이국땅 하얼빈에 도착했다.

하얼빈은 북만주 벌판, 동북 평원 중앙에 자리잡고 있다. 헤이룽장성의 성도(省都)로서 인구 3백만여의 도시이기도 하다. 하얼빈이란 지명은 여진족 언어로는 '명예', 만주어로는 '그물을 말리는 곳'이라는 뜻으로, 이 도시는 19세기무렵까지는 쑹화강 연변에 어민이 옹기종기 몰려 살았던 자그마한 어촌에 지나지 않았다. 이 작은 어촌이 각광을 받게 된 것은 러시아가 동청 철도를 부설한뒤, 교통의 중심지가 된 이후다. 1917년 러시아혁명 이후에는 약 50만 명의 러시아인들이 이곳으로 이주하여, 이미 정착하고 있는 러시아인들과 함께 하얼빈의 주류를 이룬 적도 있었다. 지금도 하얼빈에 러시아 색깔이 짙게 남아 있는 것은 이런 까닭이다. 이 하얼빈은 풍운의 도시로 청나라에서 러시아 점령시대를거쳐, 1932년부터 제2차세계대전이 끝날 때까지 일본의 점령지였다.

이 하얼빈이 우리나라 사람들의 귀에 익게 된 것은, 안중근(安重根) 의사가1909년 10월 26일 하얼빈역 플랫폼에서 조선 침략의 원흉 이토 히로부미(伊藤博文)를 저격한 이후다. 그래서 우리나라 사람들은 하얼빈 하면 '안중근' '이토 히로부미'를 떠올린다. 또한 이 도시는 겨울이면 영하 30-40도를 오르내리는동토(凍土)의 북국으로, 일제 치하 대륙침략의 거점이자 인간 생체실험을 한 마루타 부대(제731부대)가 있었던 음울한 곳이기도 하다.

우리 일행이 하얼빈을 찾은 날은 온 시가지가 도시 재개발 사업과 도로 확장공사로 도로가 엉망이었다. 거기다 비까지 내려서 하얼빈의 첫인상은 마냥 어수선하고 을씨년스러웠다. 뒷골목은 물론 간선도로에도 옛날 영화에서 보았음직한 마차가 자동차 틈바구니를 심심찮게 유유자적 달리고 있었다. 나는 마치타임머신을 타고 한 세기 전으로 돌아온 기분이었다. 어딘가 모르게 으스스하고, 불쑥 마적떼라도 나타날 것만 같았다. 하얼빈 시가지 중심부에 이르자 빗방울이 더욱 굵어졌다.

## 2. 누가 그의 뒤를 따르랴
　 - 하얼빈역 플랫폼

누가 뭐라고 해도, 동북삼성의 으뜸 항일유적지는 하얼빈역 플랫폼이다. 안중근 의사가 침략의 원흉 이토 히로부미를 장쾌하게 쓰러뜨린 이곳은 우리 백성들의 울분을 한꺼번에 쏟은 분화구였다. 그때 우리 백성들은 안의사의 거사 소식에 강화도조약 이래 30년 동안 쌓였던 체증이 한순간에 뻥 뚫렸으리라.

　김중생 씨는 역사학자요, 하얼빈시 조선민족사업촉진회 서명훈(徐明勛) 회장을 찾아뵙고 하얼빈 항일유적지 안내를 부탁드렸다. 서회장은 우리 일행을 대단히 반기면서 흔쾌히 앞장섰다.

하얼빈역

　우리 일행은 먼저 하얼빈역으로 갔다. 안의사가 거사한 지 이미 90여 년의 세월이 지난 뒤인지라, 하얼빈역은 과거의 모습을 전혀 찾아볼 수 없는 현대식 건물로 바뀌었다. 옛 하얼빈역은 러시아풍의 고색창연한 건물이었지만, 오늘의 하얼빈역은 콘크리트 건물

일등대합실에서 플랫폼으로 통하는 출구.
안의사도 이곳을 통해 플랫폼으로 나갔다.

에 원색의 광고문을 덕지덕지 붙인 우람한 건물이었다. 서회장에 의하면 그새 역 일대가 몰라보게 싹 바뀌었지만, 다행히 거사 현장인 역 플랫폼만은 옛 모습을 그대로 지니고 있다고 한다.

그런데 현장 답사가 쉽지 않았다. 이토 히로부미는 우리 민족으로 볼 때는 침략의 원흉이지만, 일본에서는 메이지유신을 이끈 총리대신으로, 입헌군주제를 확립한 인물이다. 지금도 일본인들은 그를 근대화의 영웅으로 추앙하며 국회의 사당 앞에 동상을 세워 두고 기린다고 한다. 한때 그의 초상을 천엔권 지폐에다 새겨 넣을 만큼 위인으로 받드는 인물이기에(현재 천엔권은 소설가 나쓰메 소세키), 중일 외교상 한국인들이 거사 현장을 답사하면서 사진 찍는 일을 실사구시에 밝은 중국인들은 그리 달가워하지 않는다고 했다.

서회장과 김중생 씨는 하얼빈역 일등대합실로 가서 교섭을 벌였다. 예상대로 역무원의 제지가 완강해서 플랫폼 입장은 쉽지 않았다. 하지만 김중생 씨가 어떤 인물인가? '만주의 호랑이'로 일본 군경의 간담을 서늘케 했던 일송 김동삼 선생의 손자가 아닌가? 한참 동안 실랑이를 벌이고 대합실 이용료를 치른 뒤에야 겨우 플랫폼 입장이 허용됐다.

우리 일행이 통과한 일등대합실 개찰구가 지난날 안의사가 권총을 감춘 채 무사히 통과했던 바로 그곳이라 해서 더욱 감회가 깊었다. 그날 안의사는 이 대합실에서 잠시 머물렀다가, 열차 도착 직전 일본인 환영객들 틈에 끼어 플랫폼으로 나갔다고 한다. 만주국 시절에는 이토 히로부미가 안의사의 총에 맞아 쓰러진 그 자리에 1미터 높이로 유리집을 지어 놓고 전등을 켜서 표지해 두었다고 하지만, 중국이 해방된 후에는 흔적도 없이 철거해 버렸다고 했다.

하지만 하얼빈에 사는 민족혼을 지닌 우리 동포라면 어찌 그 지점을 지울 수 있으랴. 우리 민족의 역사를 연구하는 서회장은 당신의 가슴속에 그 표지를 또렷이 새겨 놓고 지난 역사를 증언했다. 서회장은 당신이 발걸음으로 재면서 대합실 개찰구에서 정확히 5간(약 9미터) 거리 지점이 안의사가 총을 쏜 자리요, 그때 안의사와 이토 히로부미 사이의 거리는 2.5간이라고, 직접 발걸음으로 가늠하면서 우리 일행에게 정확한 지점을 알려주었다. 다행히 우리 일행은 서회장의 증언으로 정확한 지점을 확인할 수 있었지만, 다른 분들이야 어찌 그 지점을 정확히 알 수 있겠는가? 이제라도 우리나라 국가보훈처나 광복회가 나서서 헤이룽장성 인민정부의 협조를 받아 이 자리에 '안중근 의사 의거터'라는 동판이라도 하나 새겨 둔다면, 후손들에게 역사의 현장을 적확히 알리는 귀중한 기념물이 될 것이다.

## 1909년 10월 26일

1909년 10월 중순, 이토 히로부미의 만주행은 겉으로는 정치적 성격을 띠지 않은 한가한 여행으로 내세워졌다. 하지만 그의 속내는 한반도를 손아귀에 넣고도 부족해서 만주까지 일본제국 판도 안에 넣고자 하는 야심에 찬 만주 시찰

이었다. 그해 10월 16일, 이토 히
로부미는 수행원과 함께 일본 모
즈 항에서 '데츠레이마루'라는 상
선을 타고 출항하여 이틀 후 중국
대련(大連)에 도착했다. 이토 일
행은 이 일대에 머물면서 일본군
장병을 위문했고, 10월 21일에는
여순(旅順)에서 러일전쟁* 전사자
를 추모했다. 10월 25일 밤 11시,

● **러일전쟁**

1904년 2월 8일에 일본함대가 여순군항(旅順軍港)을 기습공격함으로써 시작되어, 1905년 9월 5일에 강화를 하게 된 러시아와 일본 간의 전쟁이다. 한국과 만주(중국 동북지방)의 분할을 둘러싸고 싸운 것이지만, 그 배후에는 영일동맹과 러시아프랑스동맹이 있었고, 제1차세계대전의 전초전이기도 했다. 러시아는 패배의 결과로 혁명운동이 진행되었고, 일본은 전승으로 한국의 지배권을 확립하고 만주 진출이 확정되었으나 미국과의 대립이 시작되었다.

이토는 특별열차로 봉천(지금의 선양)역을 출발하여 하얼빈으로 향했다. 그는 그 길이 생의 마지막 길인 줄도 모른 채 러시아 대장(재무)대신을 만나 만주 문제를 협상하기 위하여 오만 방자한 노익장을 과시했다.

1909년 10월 26일 오전 9시, 이토 히로부미 일행을 태운 특별열차가 하얼빈역 플랫폼에 멎었다. 열차 도착에 맞춰 러시아 군악대가 주악을 연주했다. 러시아 대장대신 코코프체프가 객차로 올라가 이토에게 환영 인사를 했다. 이토는 코코프체프의 정중한 안내를 받으며 열차에서 내린 다음, 의장대 앞을 지나서 환영 나온 각국 영사들이 서 있는 곳으로 천천히 발걸음을 옮겼다. 이토는 그들과 의례적인 인사를 나눈 뒤, 일본거류민단 환영객 앞을 지나 다시 의장대 쪽으로 되돌아오고 있었다. 일본거류민단에 섞여 있던 안의사는 이 순간을 하늘이 준 기회로 알고, 가슴속에 숨겨 뒀던 브라우닝 권총을 뽑아 들었다. 안의사는 이 천재일우의 기회를 준 하늘에 감사하며 기도하는 자세로 회심의 방아쇠를 당겼다. 그때 안의사와 이토 히로부미 사이의 거리는 불과 열 발자국쯤이었다.

첫 탄알이 이토의 팔을 뚫고 가슴에 파고들었다. 하지만 총소리가 군악대 주악 소리에 뒤섞여서 그때까지도 경비병들은 영문을 몰랐다. 참으로 다행한 일이었다. 안의사는 다시 혼신의 힘을 다하여 방아쇠를 당겼다. 두번째 탄알은 이

그날의 의거 흔적을 찾아볼 수 없는 하얼빈역 플랫폼

토의 가슴에 명중했다. 경비병과 환영객들은 그제야 돌발 사태를 알아차리고 겁을 먹은 채, 우왕좌왕 흩어지고 도망쳤다. 총을 맞은 이토는 가슴을 움켜쥐고 서는 뭐라고 중얼거리며 비틀거렸다. 숨가쁜 짧은 순간이었지만 안의사는 만감이 교차했다. '조선 백성의 원수 저 늙은 여우를 더 이상 살려 둘 수는 없다'는 비장감이 엄습했다. 안의사는 이토의 남은 명줄을 확실하게 끊고자 다시금 침착하게 정조준하여 세번째 방아쇠를 당겼다. 세번째 탄알은 이토 복부 깊숙이 명중되었다. 이토에게는 절체절명의 탄알이었다. 그제야 늙은 여우 이토는 꼬리를 내리고 코코프체프 쪽으로 픽 쓰러졌다. 하지만 안의사는 그 자가 혹시 이토 히로부미가 아닐지 모른다는 생각에, 만일을 대비하여 그 곁을 수행하던 하얼빈 주재 일본총영사 가와카미, 수행비서관 모리, 만주철도국 이사 다나카 세 사람에게도 총알을 한 방씩 안겼다.

안의사의 권총에 장전된 일곱 발의 총알 중, 발사된 여섯 발은 단 한 방도 헛방이 없었다. 대한남아의 장엄한 기백과 신묘한 사격술이었다. 하늘이 돌보지 않았다면 어찌 그런 담력이 솟았으랴. 의기의 대한남아가 일본 열도를 향해 던지는 불방망이였다. 그 불방망이로 일본열도가 폭발했다. 이 얼마나 장쾌한 의거인가!

안의사는 불타는 적개심으로 침착하게 네 사람을 쓰러뜨린 뒤, 러시아어로 만세 삼창을 불렀다.

"코레아 우라(대한독립만세)! 코레아 우라! 코레아 우라!"

그는 태연자약하게 한 발 남은 권총을 거꾸로 잡아 러시아 헌병에게 건네주면서 의연하게 체포되었다. 그때가 오전 9시 30분 무렵이었다. 잠깐 사이에 안의사는 당신이 바란 바를 이루어냈다.

이토 히로부미는 곧장 열차로 옮겨졌다. 이토의 수행의사 고야마가 맥을 짚고 캠퍼 주사를 놓고 브랜디를 입에 넣어 주었지만 그는 이미 숨을 거둔 뒤였다. 소생불능의 즉사였다. 누가 그의 뒤를 따르랴. 안중근, 만일 그가 없었다면

안중근 의사 의거 장면(도쿄 발행, 『특집화보』, 1999. 11. 4일자)

어찌 민족혼을 말할 수 있으랴.

## 인류의 양심

안의사는 거사 후 곧장 하얼빈역 구내 러시아 헌병분파소로 연행되어 몸수색과 간단한 심문을 받았다. 그날 저녁 8시 무렵, 일본 측의 강력한 요구로 안의사는 러시아 검찰관이 직접 호송해서 하얼빈 일본총영사관으로 인계되어 지하감방에 유치됐다. 그곳에서 그는 10월 30일부터 본국에서 급파된 일본 검찰관 미조부치 다카오에게 심문을 받았다. 안의사는 이 심문에서 조금도 굽힘이 없이 당당하게 이토 히로부미의 죄악상을 낱낱이 열거했다.

하나, 한국 명성황후를 시해한 죄
둘, 한국 황제를 강제로 폐위시킨 죄
셋, 을사5조약과 정미7조약을 강제로 체결한 죄
넷, 무고한 한국인을 학살한 죄
다섯, 정권을 강제로 빼앗은 죄

여섯, 철도·광산·삼림·천택(川澤)을 강제로 빼앗은 죄

일곱, 제일은행권 지폐를 강제로 사용한 죄

여덟, 군대를 해산시키고 사법권을 인수한 죄

아홉, 교육을 방해한 죄

열, 한국인들의 외국 유학을 금지시킨 죄

열하나, 교과서를 압수하여 불태워 버린 죄

열둘, 한국인이 일본인의 보호를 받고자 한다고 세계에 거짓말을 퍼뜨린 죄

열셋, 현재 한국과 일본 사이에 경쟁이 쉬지 않고, 살육이 끊이지 않는데 한국이 태평
무사한 것처럼 천황을 속인 죄

열넷, 동양의 평화를 깨뜨린 죄

…

안의사는 이러한 거사 이유와 함께 "내가 이토 히로부미를 죽인 것은 한국
독립전쟁의 한 부분이요, 일본 법정에 서게 된 것은 전쟁에 패배하여 포로가 된
때문이다. 나는 개인 자격으로 이 일을 행한 것이 아니라, 대한의군 참모장으로
서 조국의 독립과 동양 평화를 위해서 행한 것이니 나를 만국 공법에 따라 처리
하도록 하라" 하고 초지일관 의연하게 사자후를 토했다.

안의사는 그해 11월 2일 하얼빈 일본총영사관 지하 감방에서 여순감옥으로
옮겨졌다. 이듬해 2월 7일부터 공판이 시작되어, 2월 14일 6차 공판에서 사형을
언도받았다. 불과 열흘도 안 되는 초고속 재판이었다. 1910년 3월 26일, 일제는
여순감옥에서 안의사를 교수형으로 처형한 뒤 재판의 결과에 만족한다고 했다.
하지만 인류의 양심은 오히려 안의사에게 월계관을 씌워 주었다. 당시 영국의
『더 그래픽』지는 다음과 같이 보도했다.

세기적인 재판의 승리자는 안중근이었다. 그는 영웅의 월계관을 거머쥔 채 자랑스레
법정을 떠났다. 그의 입을 통해 이토 히로부미는 한낱 파렴치한 독재자로 전락했다.

그날 하얼빈 플랫폼에서 이토와 함께 안의사에게 총탄을 맞아 중상을 당하고
살아났던 만주철도국 이사 다나카는 뒷날 다음과 같이 안의사를 회고했다.

나는 당시 현장에서 10여 분간 안중근을 볼 수 있었다. 그가 총을 쏘고 나서 의연히 서 있는 모습을 보는 순간 나는 신(神)을 보는 느낌이었다. 그것도 음산한 신이 아니라 광명처럼 밝은 신이었다. 그는 참으로 태연하고 늠름했다. 나는 그같이 훌륭한 인물을 일찍이 본 적이 없었다.

## 진실로 공경할 만하다

당시 여순감옥의 간수였던 일본인 치바 도시치는 감옥에서 본 안중근 의사 인품에 감화된 나머지 종전 뒤, 자기 집에 안의사의 영정을 모시고 매일 아침저녁으로 절을 올렸다. 그가 죽은 뒤 그의 부인도 남편을 따라서 안의사를 모셨다. 안의사는 우리 겨레의 사표일 뿐 아니라, 당신을 형장의 이슬로 보낸 일본인에게조차 살아서는 신의 모습으로 비쳤고, 또 죽어서는 가신(家神)으로 모셔지는 인물이 되었다. 또 일제시대 동북 일대 소학교에서는 중국인이 작사 작곡한 「안중근을 추모하며」라는 노래를 아이들에게 가르쳤다.

진실로 공경할 만하다
이토 히로부미를 죽이고 자신도 용감히 죽었다

순국 이틀 전 아우(안공근, 정근)들과 마지막 면회를 하는 안중근 의사, 1910. 3.

마음속으로 비로소 나라의 한을 풀었다
역사 속에 충의 혼을 우러르지 않을 자가 없었다
천고에 길이 살아남아 있어라
누가 그의 뒤를 따르랴
누가 그의 뒤를 따르랴.

이러한 안의사 추모 열기는 국내외에 큰 반향을 불러일으켰다. 막 불붙으려는 항일독립운동 불길에 기름을 부은 셈이었다. 우리나라와 중국의 많은 젊은 이들이 이 의거에 감화되어 비 온 뒤에 죽순이 돋아나듯 항일투쟁에 나섰다. 뒷날 조선혁명군 총사령관이 된 소년 양세봉도 안중근 의사의 거사 소식을 듣고 그때부터 항일의 의지를 굳혔다고 한다.

## 국권이 회복되거든

안의사는 사형 집행 전에 유언을 남겼다.

> 내가 죽은 뒤에 내 뼈를 하얼빈 공원 곁에 묻어 두었다가 우리나라 국권이 회복되거든 고국으로 반장(返葬:고향으로 옮겨 장사지냄)해 다오. 나는 천국에 가서도 또한 마땅히 우리나라의 회복을 위해 힘쓸 것이다. 너희들은 돌아가서 동포들에게 각각 모두 나라의 책임을 지고 백성이 된 의무를 다하여 공로를 세우고 업을 이루도록 일러다오. 대한독립의 소리가 천국에서 들려오면 나는 마땅히 춤추며 만세를 부를 것이다.

그날로부터 한 세기가 흘렀다. 하지만 여순감옥 죄수 묘역에 묻혀 있는 안의사의 유해는 여태 찾지 못했고, 고국으로 반장도 못하고 있다. 아직도 우리나라의 국권이 제대로 회복되지 못했음인가? 아니면 살아 있는 사람들이 안의사를 추모하는 마음이 부족함인가? 나는 하얼빈역 플랫폼을 떠나면서, 아직도 안의사의 유언이 온전히 실현되지 못함에 마음이 무척 아려 왔다. 안중근 의사는 조국의 광복 제단에 목숨을 바쳐 침략의 원흉을 단죄했으나 끝내 우리는 국권을 잃었다. 이는 당시 우리나라의 힘이 너무나 허약했고, 지도층에는 강대국에 빌붙었던 매국노가 많았기 때문이었다. 나라의 힘이 없고 지도층이 부패, 무능하면 외침을 받게 되고 끝내 나라마저 빼앗기게 되나 보다. 지난날의 역사만 그런 게 아니고 지금도 앞으로도 마찬가지일 게다. 이는 동서고금의 진리다.

## 대한국인 안중근

안의사가 여순감옥에서 남겼다는 「대한국인 안응칠 소회」란 글은 한 세기가 지난 지금도 가슴 뭉클한 감동과 아울러 새겨들을 말씀으로 음미해 볼 만하다.

하늘이 사람을 내어 세상이 모두 형제가 되었다. 각각 자유를 지켜 삶을 좋아하고 죽음을 싫어하는 것은 누구나 가진 떳떳한 정이다. 오늘날 세상 사람들은 이 시대를 으레 문명한 시대라 일컫지마는 나는 그렇지 않은 것을 탄식한다. 무릇 문명이란 것은, 동서양의 잘난 사람 못난 사람 남녀노소를 물을 것 없이 각각 천부의 성품을 지키고 도덕을 숭상하여 서로 다투는 마음이 없이 제 땅에서 편안히 생업을 즐기면서 같이 태평을 누리는 그것이다. 그런데 오늘의 시대는 그렇지 못하여 이른바, 상등사회의 고등인물들은 의논한다는 것이 서로 경쟁하는 것이요, 연구한다는 것이 사람 죽이는 기계다. 그래서 동서양 육대주에 대포 연기와 탄환 빗발이 그칠 날이 없으니, 어찌 슬픈 일이 아닌가. 이제 동양대세를 말하면 비참한 현상이 더욱 심하여 참으로 기록하기 어렵다. 이른바, 이토 히로부미는 천하대세를 깊이 헤아려 알지 못하고 함부로 잔혹한 정책을 써서 동양 전체가 장차 멸망을 면치 못하게 되었다.

슬프다. 천하대세를 멀리 걱정하는 청년들이 어찌 팔짱만 끼고 아무런 방책도 없이 앉아서 죽기를 기다리는 것이 옳을까 보냐. 그러므로 나는 생각다 못하여 하얼빈에서 총 한 방으로 만인이 보는 눈앞에서 늙은 도적 이토 히로부미의 죄악을 성토하여 뜻있는 동양 청년들의 정신을 일깨운 것이다. ─1909년 11월 6일 오후 2시 30분, 여순 옥중에서 대한국인 안중근

# 3. 세월무상, 여인숙으로 퇴락한 지하 감방

― 하얼빈 옛 일본총영사관

우리 일행은 하얼빈역 답사를 마친 뒤, 곧장 거기서 멀지 않은 옛 하얼빈 일본 총영사관으로 갔다. 이곳은 과거 하얼빈 일대에 살았던 일본인을 보호하던 기관이었지만, 우리나라 독립전사들에게는 소름이 끼치는 원한과 저주의 건물이었다. 당시 북만주 일대에서 항일독립전사들이 일본 관헌에게 체포되면 으레 이곳에 옮겨져서 온갖 악형과 고문을 받았

다. 이곳에는 지하 감방이 있었다는데 안의 사도 거사 후 거기서 심문받았고, 일송 김동삼 선생도 일본 관헌에 체포되어 한 달여 동안 모진 고문을 당한 곳이다.

옛 일본총영사관 겉모습은 예나 지금이나 다름이 없다고 했으나, 세월은 무상하여 지하 고문실은 그새 '화원여사(花園旅社)'라는 간판을 단 싸구려 여인숙으로 바뀌었다. 우리 일행은 화원여사 주인에게 하루치 숙박료를 내고 지하 감방에 들어가려 했으나, 여사 주인은 내가 둘러멘 카메라를 보고는 들

화원여사 출입문

하얼빈 옛 일본총영사관.
악명 높던 지하 고문실이 싸구려 여인숙으로 변했다.

어갈 수 없다고 막무가내로 막았다. 몇 해 전, 연변의 작가 강용권 씨가 일본총
영사관 지하 감방의 고문 기구와 그 흔적을 촬영하여 『죽은 자의 숨결 산 자의
발길』이란 책에 실어서 일제의 만행을 폭로했다. 그후 화원여사는 일본 측으
로부터 강력한 항의를 받은 모양으로, 특히 한국인 기자나 작가의 출입을 엄격
히 통제한다고 했다.

　김중생 씨가 이 지하실은 당신 할아버지가 갇혀 있었던 곳이라고 통사정을 한
끝에 이틀분 숙박료를 지불하고서야 겨우 들어갈 수 있었다. 사회주의 국가에
서도 돈의 위력은 대단했다. 옛날에는 만주의 마적*들이 우리 동포를 인질로
잡고서는 "세상만사 다 금전 농간이다"라며 돈을 요구해 와서 힘없는 많은 동
포들이 목숨을 구하기 위해 금품을 바쳐야 했다. "돈을 가지고 노크를 하면 문
이 저절로 열린다"는 영국 속담은 동서고금에 다 통하는 말인가 보다.

　마침내 옛 일본총영사관 지하로 들어갔다. 내 선입관 탓인지는 몰라도 지하

실 분위기가 어딘지 모르게 음습했다. 어디선가 고문에 못 이긴 선열의 비명이 들려오는 듯했다. 일본총영사관 지하에는 두 평 남짓한 방이 복도 좌우로 여남은 개 정도나 되었는데 지난날은 그곳이 모두 취조실이나 지하 감방이었다고 했다. 그새 벽에 걸려 있던 쇠갈고리와 같은 각종 악랄한 고문 기구와 물고문용 욕조들은 이미 철거해 버렸다. 하지만 실내를 유심히 살펴보니 벽과 천장 한편에는 그 흔적이 조금 남아 있었다.

사람 팔자만 알 수 없는 게 아닌 모양이다. 그토록 무시무시하던 일본총영사관 지하 감방이 이제는 한낱 싸구려 여인숙 객실로 변하여 일인용 침대만 을씨년스럽게 놓여 있었다. 새삼 세월의 무상함을 절감했다.

● **마적(馬賊)**

중국의 마적은 그 역사의 뿌리가 깊다. 그 기원이 몽고족·달단족(타타르족, 중앙아시아에 살던 몽고족의 한 부족) 같은 유목민족의 침입·약탈에서 시작되었다는 설과 한나라 말기 망명객들의 약탈 행위에서 시작되었다는 설도 있다. 아무튼 마적의 역사는 자그마치 2천 년이나 된다. 이들 마적들이 마구 날뛰던 시기는 주로 왕조 말기 왕권이 쇠약하거나 정치가 부패하고 사회가 불안할 때였다. 근세에 와서는 청조 말에서 1940년대까지 화북·동북 일대에는 마적단들이 군웅할거 하며 화북·동북 일대에서 매우 극성을 부렸다. 원래 마적들은 그 지방의 악덕 관리나 다른 지방의 군벌들의 착취와 약탈 행위로부터 주민을 보호했지만, 한편 이들이 다른 지역을 침입할 때는 비적과 똑같이 약탈과 폭행을 일삼았다. 만주의 정치·군사를 마적과 떼어놓을 수 없을 정도로 만주 지역은 그들의 활동 무대였다. 마적들은 때를 만나 성공하면 군벌로 출세하여 천하를 호령하였고, 때를 만나지 못하면 도적으로 마을을 털고 다녔다. 한때 중화민국 대원수였던 장쭤린(張作霖)도 마적단 두목이었고, 만주국 총리 장징후이(張景惠)도 친일 마적 훈련호(薰犬虎)의 부하였으며, 헤이룽장성 군벌 마잔산(馬占山)도 마적 출신이었다.

일제는 자기네 대륙낭인·장사패들을 만주 마적단에 침투시키거나, 친일 마적단을 새로 조직하거나, 아니면 토착 마적단을 매수하여 대륙 침략에 교묘하게 이용하였다. 일제는 이들을 이용하여 러일전쟁을 승리로 이끌기도 했다. 훈춘사건 때도 이들을 매수하여 경신참변을 일으켰고, 9·18만주사변 때는 일본 관동군이 장쭤린을 폭살시킴으로써 전쟁을 일으켜 마침내 만주를 자기들의 손아귀에 넣었다. 또한 일제는 친일 마적단을 이용해서 만주에 거주하고 있는 우리 독립투사와 가족들을 토벌하게 했다. 하지만 이들 마적 중 일부는 일제의 간계에 놀아나지만은 않았다. 그들은 만주사변과 괴뢰 만주국 수립에 반발하여 강력한 반만 항일 세력을 구축하였다. 이에 노동자와 농민들이 대량으로 호응하여, 항일전선에 참가한 무장 인원만 한때 30만 명에 이르기도 했다.

# 4. 동북 제일의 빨치산, 아! 허형식 장군

- 동북열사기념관

서회장은 옛 하얼빈 일본총영사관에서 그리 멀지 않은 동북열사기념관으로 안내했다. 이곳은 일제에 맞서 싸우다 순국한 항일열사를 모신 곳이다.

일제는 우리나라를 강점한 뒤, 동북삼성에도 침략하여 무수한 백성들을 살해하고 수많은 물자를 약탈해 갔다. 당시 동북의 군벌 정부는 부패 무능하여 이를 방관하거나 도망치거나, 아니면 굴욕적인 매국조약에 도장을 찍고는 일제에 빌붙어 살았다. 하지만 당시 동북의 인민들은 스스로 항일전선을 만들었고 영하 40도의 혹한과 굶주림 속에서도 처절한 투쟁을 펼쳤다. 그 투쟁으로 일제 총칼

동북열사기념관

에 죽어 간 사람도, 철창 속에서 고문으로 죽어 간 사람도 있었다. 해방 뒤, 중국 인민정부에서는 이들의 넋을 기리고자 동북열사기념관을 만들어 그 행적을 기록해 모시고 있다.

우리 속담에 "가던 날이 장날"이라더니, 우리 일행이 동북열사기념관을 찾은 날은 하필이면 중국 중앙정부에서 기념관 보수지원금이 나와서 대대적인 보수공사를 하는 기간이었다. 어쩔 수 없이 일층 로비만 훑고 나왔다. 그곳 전시실에 모셔진 항일열사 영정을 자세히 뵙지 못해 유감이었다.

## 이역에서 만난 고향 어른

서회장은 여기에 모셔진 열사 가운데 조선족 열사는 허형식(許亨植)·양림·리추악·리홍광·박진우·차순덕 등 32분으로, 기념관에 모신 분 가운데 조선족이 삼분의 일이나 된다고 했다.

동행한 이항증 씨가 나에게 "허형식 열사는 박선생 고향 구미 임은동 태생입니다"라고 했다. "네?!" 나는 깜짝 놀라 물었다.

이항증 씨는 외가가 구미 임은동 허씨 집안이라서 그 마을 내력과 지리에 구미 태생인 나보다 더 밝았다(이항증 씨 어머니 허은 여사는 왕산 당질녀로 석주 이상룡 선생의 손부임). 곧이어 이항증 씨는 뼈 있는 말씀을 했다. "임은동은 상모동과는 철둑 사이로 이웃 동네지요." 독립열사 허형식의 이웃 동네가 바로 박정희 전대통령 생가가 있는 상모동이라는 말이었다. 임은동과 상모동은 같은 금오산 자락으로, 두 마을은 한쪽에서 부르면 다른 쪽에서 듣고 대답할 수 있는 거리에 있다. 이웃 마을에서 같은 시대에 태어났지만, 두 사람의 인생 역정은 아주 다름을 일깨워 주는 얘기였다. 한부모에서 태어난 형제도 서로 가는 길이 다른데, 하물며 같은 산 아래에서 태어났다고 똑같은 길을 걸을 수 있으랴.

그곳을 떠나 오면서 여태껏 그분의 함자도 몰랐던 게 곰곰 생각할수록 몹시

젊은 시절의 허형식 장군

부끄러웠다. 남의 나라에서조차 기념관에 모시는 고향 어른인데 나는 그동안 '허형식'이라는 이름조차 몰랐다니. 그러면서도 한편으로는 매우 반가웠다. 우리 속담에 "까마귀도 고향 까마귀가 반갑다"고 했는데 먼 이역에서 고향 어른을 만나다니.

며칠 후 연길 서점에서 산 중국조선민족 발자취 총서·4 『결전』 화보에서 허형식 장군의 모습을 대할 수 있었다. 아울러 현존 우리나라 독립운동사에서 명맥이 끊어진 1930-40년대의 걸출한 독립전사들의 이름도 찾아볼 수 있었다. 동북항일연군 제1로군에서는 김일성·안길·최현·김일·서철, 제2로군에서는 최용건·리학복, 제3로군에서는 허형식·김책 등이 그들이다. 같은 책 263쪽의 김우종 씨가 쓴 「북만에서 유격전을 견지한 항일연군부대들」 편에서는 혀형식 장군의 최후도 읽을 수 있었다.

1940-41년 무렵 일제는 관동군을 76만으로 증가시켜 소련 진공을 준비하는 한편, 항일연군을 전멸시키기 위해 대부대를 동원하여 동북 일대를 빗질하듯 싹싹 토벌했다. 이에 견딜 수 없어서 동북항일연군은 1940년 말부터 대부대를 러시아로 이동시켰다. 이때 김일성·김책·최용건과 같은 지휘관들은 소련으로 넘어갔다. 하지만 허형식 장군만은 단 한 번도 소련으로 피신하지 않고 동북의 백성을 지키며 소부대 활동으로 끝까지 일제와 맞섰다.

1942년 7월 말, 허형식은 경위원(경호원) 진운상을 데리고 파언, 목란, 등흥 등지에 소부대사업 검열을 나갔다. 장서린 소부대가 동흥현 두도하자, 이도하자, 삼도하자의 숯구이 노동자들 속에서 반일회원을 1백여 명이나 받아들였다는 보고를 듣고 그는 매우 기뻐하면서, 앞으로도 계속해서 비밀공작을 더 잘하라고 지시하고는 장서린이 파견한 왕조경과 함께 8월 2일 귀로에 올랐다.

바로 이때 일제 토벌대가 이 지역에 출동하여 산간지대를 수색하고 있었다. 허형식 일행은 청송령 기슭에서 밤을 보내고 8월 3일 아침, 경위원이 일제의 낌새를 모르고 밥을 지으려고 불을 지폈다. 계곡이 깊어 밥 짓는 연기가 미처 흩어지지 않아 그만 토벌대에게 발각되고 말았다. 허형식은 두 전사와 함께 토벌대와 싸웠다. 하지만 세 사람으로 몇 배나 많은 토벌대의 포위를 뚫고 나가기는 어려웠다. 허형식은 다리에 관통상을 입어 움직일 수 없게 되었다. 그는 자기가 엄호할 테니 빨리 철퇴하라고 두 경위원에게 명령했으나 누구도 그의 곁을 떠나려 하지 않았다. 잠시 후, 진운상이 가슴에 총을 맞고 쓰러졌다. 허형식은 왕조경에게 문건 배낭을 넘겨주면서 더 지체하지 말고 빨리 퇴각하라고 엄하게 명령하였다. 왕조경은 할수없이 그의 곁을 떠났다.

허형식은 피를 흘리면서도 왕조경을 엄호하기 위해 큰 나무둥치에 기대어 적들을 계속 쏴 눕혔다. 그러나 적들의 기관총 사격에 허형식은 끝내 장렬히 쓰러졌다. 그때 그의 나이 33세였다. — 김우종, 「북만에서 유격전을 견지한 항일연군부대들」 중에서

나는 그 마지막 장면에 감동되어 한동안 눈을 감았다. 마치 영화 「누구를 위하여 종은 울리나」의 주인공 로버트 조던이 사랑하는 여인 마리아를 전장에서 떠나보낸 뒤 기관총을 난사하며 홀로 적을 방어하다 장렬하게 산화하는 마지막 장면을 연상케 했다.

허형식은 1909년 구미 임은동에서 태어났다. 항일 의병장 왕산(旺山) 허위(許蔿)* 선생의 당질이었다. 임은동 허씨 집안은 허위 선생을 비롯하여 범산(凡山) 허형(許蘅), 방산(舫山) 허훈(許薰), 성산(性山) 허겸(許蒹) 등 의병 활동으로 쟁쟁한 항일 가문이었다.

1908년, 왕산 허위 선생은 구한말 의병장으로, 일본 통감부를 깨뜨리고자 의병 3백 명을 이끌고 서울 동대문 밖 30리까지 진출하여 일본군과 접전하였다. 하지만 신식 무기를 당해내지 못해 경기도 연천으로 물러났다. 이 전투가 국내에서 벌어진 항일 의병전 가운데 가장 치열한 최후의 싸움이었다. 그후 매국노 이완용이 연천으로 사람을 보내어 관찰사나 내무대신 벼슬을 제의하며 왕산 선생을 회유했다. 이에 왕산 선생은 심부름 온 이를 크게 꾸짖어 물리치고 절치부

심하며 후일을 기약했다. 그는 은거생활중 결국 일본 헌병에게 체포되어 서대문형무소 개설 후, 제1호로 교수형을 당했다. 구미 임은동 허씨 유족들은 고향에서 일본 순사와 밀정들의 등쌀에 견디다 못해, 1915년에 만주로 야반도주하다시피 망명길에 올랐다(현재 서울 동대문에서 청량리에 이르는 길을 그의 호를 따 '왕산로'라 한다).

중국에서 귀국 후 이화여대 도서관에서 참고도서를 찾던 중, 『한국독립운동사연구』 제7집에서 「허형식 연구」라는 독립기념관 연구사 장세윤 씨의 논문이 눈에 번쩍 띄어 단숨에 읽고는 한동안 잦아진 허형식 장군에 대한 호기심이 다시 일었다. 수소문 끝에 그 무렵 성균관대 동아시아연구소 연구교수로 재직중이던 장세윤 박사를 만났다. 내가 허형식 장군과 동향이라고 하자 장교수는 초면인데도 마치 십년지기처럼 맞아 주었다. 소문을 듣고 허형식 장군을 국내에 최초로 보도한 대한매일 정운현(현 친일반민족행위진상규명위원회 사무처장) 기자도 달려왔다.

국내에 처음 허형식 연구를 발표한 장교수가 허형식을 주목했던 점은 다음과 같았다.

첫째, 항일연군 지도자들이 대부분 북한 출신인데 견주어 그는 남한 출신이다.
둘째, 구한말 의병장 왕산 허위 선생의 당질이다.

셋째, 항일연군에서 정치 이론과 사상, 대원 교육과 전략전술 분야에서 핵심 역할을 했다.

넷째, 1940년대 초 최용권·김책·김일성 등과 거의 대등한 고위 간부로 활동했다.

다섯째, 1942년 8월 북만주에서 전사할 때까지 항쟁할 만큼 철저한 적극 무장투쟁론자였다.

특히 장교수가 허형식 장군을 높이 평가하는 점은 1940년대 초 다른 항일연군 지도자들이 일제의 극심한 토벌을 피해 러시아로 넘어갔으나, 허형식 장군은 단 한 번도 국경을 넘나들지 않고 끝까지 만주의 백성들을 지키다가 토벌군에게 장렬히 전사했다는 사실로, 독립전사의 열정과 순수성에서는 그 누구보다 앞선 지도자라고 했다.

얼마 후, 장세윤 교수와 허형식 장군의 임은동 생가와 유족들을 탐방할 기회가 있었다. 고향의 생가는 폐허가 된 채 대나무 몇 그루만 자라고 있었고, 임은 허씨 10여 가구 중 허호 씨만이 홀로 고향 땅을 지켰다. 만주로 망명했던 왕산 유족들은 러시아·중국·북한·미국 등지로 뿔뿔이 흩어졌다고 했다.

미국 휴스턴에 거주하는 왕산 손자 허도성 목사가 일시 귀국하여 만났더니, 임은 허씨 왕산 후손들이 그새 '블라디슬라브' '게오르기' '일리야' '부로코피' '슈라' '나타샤'가 되었고, 당신 후손마저도 머잖아 '로버트 허' '벤 허'가 될 판이라고 눈시울을 적셨다.

일찍이 내 고향 선산 구미는 길재(吉再)·하위지(河緯地)·이맹전(李孟專)·김숙자(金叔滋)·김종직(金宗直) 등, 이루 헤아릴 수 없이 많은 인재를 배출한 충절과 학문의 고을이다. 그러나 현대사에 와서는 정신보다 물질을 숭상하는 경제 논리에 밀려 전래의 고을 이미지가 산업화의 물결로 훼손되어서 뜻있는 이의 마음을 아프게 하고 있다. 사람이 정신을 잃어버리면 금수와 그 무엇이 다르랴.

어쨌든 머나먼 이역에서 충절의 맥을 잇는 고향 출신 불세출의 독립전사를 알게 되어 가슴이 뿌듯했다. 한편으로는 이런 위인이 아직도 제대로 조명되지 못한 우리의 현실이 무척 안타까웠다.

## 영웅을 찾아서

이듬해 여름, 나는 허형식 장군을 흠모하는 마음에 홀로 하얼빈행 비행기에 올랐다. 하얼빈시 건국가 조선문화궁전에서 김우종·서명훈 선생을 만나 허장군의 활약상을 자세히 들을 수 있었다.

허형식이 항일전선 전면에 떠오르게 된 것은 1930년 5월 1일 5·1절 시위행진을 계기로 한인청년 40여 명을 규합하여 하얼빈 주재 일본총영사관을 습격한 사건부터였다. 이 사건으로 봉천 감옥에 투옥된 허형식은 감옥에서 평생 동지 조상지, 김책을 만나 인연을 맺었다. 감옥에서 출감한 뒤, 허형식은 본격적으로 동북항일연군에 몸담고 항일투쟁의 선봉장으로 3백여 회의 전투를 벌였다. 1940년에는 일본군의 거점인 풍락진을 습격하여 경찰국장을 사살하고, 하얼빈 일대를 점령하여 관동군을 놀라게 하기도 했다. 이러한 그의 눈부신 투쟁 때문에 당시 일본군은 허형식을 조상지, 양정우에 버금가는 거물로 취급했다.

하얼빈에 도착한 이튿날 새벽, 조선족 김택현 기사의 차를 대절한 후 그를 통역 삼아 허장군이 장렬히 순국한 희생지를 찾아 나섰다. 김우종 선생의 소개장을 받아들고 중국공산당 수화시위원회를 방문하자, 당사 관계자들이 깜짝 놀랐다. 자기네들이 주도하여 1998년 10월 20일 청송령 들머리에 허형식 희생기념비를 세웠는데, 내가 한국에서 온 첫 참배객이요, 허형식 장군 고향사람이라고 환대가 이만저만이 아니었다. 중국공산당 수화시위원회 비서장 추희순 씨, 당사 연구실장 임희귀 씨, 공보관 손계동 씨까지 자청하며 길 안내에 앞장섰다. 그곳으로 가는 도중 중국공산당 경안현위원회에 들리자 당사부국장 왕무빈 씨, 양옥규 주임이 반겨 맞으며 요란한 오찬을 베풀어 준 후, 그들도 앞장섰다. 허형식 장군 희생지에서 가장 가까운 경안현 관내 대라진 인민정부에 들르자, 또 임

장갑 부서기가 환대하면서 길 안
내를 맡아 마침내 청송령 들머리
허형식 희생지 비석에 이르렀다.
그들은 한목소리로 허형식 장군
은 동북항일연군의 제일가는 영
웅이었다고 엄지손가락을 치켜세
웠다.

우리 일행은 들꽃을 꺾어 비석
앞에 헌화한 후 깊이 엎드렸다.
대라진 인민정부 부서기 임장갑
씨가 이웃 풍림촌에 허장군을 아
는 노인이 있을 거라면서 앞장섰
다. 우리 일행은 곧 풍림촌에서
손환무(81세) 노인을 만났다. 내
가 가져간 허형식 장군의 사진을

헤이룽장성 경안현 청송령 들머리에 서 있는
허형식 장군 희생기념비

보이자 손노인은 잠시 기억을 더듬더니, 곧 "허형식 장군!"이라고 소리쳤다.
손노인은 만주국 시절 청송령 산 아래 외딴집에서 살았다. 이따금 한밤중에
항일연군 허장군 일행이 무장한 채 찾아와서는 먼저 불부터 끄게 하고 밥을 지
어 달라고 부탁하곤 했고, 자기 어머니는 그때마다 캄캄한 부엌에서 밥을 지어
주었다고 했다. 허형식 장군은 기골이 장대한 풍채로 늘 실탄과 비상식량을 두
어깨에다 엑스자로 메고 다녔다고 손노인은 회고했다. 허형식 장군이 위만군에
게 희생된 뒤, 마을사람들이 청송령 계곡을 찾아가 보니 허장군의 머리는 일제
토벌대가 잘라다가 경안현 네거리에 내다 걸었고 나머지 시신은 산짐승들이 다
뜯어먹고 유골 일부만 남아 있었다는 얘기도 전했다.
그냥 떠나오기 섭섭한 마음에 내가 손노인께 사례를 하려 하자 사양하기에,

"이 돈은 그때 미처 갚지 못한 밥값을 허장군 고향사람이 60년 만에 갚아 드리는 것입니다"라고 말하자, 손노인은 그제야 "씨에 씨에(감사, 감사)"라고 연거푸 말하면서 고개를 끄덕이며 받았다.

그새 서산 해가 기울었다. 하얼빈에서 경안까지는 대단히 먼 길로 한창 고속도로를 건설중이라 도로 사정이 매우 나빠 시간이 많이 걸렸다. 하지만 동행한 한족 관리들은 나를 귀한 손님이라고 놓아주지 않았다. 그네는 경안에서 가장 좋은 요리집으로 안내한 뒤 만찬을 베풀었다. 경안현 부국장은 곧 경안현 중심지에다 공원을 만드는데 그 이름을 '형식공원'으로 붙인다고 하면서, 이참에 허장군 고향 구미와 경안현이 자매결연을 하였으면 좋겠다는 제의를 했다. 나는 그들의 호의를 실망시킬 수 없어 연구해 보겠다고 대답은 했지만, 속으로는 우리나라의 실정을 몰라도 한참 모르고, 한 작가의 역량을 대단하게 아는 데 실소했다. 허형식 장군 생가는 폐허가 되고, 구미 시내 지나가는 사람에게 '박정희 대통령' 하면 다 알겠지만 '동북항일연군 허형식 장군'을 아느냐고 물으면 단 한 사람이나 나올지 의문인 현실을 그들은 몰랐다. 솔직히 나도 하얼빈에 와서야 허형식 장군의 이름을 처음으로 듣지 않았던가.

만찬이 계속되는 동안 그들은 대여섯 차례 술잔을 치켜 올리면서 "허형식 장군 만세"를 외쳤다. 그러면서 자기네 인민들이 해방된 것도 허장군 덕분이라고 잔뜩 추켜세웠다. 비서장은 나에게 꼭 다시 이곳을 찾아 달라고 하면서 그때 허장군 유족들을 모시고 오면 침식 일체는 자기네가 모두 제공하겠다면서 간곡하게 거듭 당부했다. 그들은 늦은 밤임에도 이방인을 환송하고자 수화시가지를 벗어나는 경계지점까지 따라와서 내가 탄 승용차가 사라질 때까지 도로 위에서 횃불을 치켜들고 손을 흔들었다. 영웅은 갔지만, 그를 기리는 마음은 아직도 만주 벌판에 살아 있었다. 고향 어른 덕분에 내 평생 가장 환대받은 하루였다.

다음날 아침, 조선족 기사를 통역으로 대동하고 하얼빈을 출발하여 빈안진으로 갔다. 이곳은 옛 지명이 가판참(枷板站)으로 허형식 장군이 21세부터 4년간 살았던 곳이다. 허장군은 이 무렵 사회에 막 눈을 뜨고 독립운동을 하기 위해 중국공산당 만주성위원회 당원으로 정식 입당하여, 1930년 5월 1일에 하얼빈 일본영사관 습격을 주도하는 등 열혈 청년으로 투쟁했다.

하얼빈에서 빈현까지는 막 닦아 놓은 고속도로로 편하게 갔지만 거기서 빈안진까지는 비포장도로라서 먼지를 꼬박 뒤집어쓰고 달렸다. 가판참(빈안진)에 도착하여 길을 물으러 빈현 빈안진 인민정부를 찾았다. 일요일이었지만 다행히 빈안진 인민정부 진장 왕일 씨와 서기가 사무실을 지키고 있었다. 나의 방문 목적을 말하자 왕일 씨는 대단히 반겨 맞았다. 자기는 진장으로 부임한 지 얼마 되지 않아서 자기 고장의 역사를 잘 모른다고 하면서 이 마을의 역사인 『빈현지(賓縣志)』를 쓴 향토사학자 유덕춘(74세) 씨를 수소문하여 인민정부로 오게 하였다.

유덕춘 씨는 이 고장에서 평생을 산 사람으로 마을의 역사를 소상히 알고 있었다. 내가 허형식 장군을 말하자 북한 부수상을 지낸 김책과 함께 자기네 고장을 빛낸 영웅이라고 하면서, 두 사람은 조선족이지만 동북에서 일본제국주의자를 몰아내고 자기네를 해방시킨 대단한 인물로 치켜세웠다. 그는 허형식이 이 고장에 살던 그 무렵에는 김책도 중국공산당 빈현 특별지부위원회 서기로 있었다고 하면서 그때부터 그들은 평생 동지가 되었다는 얘기도 들려주었다. 그러면서 1930년대에는 이 고장에 조선족이 많이 살았으나 지금은 한 집도 없다고 했다. 내가 허형식 장군이 살았던 집에 가 보고 싶다고 하자, 그 무렵 조선족들이 모여 살았던 동네는 지금도 남아 있지만 허장군이 살던 집은 정확히 모르겠다고 했다. 그래도 그 동네라도 보고 싶다고 했더니 진장 왕일 씨와 함께 앞장섰다.

동네에서 조금 외진 밭 한가운데 허름한 집들이 10여 채 늘어져 있었다. 지난날 그곳이 조선족 마을이었다고 하면서 아마도 그 집 가운데 허형식 장군 집도 분명 있었을 거라고 했다. 그대로 떠나오려고 하자 왕일 씨는 굳이 나의 앞길을 막으면서 다시 인민정부로 안내했다. 그새 인민정부 구내 찬청에는 오찬이 마련돼 있었다. 그는 "허형식 장군 만세!" "중한 선린 만세!" 등의 말을 하면서 건배를 제의해서 독한 중국술을 입에 대느라 혼이 났다. 허형식 장군 관련 기록이 필요하다고 하자 그들은 보관중인 『빈현지』에서 허형식 장군의 업적을 기록한 부분을 오려내 내게 건네주었다.

1940년대 초, 러시아 측이 허장군의 평생 동지 김책을 시켜 여러 차례 국경을 넘어 러시아로 피신을 권유했으나, 허장군은 끝까지 소부대 활동을 하면서 만주의 백성을 지켰다. 이는 일제에 밀려 더 이상 물러날 수 없다는 그의 자존과, 또 다른 외세에 빌붙으면 우리나라의 자주 독립은 그만큼 점점 더 멀어진다는 깊은 헤아림 때문이었으리라.

> 동북항일연군 제3군 군장과 제3로군 총참모장까지 담임한 바 있는 허극(허형식의 다른 이름)의 위용에 대하여서는 어떤 사람도 시비가 없다. 비록 그가 가담해서 싸웠던 동북항일연군이 중공당 조직이었던 것은 사실이지만, 그의 이상은 공산주의 혁명보다 자기 조국의 독립이었고, 일본군의 패망과 함께 자기의 조국으로, 고향으로 돌아가는 것이었다. 그는 떳떳하게 동북항일연군의 역사에서 빛나는 한 장을 차지하고 있으며, 참으로 의병장의 후예답게 만주 항일 파르티잔의 한인들 속에서 제일가는 기수로서, 별로서 빛을 뿌리고 있다. ─ 연변 작가 유순호의 『만주 항일 파르티잔(빨치산)의 제일가는 별』 중에서

역사는 한낱 승자의 전리품인가? 내가 살펴본 허형식 장군의 생애는 무명 베옷처럼 우직하고도 순결했다. 현대사에 허장군을 제쳐 두고 애국애족을 말하는 것은 마냥 부끄러운 일이다. 하지만 우리들 대부분은 황금과 총칼에 까막눈, 귀머거리, 벙어리가 되어 당신의 존재를 보지도 듣지도 말하지도 못하고 한 세기를 보냈다. 온통 가짜들이 판쳤던 세상에 진짜는 땅속 깊이 묻혀 그 존재조차 모르는 현실에서 앞으로 우리 백성들이 다른 나라의 노예가 된들 누가 감히 허형식 장군처럼 용감히 총칼을 들고 나설까?

# 5. 사람이 싫었다

- 제731부대

서회장과 아쉬운 작별 인사를 나누고 일행은 하얼빈 시가지를 벗어나 다시 남쪽으로 달려서 '침화일군(侵華日軍) 제731부대 죄증진열관(罪證陳列館)' — 그 소름끼치는 마루타 부대로 갔다. 진열관 로비에는 "前事不忘後事之師(전사불망 후사지사)"라고 새긴 현수막이 걸려 있었다. '지난 일을 잊지 말고 후세에 교훈으로 삼자'는 뜻인가 보다.

한마디로 이곳은 '땅 위의 지옥'이었다. 여기 수용된 사람들은 사람이 아닌 '마루타', 곧 통나무로 여겨졌다고 한다. 이 부대에서 생체실험용으로 죽어간 사람이 많게는 하루에 20여 명으로, 1933년부터 일제 패망 때까지 적어도 3천여 명이 이곳에서 목숨을 잃었다. 그때 행해졌던 인간 생체실험에 대한 사진과 증언 기록들이 일부 전시되어 있는데 차마 눈뜨고 볼 수 없을 정도로 처참했다.

어느 실험 대상자는 발가벗겨진 채로 동상 실험을 받아 근육은 다 파열되어 뼈만 남은 팔을 달고 있었고, 어떤 사람은 개구리처럼 수술대에 놓여 일제 군의관들에 의해 해부되고 있었다. 또 다른 사람은 단지 팬티만을 걸치고 기둥에 묶여 세균탄의 실험 대상이 되어야 했고, 누군가는 비대하게 살찌워진 후, 모종의 병균에 감염돼 서서히 죽어 가야 했다. 나는 진열관에서 그 당시의 여러가지 기

제731부대 옛 전경

침화일군(侵華日軍)
제731부대 죄증진열관
(罪證陳列館) 표지석

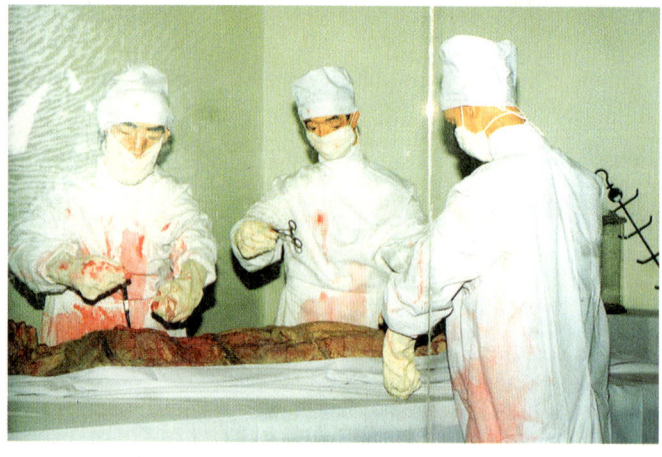

인간 생체 실험을 재현한
전시실의 모형

구와 모형으로 산 사람을 해부할 때 쓰던 수술용 메스, 유리기구, 방독면, 세균 포탄조각, 해골더미, 실험용 동물 우리들과 기록물을 보는 순간 내가 사람으로 태어난 게 싫어졌고, 이 사실을 짐승들이 알까 두려웠다. 이것은 인간의 짓거리가 아니다. 우리는 흉악한 사람을 '인면수심(人面獸心)'이라고 하는데, 어디 짐승들이 같은 무리를 난도질하는 이런 짓을 한다는 말인가? 짐승이 보기에도 부끄러운 장면이었다.

사람이 싫었다. 사람으로 태어난 게 부끄러웠다. 강대국은 약소민족을 이렇게 실험용 흰쥐처럼 죽일 수 있다는 말인가? 그 당시 이 731부대 안에서는 3천 명의 부대원들이 근무했다고 한다. 그들은 수만 마리의 쥐를 기르며, 731부대장 이시이 시로우(石井四郎)의 이름을 본뜬 '이시이식' 배양기 4천5백 개를 갖추고서 쥐의 피로 천문학적 숫자의 벼룩을 번식시켜 매일 이질 병균 3백 킬로그램을 생산했다고 한다. 만일 일본이 망하지 않고 이 부대가 개발한 세균탄이 무기로 사용됐다면 이 지구는 어떻게 되었을까? 그때 일본군 수뇌부는 이 부대에서 만든 세균탄의 위력은 그 어떤 무기보다 성능이 뛰어나서 한꺼번에 1억 명도 죽일 수 있다고 호언했다고 한다.

원래 이 부대는 일본 동경에 있다가 동북 하얼빈으로 옮겨 왔다. 생체실험용으로 쓸 재료를 쉽게 구하기 위해서였다고 한다. 산 사람의 몸에 세균 배양을 실험하여 사람이 죽어 가는 모든 과정을 관찰하거나, 사람 몸에 전류를 흘려 이를 연구하거나, 밀폐된 유리상자에 사람을 넣고 공기를 빼 질식시키는 실험 등, 차마 필설로 옮길 수 없는 별별 실험을 다 했다.

여기에서 희생된 사람들은 주로 항일연군 포로들이었다. 항일연군에는 조선족도 다수 포함돼 있었으니, 우리 조상도 이 부대에서 희생되었음은 묻지 않아도 뻔한 일이다. 때때로 이들은 아무 죄도 없는 몽고인, 러시아인, 네덜란드인 등 외국인들도 실험 대상으로 쓰는 데 서슴지 않았다고 한다.

1945년 8월, 소련군대가 하얼빈으로 진격해 오자 이 부대는 증거를 없애기 위

제731부대 잔해인 보일러실과 굴뚝

해 남아 있던 실험 대상자 수백 명을 독
살시킨 뒤, 불에 태워 재로 만든 다음
구덩이에 묻기 위해 서둘렀다. 그러나
소련군의 진격이 예상보다 빨라지자 이

**항미원조전쟁(抗美援朝戰爭)**
미국에 대항해 북한을 도와준 전쟁이라는
의미로 중국에서 한국전쟁을 일컫는 말.

들 살인마들은 너무 급한 나머지 그때까지 반쯤 불에 탄 시체를 구덩이로부터
꺼내 뼈와 살을 골라서 살은 태워 버리고 뼈는 분쇄기로 갈아 버렸다.

그 뒤 731부대 주된 건물은 폭파시켰지만 증거를 완전히 없애지는 못해 아직
도 건물의 일부 잔해가 남아 있었다. 사실 여부는 잘 모르겠으나 진열관 한쪽에
는 항미원조전쟁* 당시 미군들이 투하했다는 세균탄 탄피도 세워져 있었다.

그새 오후 3시가 넘었다. 일행들이 늦은 점심을 들기 위해 부근 식당에 들어
가는 것을 보고, 나는 731부대의 잔해인 보일러 굴뚝을 카메라에 담기 위해 질
퍽한 일대를 비를 쫄딱 맞으면서 헤매었다. 마침내 한 공장 마당에서 간신히 부
대 굴뚝을 카메라에 담았다. 사진 촬영을 마치고 식당에 갔으나 음식이 느끼한
탓인지, 조금 전에 보았던 731부대 전시물이 떠오른 탓인지, 탕수육 두어 점에
배갈 한 잔만 마셨다.

하얼빈 답사를 마치고 장춘으로 돌아오는 길에 내내 내 마음은 어두웠다. 온
종일 줄기차게 쏟아지는 비 때문만은 아니었다. 사람이 싫었다. 사람이 두려웠
다. 사람의 탐욕이 무섭다. 전쟁이 증오스럽다. 전쟁은 사람의 이성을 마비시키
고 수단 방법을 가리지 않게 한다. 우리가 가장 무서워하고 경계해야 할 사람은
이런 전쟁을 도발하는 제국주의자들이요, 극우 극좌의 전쟁 광란자들이다.

우리 일행은 장춘의 빈관으로 돌아오자마자 짐을 꾸려 곧장 장춘역으로 가서
야간 열차를 타고 연길(延吉)로 향했다.

# 6. 연길에 오시니 반가워요

– 연변조선족자치주

## 만주의 새벽

오싹한 찬 기운에 눈을 뜨자 새벽 4시였다. 차창 밖 만주 벌판은 여태 어둠이 가시지 않았다. 잠자리에서 일어나서 복도에 나가 보고 싶었지만, 객차의 다른 손님들을 깨울 것 같아서 전등도 켜지 않은 채 그대로 한참 동안 누워 있었다. 열차는 만주의 어느 벌판을 가로지르고 있었다. 철로가 단선으로 열차는 그리 빠르지 않았다. 얼마쯤 지나자 창밖이 스멀스멀 밝아 왔다. 마침 객실의 승객들이 하나둘 잠에서 깨어났다. 나는 그제야 침대에서 일어나 이부자리를 개어 놓고 아랫단으로 내려와 곧장 복도로 나갔다.

여명에 만주 산하가 차츰 드러났다. 이 일대는 우리나라와 가까운 국경지역인 탓인지 언저리 산과 들 그리고 시냇물조차 모두가 낯익어 보였다. 나는 마치 만주 들판이 아닌, 우리나라 강원도나 전라도 어느 산촌을 달리는 것만 같았다. 이른 아침의 만주 산하는 더없이 아름다웠다. 들에는 온통 벼논이요, 콩밭이요, 옥수수밭이었다. 이곳에도 드문드문 해바라기밭들이 초록의 들판을 샛노랗게 수놓고 있었다.

개울둑 여기저기에는 소들이 탐스럽게 자란 이슬 먹은 풀들을 맛있게 뜯어 먹었고, 부지런한 농부는 삽으로 벼논의 물꼬를 가다듬었다. 철로 언저리 마을에서는 아침밥을 준비하는 양, 집집마다 굴뚝에서는 하얀 연기가 모락모락 피어올랐다. 정감 가는 우리나라 1960-70년대의 농촌 풍경과 흡사했다.

5시 10분, 열차가 오랜만에 정차한 역은 안도(安圖)였다. 이 일대는 연변조선족자치주라서 간판들이 한글 한자로 나란히 표기되어 있다. 만주의 어느 지역인들 우리 조상들의 독립운동 유적지가 아니랴만, 이곳 역시 독립운동지로 이름난 곳이다. 역사 옆 공터에는 제복 차림의 남녀 철도노동자 예닐곱 명이 스피커에서 흘러나오는 음악에 맞춰 체조를 하고 있었다. 지난날 '재건체조(5·16 쿠데타 후, 각 학교와 직장에서 매일 아침에 실시되었던 체조)'의 향수를 불러일으켰다. 산비탈 구석구석에는 허름한 토담집이 이따금 눈에 띄었다. 김중생 씨는 우리 조상들이 두만강을 몰래 건넌 뒤, 저런 산비탈에다 움집을 짓고 살았다고 했다. 이 일대가 우리 조상들이 피땀을 흘린 산하인 탓인지 더욱 정감이 갔다.

기찻길 옆 오막살이…
우리 동포의 초가집들이 철로가에 띄엄띄엄 보였다.

연길 역사 전경.
환영 펼침막이 밤새 열차여행으로 쌓인 피로를 싹 가시게 했다.

## 연길에 오시니 반가워요

6시 30분, 밤새 만주 벌판을 달린 열차는 연길역에 도착했다. "연길에 오시니 반가워요", 역 앞에 나붙은 펼침막이 밤새 열차여행에 지친 피로를 말끔히 씻어 주는 듯했다. 이곳 역시 연변조선족자치주인지라 거리에 나붙은 모든 안내문과 간판이 한글과 한자로 나란히 표기됐다. 거리도 중국 어느 도시보다 한결 깨끗했다. 마치 우리나라 어느 지방 도시에 온 기분이었다.

연길역 광장에는 피켓을 든 여행사 직원들과 택시기사들이 개찰구를 빠져나온 승객들을 붙잡느라 법석이었다.

"백두산 갑니다. 백두산 가요. 두만강 갑니다. 두만강 가요….."

역 광장에 늘어선 가게에는 서울과 직통 전화가 된다는 팻말이 붙어 있어서 출국 후 처음으로 가족에게 안부를 전했다.

이곳 상점에서는 한국돈, 중국돈, 달러 등 아무 지폐나 다 받았다. 대합실을 나온 뒤부터 끈질기게 달라붙는 조선족 기사의 차를 타고 예약된 연변대학 빈관으로 갔다. 가는 도중 기사가 어찌나 곰살갑게 구는지 그만 두만강 답사 예약까지 했다.

대학에서 일반 여행객을 받는 점이 다소 의아스러웠다. 김중생 씨는 최근 중국에서는 자본주의 시장경제가 도입된 이후, 각 기관들이 수익성 사업을 대대적으로 펼치고 있는데 대학도 예외가 아니라고 했다. 연변대학 빈관은 일반 빈관보다 시설도 좋고 깨끗하며 값도 훨씬 쌌다. 빈관에 도착하자마자 여장을 풀고 샤워를 했더니 가뿐했다.

어디에서인지 귀에 익은 동요가 스피커를 타고 요란하게 들렸다. 마치 한국의 어느 도시에 머물고 있는 듯한 착각이 들었다. 그 소리가 궁금해서 확인을 했더니 빈관 옆 건물이 연변대학 부속 유치원으로, 거기서 들려온 동요였다. 죄다 내가 어린 시절에 배운 동요들이거나 요즘도 한국에서 널리 부르는 곡들이었다.

"새 나라에 어린이는 일찍 일어납니다…"

"송아지 송아지 얼룩 송아지 엄마 소도 얼룩소…"

"앞으로 앞으로…"

대학 구내에서는 위성으로 한국의 텔레비전도 시청할 수 있었다. 텔레비전을 켜자 한국은 온통 물난리였다. 새삼 세상이 참 좁아졌다는 느낌이 들었다.

# 7. 흰머리 날리며 씽씽 썰매 타련다

### — 두만강

## 눈물 젖은 두만강

연변대학 빈관 구내 찬청(중국의 식당)에서 빵으로 요기를 하고 곧장 답사 길에 나섰다. 빈관 앞에서 조금 전 우리를 태워 준 조선족 허영철 기사의 승용차를 타고 도문(圖們)으로 향했다. 연길을 출발한 지 미처 한 시간도 안 돼, 허기사는 북한 땅이 바로 코앞인 두만강 강가에다 내려 주었다.

강 건너 산하는 분명 내 나라요, 그곳으로 가는 다리가 있는데도 건너지 못하고, 중국인들이 얄팍한 장삿속으로 만들어 놓은 전망대에 돈을 내고 올라갔다. 거기서 내 조국 산하를 바라보는 나그네의 마음은 마냥 아프기만 했다. 강 건너 마을에 사는 수많은 동포들이 몇 년째 끼니조차 허덕인다고 하니 마음이 더욱 아렸다. 중국 도문과 북한 남양(南陽)을 잇는 다리와 철교는 두만강을 가로질렀고, 그 다리 아래로는 강물만이 민족의 비극을 아는지 모르는지 쉬엄쉬엄 흘러갔다.

"두만강 푸른 물에 노젓는 뱃사공…."

한때 우리나라 사람들이 가장 애창하던 대중가요 「눈물 젖은 두만강」, 바로 그 눈물의 강이다. 지난날 일제 탄압에 못 이겨 조국을 등진 백성들의 애환이 담긴 단장의 강이다.

# 건널 수 없는 다리

두만강과 북한 산천을 바라보는 전망대 일대에는 잡상인들이 들끓었다. 조선족, 한족 장사꾼들은 우리 일행에게 떼거리로 달려들면서 한국돈도 달러도 다 좋다고 나그네의 소맷귀를 잡았다. 우리의 분단을 이웃 나라들은 즐기는 양, 그것을 이용해서 관광지로 만들어 외화벌이를 하고 있었다.

얼음이 하도 단단하여
아이들은
스케이트를 못 타고
썰매를 탔다

얼음장 위에 모닥불을 피워도
녹지 않는 겨울 강

밤이면 어둔 하늘에
몇 발의 총성이 울리고
강 건너 마을에서 개 짖는 소리 멀리 들려 왔다

북한 남양과 도문을 잇는 다리,
내 조국 산하를 눈앞에 빤히 보면서도 건널 수 없는 다리였다.

겨레의 비극을 아는지 모르는지 두만강은 쉬엄쉬엄 흘렀다.

우리 독립군은
이런 밤에
국경을 넘는다 했다

때로 가슴을 가르는
섬뜩한 파괴 음은
긴장을 못 이긴 강심 갈라지는 소리

이런 밤에
나운규는 '아리랑'을 썼고
털모자 눌러쓴 독립군은
수많은 일본군과 싸웠다

지금 두만강엔
옛 아이들 노는 소리 남아 있을까
강 건너 개 짖는 소리 아직 남아 있을까

통일이 오면
할 일도 많지만
두만강을 찾아 한번 목놓아 울고 나서
흰머리 날리며
씽씽 썰매를 타련다

어린 시절에 타던
신나는 썰매를 한번 타 보련다.
— 김규동, 「두만강」

어린 시절 이곳에서 썰매를 탔던 시인 김규동 선생은 통일의 그날이 오면 두
만강을 찾아 한번 목놓아 울고 난 뒤에, 흰머리 날리며 썰매를 타고 싶다고 했
다. 백발을 날리는 아흔의 시인이 꽁꽁 얼어붙은 두만강에서 개구쟁이 소년처
럼 썰매 타는 모습을 그려 보았다. 나는 그분의 간절하고도 소박한 꿈이 당신 생
전에 이루어지기를 빌면서 두만강과 아쉬운 작별을 했다.

# 8. 독립전쟁 첫 승첩지를 가다

### -봉오동 전적지

두만강에서 도문으로 돌아오는 길에 봉오동 항일전적지를 찾았다. 봉오동은 도문에서 불과 10여 킬로미터 정도 떨어진 가까운 곳에 있었다. 봉오동으로 가는 들머리에서 총소리가 들렸다. 웬일인가 싶어 그 언저리를 살폈더니 길옆에 사격장이 있었다. 사격장에는 민병대인 듯한 수십 명이 사선에서 표적물을 향하여 사격훈련을 받고 있었다. 요란한 총소리는 한때 치열했던 봉오동 전적지 분위기를 더욱 느끼게 했다. 큰길에서 비포장 좁은 길로 10여 분 더 달리자 봉오동 저수지 관리사무소가 나왔다.

봉오동 전적지 일대 계곡은 들머리가 좁고 깊은 항아리 모양이라서 산등성이에 매복하면 들어오는 적을 포위해서 쳐부수기에는 아주 기가 막힌 천연요새였다. 지금은 이 일대가 봉오동 저수지로 변해서 일반인의 출입을 통제하고 있었

봉오동 반일전적지 표지석

다. 다행히 관리사무소 안에는 '봉오골 반일전적지'라는 돌비석을 세워 둬서 참배객의 아쉬움을 달래 주었다.

이곳은 1920년 6월 7일, 항일 명장 홍범도(洪範圖)를 사령으로 한 대한북로독군부(大韓北路督軍府:홍범도의

대한독립군, 안무의 대한국민군, 최진동의 군무도독부군이 결성한 연합부대)가 우리 독립군을 토벌하기 위하여 두만강을 넘어온 일본군 제19사단 야스가와 (安川) 소좌가 거느린 부대를 참패시킨 우리나라 독립운동사에 길이 빛나는 최초 승첩지이다.

## 통쾌한 승전

봉오동전투는 1920년 6월 4일에 있었던, 화룡현 삼둔자(三屯子:현 지명 간평) 전투에서 비롯되었다. 그날 새벽 30명가량의 독립군 소부대는 국내 진공작전으로 삼둔자를 출발하여 두만강을 건너 함경북도 종성 강양동으로 가서 일제 헌병 순찰소대를 격파하고 돌아왔다.

그러자 일본군 2개 중대가 이에 보복하려고 독립군 추격에 나섰다. 이들은 두만강을 건너 삼둔자에 이르렀으나, 독립군을 발견하지 못하자 그 분풀이로 애꿎은 조선족 양민을 무차별 살육했다. 이 소식을 접한 독립군은 삼둔자 서남쪽 산기슭에 잠복하고 있다가 돌아가는 일본군을 섬멸시켰다. 이에 함경북도 종성군 나남에 주둔했던 일본군 제19사단은 독이 바짝 올랐다. 그들은 삼둔자전투 참패를 설욕하고, 우리 독립군을 토벌하기 위해 '월강추격대대(越江追擊大隊)'를 편성했다.

이들 추격대는 보병 2개 중대와 기관총소대, 헌병경찰대를 합친 혼성대대로 야스가와 소좌 인솔로 6월 6일 밤 9시부터 두만강을 건너 이튿날 새벽 3시 30분에 독립군의 근거지인 봉오동으로 쳐들어왔다. 이런 낌새를 미리 알아차렸던 홍범도 장군은 그들과 교전에 앞서 주민들을 산중으로 미리 대피시켜 마을을 비우게 했다. 그리고는 봉오동 상촌 험준한 사방 고지에 독립군 각 중대를 매복시켜 놓은 다음, 월강추격대를 이곳으로 유인하여 포위망 속에 가둬 두고 일망타진한다는 작전을 세웠다.

홍범도 장군은 독립군 1개 분대를 월강추격대가 쳐들어오는 길목에 내보내

교전하는 척하면서 봉오동 골짜기로 후퇴하여 그들을 유인했다. 그날 아침 8시 30분 무렵에 월강추격대 첨병이 독립군 분대의 뒤를 쫓아 봉오동 들머리에 이르렀다. 여기까지 온 일본군 추격대 첨병은 독립군 분대를 놓치고는 봉오동 하촌을 정찰한 결과, 독립군이 지레 겁을 먹고 죄다 북으로 도주한 것으로 여겼다. 그들은 추격대 본대를 불러서 하촌 마을을 뒤지면서 미처 대피하지 못한 노약자를 살육하는 만행을 저질렀다. 이들 월강추격대는 봉오동 하촌을 실컷·유린한 다음, 오전 11시 30분에 다시 대오를 정돈하여 중촌, 상촌을 향하여 진군했다.

그날 오후 1시 무렵에는 일본군 전위부대가 사방이 고지로 둘러싸인 상촌 남쪽 3백 미터 지점까지 진출하여 완전히 독립군 포위망 속에 걸려들었다. 하지만 홍범도 장군은 곧장 사격 명령을 내리지 않고 주력부대를 묵묵히 기다렸다. 잠시 후, 전위부대에 이어 주력부대도 기관총을 앞세우고 독립군 포위망 속으로 깊숙이 들어왔다. 그제야 홍범도 장군은 일제 공격을 알리는 신호탄을 발사했다. 이에 삼면 고지에 매복하고 있었던 독립군들이 일제히 불을 뿜었다. 뜻밖에 기습 공격을 받은 일본군은 필사적으로 돌격해 왔다. 하지만 유리한 지형을 미리 차지한 독립군의 맹렬한 집중사격과 수류탄 투척으로 일본군 추격대는 궁지에 몰렸다. 그들은 독립군 포위망 속에서 3시간 이상 끈질기게 버텼으나 이미 작전상 허를 찔려 시간이 흐를수록 사상자만 늘어날 뿐이었다. 그들은 더 이상 전투는 무모함을 알아차리고 후퇴하기 시작했다. 독립군 제2중대장 강상모는 부하들을 이끌고 도주하는 적을 추격, 월강추격대를 혼비백산케 했다. 통쾌한 승전이었다.

봉오동전투에 대한 전상자 피해는 독립군과 일본군 양측의 주장이 엇갈린다. 비교적 객관적 자료인 당시 중국 『상하이시보』에 따르면 독립군이 일본군 월강추격대를 150명이나 사살하여 크게 이겼다고 보도했다.

봉오동 전적비는 봉오동 저수지 사무실에서 조금 떨어진 산기슭 아래 조촐하

봉오동 전적지. 왼쪽 산봉우리가 초모정자산으로 그 아래가
중촌 마을이고 저수지 상류 산 아랫마을이 상촌이다.

게 세워져 있었다. 나는 이 전적비 제단에다 서울에서 준비해 온 소주를 올린
후, 땅바닥에 엎드려 두 번 큰절을 하고 남은 술은 전적비 언저리에 뿌렸다. 이
깊은 계곡에서 이름 없이 순국한 무명용사와 무고히 죽어 간 양민들의 영령이
여, 고이 잠드시라.

### 홍범도 장군

홍범도는 1868년 음력 8월 27일, 평양시 서문안 문열사 부근에서 가난한 농사
꾼의 맏아들로 태어났다. 그의 고조부는 평안도 용강군 화장골에서 살았는데,
조선 순조 때 농민의 난을 일으킨 홍경래(洪景來)와 가까운 친척이었다. 그는
홍경래 난이 실패로 돌아간 뒤, 일가친척이 화를 입게 되자 가족을 이끌고 평양
으로 와서 장사를 하며 살았다.

홍범도 장군

홍범도 아버지 홍윤식은 할아버지 생전에 남긴 빚 때문에 머슴살이를 했다. 홍범도 어머니는 어려서 부모를 여의고 외가에서 자랐는데 인물이 남달리 뛰어나 관기(官妓)로 뽑혀 갈 처지에 이르자, 외가어른들이 서둘러 홍윤식과 혼인시켰다. 가난한 부부는 생계에 어려움이 많았지만 결혼 이태 뒤에는 아들을 얻는 기쁨을 누렸다. 하지만 그 기쁨도 잠시뿐, 임신기간에 영양 섭취가 부족했던 산모가 해산한 뒤 하혈이 심하여 병석에서 일어나지 못하고 신음하다 이레 만에 세상을 뜨고 말았다.

홍윤식은 심청의 아비처럼 동네 아낙네들에게 동냥젖을 얻어먹이며 어린 아들 범도를 길렀다. 그러나 그도 아들이 아홉 살 되던 해 열병으로 세상을 떴다. 일찍 부모를 여읜 홍범도는 머슴살이, 병정, 막일꾼 등 닥치는 대로 일했다. 그는 공장에서 막일꾼 생활을 하던 중, 부도덕한 공장주가 품삯을 일곱 달이나 주지 않고 도리어 먹고 입고 잠잔 값을 받아야겠다는 데 분개하여 공장주를 응징하고는 그 길로 금강산으로 들어갔다. 그리고는 외금강 신계사 주지스님 앞에서 머리를 깎고 중이 되었다.

그러나 평생을 절간에서 보낼 사나이가 아니었다. 한 해 남짓 수도생활을 청산하고 하산했다. 당시 홍범도는 수도생활중에 여승 옥녀와 정이 들어 아이까지 가지게 되었다. 그들은 옥녀의 고향인 북천으로 가고자 봇짐을 지고 금강산을 떠났다. 하지만 원산 교외에서 불한당에게 변을 당한 홍범도는 옥녀와 생이별을 하고 방랑객이 되었다. 그는 그때 불평등한 세상에서 남에게 천대와 멸시를 받지 않고 살아가자면, 남보다 뛰어난 재주가 있어야 한다는 것을 절실히 깨달았다. 그는 글을 배우지 못했기에 무예를 닦는 길이 상책이라고 생각했다.

홍범도는 강원도 회양에서 만난 포수에게 사냥총 한 자루를 구입하여 깊은 산속으로 들어가서 사냥꾼 생활로 생업을 삼으면서 사격술과 검술을 닦았다. 뒷날 일본군들이 홍범도란 이름을 듣기만 해도 간담이 오싹했던 백발백중 사격술과 신묘한 검술은 그때 익힌 솜씨였다.

홍범도의 사상과 인생길에 큰 파문을 일으킨 것은 1894년의 갑오동학농민전쟁과 이듬해 명성황후 시해사건이었다. 특히 일제 깡패 무리들이 남의 왕궁을 마음대로 포위해서 명성황후를 난도질해 죽이고, 그 시신마저 장작더미에 던져 태워 버렸다는 얘기를 듣자 홍범도의 울분은 하늘을 찔렀다. 일제 침략자들이 야말로 천하에 제일가는 야수 무리로 우리 민족의 철천지 원수라는 것을 똑똑히 알았다. 그는 그때부터 항일 투지로 불탔다.

1895년 10월, 홍범도는 강원도 단발령에서 만난 포수 김수협과 뜻이 맞아 항일 의병을 일으킬 것을 맹세한 뒤, 곧 무장한 일본군 12명을 통쾌하게 처치했다. 이를 시작으로 홍범도의 맹렬한 항일무장투쟁이 펼쳐졌다.

일제 강압에 따라 정미7조약이 체결된 뒤인 1907년 11월, 홍범도와 차도선은 의병대를 조직해 함경남도 후치령에서 일제 북청수비대를 습격하여 첫 개가를 올렸다. 그 뒤를 이어 홍범도 의병대는 함경남도 삼수·갑산에서 일제 군경과 수십 차례나 처절한 격전을 벌여서 모두 승리로 이끌었다. 경술국치 이듬해 1911년 봄, 홍범도는 정예부대를 인솔하여 국내로 들어와 함경북도 경원에서 일본군 수비대를 습격하여 국내에서의 첫 개가를 올렸다. 또한 1919년 10월에는 평안북도 강계 만포진을 공략하여 일본군과 3일간 격전을 치르면서 70여 명을 살상했다.

홍범도 의병부대는 신출귀몰하는 전술로 일제의 간담을 서늘케 했는데, 지금까지도 홍범도 장군은 우리나라 게릴라전의 비조로 불리고 있다. 일제강점기에 우리나라 독립전쟁 효시로 일컫는 1920년 6월의 봉오동전투는 홍범도 장군 지휘 아래에 이루어졌다. 아울러 우리나라 독립전쟁사에 가장 빛나는 1920년 10월의 청산리대첩 역시 홍범도 장군이 일익을 담당하여 쟁취한 것이다. 홍범도 장군은 일제와의 생사 결전에서 부인과 두 아들까지 잃고 혈혈단신으로 남으면서도 항일구국 투지만은 평생토록 굽히지 않았다.

홍범도 장군은 일제에게는 '날아다니는 장군'으로 위협적인 존재였고, 우리 겨레에게는 독립운동의 전설적인 영웅, '백두산 호랑이'로 추앙받았다. 장군의 거룩한 발자취는 조국의 산과 계곡에, 압록강 두만강 굽이굽이에, 백두산 밀림과 드넓은 만주 벌판에, 러시아 연해주와 시베리아 황야에까지 남아 있다. 장군은 조국 광복을 이태 앞둔 1943년 10월 25일, 러시아 카자흐스탄의 크즐오르다에서 75세를 일기로 파란 많았던 항일구국 일생을 마감하였다. 홍범도 장군이 돌아가신 지 40년 후, 크즐오르다 홍범도 묘지에는 장군의 반신 동상이 세워지고 생전에 살았던 곳은 '홍범도 거리'로 명명되었다.

봉오동전투는 우리 독립군과 일본군 양측 모두에게 큰 영향을 미쳤다. 우리 독립군 측에서는 나라를 빼앗긴 지 10년 만에 숙원인 독립전쟁 제1회전을 통쾌한 승리로 이끌어 독립군의 사기를 크게 떨쳤고, 아울러 우리 독립군 부대간의 군사통일을 추진하였을 뿐 아니라 병력 보충과 군비 확충에 총력을 기울일 수 있었다. 반면 일제는 그동안 얕잡아 보았던 우리 독립군의 전투력을 새롭게 평가하여 독립군을 근원적으로 토벌하기 위해 '간도지방 불령선인 초토계획(不逞鮮人剿討計劃)'을 서둘러 만들었다.

이 봉오동전투는 민족 수난을 극복하려는 한국 독립군에게 큰 광명을 비춰 줌과 아울러, 지휘관 홍범도 장군은 일본군에게 두려운 대상으로 인식되어 그 이름만 들어도 벌벌 떠는 독립군의 명장이 되었다.

# [다시 찾은 봉오동 전적지]

2004년 6월 1일, 나는 다시금 봉오동 전적지를 찾았다. 연변대학 빈관은 1차 답사 때 묵었던 곳으로 퍽 낯이 익은 탓인지 간밤에 모처럼 깊은 잠에 들 수 있었다.

아침 7시경, 연변대 민족연구원 김태국 박사가 승합차와 기사를 데리고 빈관으로 왔다. 그는 역사도 지리도 매우 밝은 특급 안내자였다. 김박사는 기왕이면 봉오동 전적지를 처음부터 끝까지 한 세트로 답사하자고 했다. 애초 우리 일행은 도문 두만강변 봉오동 저수지에 있는 봉오동 반일전적지 기념비만 보려고 하였는데, 김박사는 봉오동전투의 실마리가 되었던 함경북도 종성 강양동의 일제 헌병초소에서 삼둔자(三屯子)로, 후안산 마을과 초모정자산으로, 거기서 다시 봉오동 저수지로 가서 봉오동 중촌과 상촌도 보자고 했다. 그러면 봉오동 전적지는 모두 답사하는 거라고 했다.

식사를 마치고 연길을 출발했다. 거리에도 초등학교 운동장에도 온통 사람들로 붐볐다. 김박사에게 영문을 묻자 오늘이 국제아동절로 우리나라의 어린이날에 해당되기에 그렇다고 했다. 부모들이 아이들의 손을 잡거나 무동을 태운 채 오가고 있었다.

연길 시가지를 벗어나 조금 달리자 곧 도문시였다. 도문은 연변조선족자치주 동남부에 위치해 있으며 동쪽으로는 훈춘, 서쪽으로는 연길, 동남쪽으로는 두만강을 사이에 두고 우리나라와 인접한 국경도시다.

도문을 지나자 곧 두만강이 나왔고 그 건너편이 북녘 땅이었다. 봄철이라 강물이 메마른 탓인지 강폭은 20미터 정도였고 수심도 그리 깊어 보이지 않아 웬만하면 건널 수 있는 강 같았다. 국경치고는 경비가 그리 삼엄하지 않았다. 이 강을 건너 많은 북한 동포들이 중국으로 건너온다고 한다.

강양동 초소는 아직도 옛 모습 그대로 남아 있었다. 두만강 건너편에서 바라보자 건물 중앙 상단에 김일성 주석의 초상이 자그맣게 보였다. 강줄기를 따라

삼둔자전투의 전적지인 간평 마을

봉오골 반일전적지 기념비

조금 더 가자 간평(間坪) 마을이 나왔다. 이 마을이 바로 옛 삼둔자 마을로 삼둔 자전투가 벌어진 전적지이다.

　김태국 박사는 거기서 다시 후안산 마을로 가서, 일제 월강추격대의 침투로 와 초모정자산을 보여주고 봉오동 반일전적비가 있는 봉오동 저수지로 안내했 다. 그는 담당 직원을 만나고 돌아오더니 저수지 위로 가도 좋다는 허락을 받았 다고 했다. 1차 답사 때에는 저수지 위로 가지 못하고 기념비만 보고 돌아왔는 데, 이번에는 봉오동 전적지 현장을 멀리서 바라보고 카메라에 담을 수 있어서 기분이 매우 좋았다. 저수지 둑을 오르자 한창 모내기철이라서 저수지 반 정도 는 바닥이 드러날 정도로 물이 줄어 있었다. 김박사는 초모정자산 아래가 봉오 동 중촌이요, 저수지 상류가 상촌이라고 했다. 우리 일행은 봉오동 반일전적비 에서 깊은 묵념을 올렸다.

# 9. 『하늘과 바람과 별과 시』의 고향

- 용정 명동촌 윤동주 생가

## 명동촌

북간도 항일독립운동 요람지 용정(龍井) 시가를 벗어나 30여 분 흙길을 더 달린 끝에 마침내 윤동주(尹東柱) 시인이 태어난 명동 마을에 이르렀다. 동네 입구에 '윤동주 생가'라고 새긴 큰 바윗돌이 세워져 있어서 쉽게 마을을 찾을 수 있었다. 이 마을은 아직도 1930년대의 초가집들이 듬성듬성 보이는 20여 호 정도의 자그마한 마을이었다. 사방이 병풍 같은 산으로 둘러싸인 분지로 퍽 아늑했으며, 언저리 산수가 시심이 저절로 우러나올 만큼 빼어나게 아름다웠다. '인걸은 지령(地靈)이라'고 하더니, 이렇게 아름다운 고장이었기에 위대한 시인이 탄생했나 보다.

윤동주 시인의 생가는 큰 도로에서 좁은 길로 1백여 미터 내려가 명동교회와 나란히 붙은 첫 집이었다. 교회 입구에는 마을 주민 대여섯 분이 카세트테이프를 틀어 놓은 채, 낯선 방문객을 호기심 어린 눈길로 바라봤다.

## 명동교회

생가로 가자면 명동교회 마당을 거쳐야 했다. 교회로 들어서자 두 젊은이가 불쑥 나타나서 우리 일행을 반갑게 맞아 주었다. 두 사람 다 조선족 청년으로 우

윤동주 생가 마을 표지석          김약연 선생 송덕비

리말이 유창했다. 한 젊은이는 비치파라솔을 펴놓고 그곳 특산물인 삼베, 약재 따위를 좌판에 잔뜩 늘어놓았다. 내가 예의상 좌판의 상품을 설핏 훑고는 교회 한쪽에 있는 비석에 눈길을 돌리자, 다른 한 젊은이가 얼른 앞장서면서 친절하게 안내했다.

그 비석은 명동교회를 세웠던 목사요, 명동소학교 교장이자 독립운동가였던 김약연(金躍淵) 선생 송덕비였다. 유감스럽게도 비석 머리 부분은 떨어져 나갔다.

시인 김규동 선생은 저자에게 보낸 편지에서 다음과 같이 김약연 선생을 회고했다.

김약연 선생은 너그럽게 생기신, 머리가 하얀 노인으로 일 년에 두어 번 종성 우리 집에 오셨지요. 병원을 경영하시던 아버님이 김약연 선생님 오실 때는 그때 돈 2백 원 혹은 3백 원을 독립자금으로 내놓곤 하시는 걸 저는 어릴 때 보고 자랐습니다.
제 아버님은 문익환 목사의 선친 문재린 목사와 명동학교 동창이었다고 합니다. 이런 일 때문에 아무것도 모르시는 우리 어머니는 "너희 아버지는 돈 없는 사람한테는 약

명동교회 예배당

윤동주 생가 본채

명동촌 언저리 산수

값도 받지 않고 치료하고, 겨우 겨우 먹고살 만큼 돈푼이나 모아 놓았는가 하면 김약연 선생님 오시면 지전으로 곱게 인두로 다려서 그것을 흰 수건에 곱게 싸서 무릎을 꿇으시고 선생님한테 내놓으셨단다. 그리고는 너희들한테는 된장국이나 좁쌀밥만 먹였단다. 규동아, 너는 입쌀밥이 그토록 먹고 싶다하지만 아버지가 좁쌀밥 하라는데 너만 입쌀밥 어떻게 먹일 수 있겠느냐?"

어머니는 이와 같은 하소연 같기도 하고, 탄식 같기도 한 이야기를 더러 하셨지요. 지금 생각하면 어머니는 독립운동이 어느 만큼이나 중하고 급한 것인지를 모르시는 탓으로 하신 말씀으로 생각합니다. —2000년 11월 7일, 김규동

김약연 선생 송덕비 바로 뒤편에는 1백여 년은 더 지났을 고목이 녹음을 잃지 않은 채, 우람하게 서 있었다. 젊은 날 윤동주가 이 교회에서 봉사할 때는 이 나무에 매어 둔 교회 종을 울렸다고 했다.

교회는 단층 한옥 건물로 벽은 회칠을 한 기와지붕이었다. 안내하는 청년이 건네준 '명동교회당 건물 소개' 팸플릿에는 다음과 같이 기록되어 있다.

명동교회는 창립 당시인 1909년에 8칸 집을 사서 예배당으로 사용하다가 1916년에 김약연 목사의 주선 아래 지금의 명동교회당 건물을 세우게 되었다. 명동교회당 건물은 연변에서 가장 일찍이 세워진 건물 중의 하나로 유구한 역사를 지니고 있다. 1993년 4월, 용정시 지산동 명동촌이 용정시 관광점이 된 후 용정시 인민정부에서는 명동교회당 건물을 문물보호단위(보호 문화재)로 명명하였으며, 지산향 인민정부에서는 한국 해외민족연구소의 협찬으로 1994년 8월에 새롭게 수선하였다.

## 윤동주 생가 옛 터

어린 시절 윤동주*는 독실한 기독교 가정에서 자랐다. 할아버지 대부터 예수를 믿은 집안이었고, 김약연 선생은 바로 윤동주 외삼촌이었다. 이후에도 윤동주는 독실한 기독교인으로 살았다. 명동촌을 떠나 유학했던 평양의 숭실학교, 서울의 연희전문학교도 모두 기독교계 학교였다. 연희전문에 유학중일 때도 방학을 맞아 고향에 돌아오면 윤동주는 명동교회에서 주일학교 교사로 봉사했다. 그래서 그의 작품에는 기독교 사상이 물씬 배어 있다.

교회당 옆 마당에는 암탉 수탉들이 어울려 한가로이 모이를 쪼고 있었다. 닭들은 낯선 나그네에 대한 경계도 전혀 없었다. 지난날 우리나라 농촌 어디에서나 흔히 볼 수 있는 광경이었지만, 지금은 보기 드물어 이국에서 본 정경이 내 유년시절의 추억을 불러일으켰다.

윤동주 생가는 명동교회와 널빤지로 이은 야트막한 울타리로 이어져 있었다. '윤동주 생가 옛터 소개' 팸플릿에는 다음과 같이 기록됐다.

시인 윤동주 생가는 1900년경에 그의 할아버지 윤하현 선생이 지은 집으로 기와를 얹은 10간의 본채와 곳간이 달린 조선족 전통가옥 구조로 된 집이었다. 윤동주는 1917년 12월 30일, 이 집에서 태어났다. 1932년 4월 윤동주가 은진중학교로 전학하게 되자 그의 할아버지는 가족을 데리고 용정으로 이사하고 이 집은 팔려서 다른 사람이 살다가 1981년에 허물어졌다. 1993년 4월, 명동촌은 그 역사적 의의와 유래를 고려하여 용정시 정부에서 관광점으로 지정하였다. 이에 용정시 지산향 인민정부와 용정시 문학예술계 연합회는 연변대학 조선연구중심의 주선과 사단법인 해외한민족연구소의 지원을 받고, 국내외 유지 인사들의 정성에 힘입어 1994년 8월, 역사적 유물로서 윤동주 생가를 복원하였다.―1994년 8월 29일, 용정시 지산향 인민정부, 용정시 문학예술계 연합회

### ● 윤동주(尹東柱, 1917-1945)

북간도에서 태어나 연희전문을 거쳐 일본으로 유학하여 도시샤(同志社)대학 영문과 재학중, 1943년 여름방학을 맞아 귀국하다 사상범으로 일본 경찰에 체포되었다. 1944년 6월, 2년형을 선고받고 이듬해 규슈 후쿠오카형무소에서 옥사했다. 용정에서의 중학 시절, 연길에서 발행되던 『가톨릭소년』에 여러 편의 동시를 발표했고, 일본 유학 전인 1941년 19편의 시를 묶어 시집을 발간하려 했으나 뜻을 이루지 못했다가 자필로 3부를 남긴 것이 사후에 빛을 보게 되어 1948년에 유고 30편을 모아 『하늘과 바람과 별과 시』로 간행되었다. 이 시집을 통해 비로소 세상에 알려지게 된 윤동주는 일제강점기 말의 저항시인으로서 크게 각광을 받게 되었다. 연세대 신촌캠퍼스와 간도 용정중학 교정에 시비(詩碑)가 세워져 있으며, 1995년에는 일본의 도시샤대학에도 대표작 「서시」를 친필과 함께 일본어로 번역, 기록한 시비가 세워졌다.

명동교회 마당에서 널빤지 쪽문을 밀고 윤동주 생가로 들어갔다. 아담한 단층 기와집이었다. 현재는 아무도 살지 않는 듯, 방마다 문은 닫혔고 인기척도 없었다. 팔

월의 뜨거운 태양 아래 고즈넉이 적막감만 느껴졌다.

쪽문과 생가 본채 사이에는 우물이 있었다. 이 우물이 바로 「자화상」에 나오는 거라고 안내하던 청년이 말했다. 나는 두레박을 들고 우물 바닥을 내려다 보았다. 우물은 10미터 정도로 꽤 깊었다. "구름이 흐르고 하늘이 펼치고 파아란 바람이 불고 추억처럼 사나이"가 비쳤다.

생가 앞마당은 울타리도 없는 밭으로 앞이 환히 트였다. 멀리 윤동주의 모교인 명동소학교가 정면으로 보였다. 명동소학교 종이 '땡땡' 울리면 이 집에서도 들릴 것처럼 가까웠다. 학교와 집 사이는 온통 담배밭이었다.

사방을 둘러보니 언저리 산수가 너무 아름다워 그대로 며칠 머물고 싶은 마을이었다. 이처럼 아름다운 고장이었기에 윤동주는 고향을 배경으로 주옥 같은 시를 수없이 쏟았나 보다. 예술가에게 고향은 평생을 지배하는 밑거름이다. 유년과 소년 시절에 본 고향의 산과 들, 마을사람들은 그의 머릿속에 언제나 살아 있기 마련이다.

## 명동소학교

마을 청년의 환송을 받으며 명동촌을 떠나 눈앞에 빤히 보이는 명동소학교로 발길을 돌렸다. 명동소학교는 세 번이나 화재를 입었다. 이 학교는 독립운동의 근거지로 비쳐져, 1920년 일제의 경신토벌이 시작되자마자 가장 먼저 보복을 당했다. 1920년 10월 20일, 청산리전투가 개시되기 바로 전날, 일제 토벌군이 이 학교에 불을 질렀다.

윤동주는 명동소학교를 1925년부터 1931년까지 다녔는데 지금의 명동소학교는 분명 윤동주 모교이지만, 당시 학교 터가 아니고 개울을 건너 옮긴 곳이라고 했다.

오늘의 명동소학교는 시골 분교처럼 자그맣다. 마침 방학중이라 교정은 깊은 적막감에 싸였다. 운동장에는 온통 잡초가 우거져서 고즈넉함을 더했고, 본관

▲ 마침 방학중이라 고즈넉한 명동소학교,
　운동장에는 온통 잡초로 우거졌다.
◀ 명동소학교 교문

정면에는 '존사애생(尊師愛生)'이란 글이 흰 바탕에 붉은 페인트로 씌었다. 존사애생이란 '학생들은 선생님을 존경하고, 선생님은 학생을 사랑하라'는 뜻인가 보다. 지금 우리나라 교육 현장에는 교육의 가장 기본인 이 '존사애생'이 무너져 버렸다. 자본주의와 함께 들어온 물질주의는 황금만능주의로 변질되어 사람의 마음을 황폐화시켰다. 그 때문에 학교 교육조차 왕창 무너진 느낌이다. 나에게는 '존사애생'이란 이 투박한 글귀가 교육의 처음과 끝을 말하는, 만고불변 진리의 말씀으로 새겨졌다. 사람 교육은 말과 구호만으로는 안 되는 줄 알지만, 이 케케묵은 구호라도 우리 교육계가 빌려다가 대대적인 '학교 살리기 운동'이라도 벌였으면 어떨까 하는 생각도 해보았다.

교문에서 멀찍이 바라보니 교사 정면에 있는 훈화대에서 세 소녀가 공기놀이에 빠진 듯, 낯선 방문객은 안중에도 없었다. 가까이 다가가서 그들의 티 없는 얘기도 들어 보고 싶었지만, 갈 길도 바쁘고 그들 놀이에 공연한 훼방꾼이 될 것 같아서 그대로 발길을 돌렸다. 자연과 더불어 살아가는 그들의 천진난만한 모습이 순수해 보였다. 순수한 것은 언제나 아름답다.

## 윤동주의 무덤

윤동주의 생가와 모교를 보았으니 다음은 그가 영원히 잠든 곳, 무덤을 찾는 일이 남았다. 다행히 우리를 안내하고 있는 조선족 허기사가 지난해 윤동주 무덤을 가본 적이 있다고 장담하기에 한결 마음이 놓였다.

명동소학교에서 다시 용정으로 방향을 되돌려 몇 차례 차를 세우고 길가의 현지 주민에게 물은 끝에 용정현 뒷동산에 있는 중앙교회 묘역을 찾았다.

산은 야트막했다. 날씨가 쾌청한 탓에 승용차로 산길을 오를 수 있었다. 만일 비라도 조금 내렸다면 도저히 오를 수 없는 진흙길이었다.

"선생님들, 오늘 참 재수 좋은 날이에요."

허기사는 날씨 좋은 걸 자신 탓인 양 마구 생색을 내었다. 그는 묘소를 쉬이 참배하게 된 걸 날씨와 자기 탓이라고 거듭거듭 강조했다. 출발 전, 그날 승용차 삯과 봉사료를 5백 원으로 계약한 다음, 봉오동 전적지를 찾으면 1백 원, 윤동주 묘지를 오르면 1백 원을 웃돈으로 주기로 했기에 그가 나보다 더 기뻐했다. 아무튼 그를 잘 만났다. 답사 여행중 안내원이 길을 몰라 헤매면 길에서 아까운 시간을 다 보내기 십상이다.

산을 오르자 자그마한 무덤들이 즐비했다. 모두 고만고만한 무덤들로 수천 개는 넘을 듯했다. 마침 산등성이에서 밭일을 하고 있는 농부에게 윤동주 묘소를 물었더니 친절히 가르쳐 줘서 쉽게 찾을 수 있었다. 다행히 그 농부도 조선족이었다. 나는 위대한 시인 무덤 앞에 한참 동안 깊이 고개 숙여 엎드렸다. 윤동주 묘지의 봉분은 다른 묘보다 조금 더 컸고, 봉분 아랫부분은 시멘트로 둘러발라 얼른 눈에 띄었다.

오석(烏石)으로 된 상석 뒤에는 같은 재질로 쓴 묘비가 1미터 정도 높이인데, 앞면은 양각으로 "詩人 尹東柱之墓(시인 윤동주지묘)"라고 새겼다. 묘비 뒷면과 좌우면에는 묘비명이 중국어로 새겨져 있었다. 이 묘비명을 우리말로 옮겨 보면 다음과 같다.

### 시인 윤동주의 무덤

아! 슬프다. 시인 고 윤동주는 본관이 파평이다. 어린 시절 명동소학교를 졸업하고 다시 화룡현립제일교 고등과에 들어가 배웠고, 다시 용정의 은진중학에서 3년을 배운 뒤 평양 숭실중학으로 전학하였다. 학업을 닦느라 그곳에서 한 해를 보내고 다시 용정으로 돌아와 마침내 우수한 성적으로 광명학원 중학부를 졸업하였다. 1938년에는 서울 연희전문학교 문과에 진학하여 4년 겨울을 보내고 졸업하였다. 공부는 이미 성공의 경지에 이르렀어도 그 뜻이 오히려 남아서 이듬해 4월에는 책을 짊어지고 일본으로 건너가 교토 동지사대학부에서 진리를 갈고닦았다. 그러나 어찌 뜻하였으랴. 배움의 바다에 파도가 일어 몸이 자유를 잃으면서 형설의 학업 생활은 변하여 새장에 갇힌 새의 처지가 되었고, 게다가 병까지 더하여 1945년 2월 16일에 운명하였으니 그때 나이 스물아홉이었다. 그의 사람됨은 오늘의 세상에 큰 인물이 됨직했고, 그의 시는 비로소

시인 윤동주의 묘. 봉분 아래 시멘트 축대 부분이 허물어져 안타까웠다.

사회에 울려 퍼질 만했는데 봄바람은 무정하여 꽃이 피고도 열매를 맺지 못하였나니 아아, 애석하도다. 그는 하현 장로의 손자이며 영석 선생의 아들로서 영민하고 배우기를 즐겨 하며 시를 좋아해 작품이 많았으니 그 필명은 동주라 했다.—1945년 6월 14일, 해사 김석관 짓고 쓰다, 아우 일주·광주 삼가 세우다.

묘지는 사방이 훤히 트인, 남향받이로 팔월의 뜨거운 태양 아래 고요한 분위기였다. 이곳에서 본 주변 산천도 무척이나 아름다웠다.

윤동주는 이곳에서도 역시 사랑받고 있었으며, 조선족 동포에게 민족의 자긍심을 심어 주는 대단한 인물로 살아 있었다. 다만 한 가지, 봉분 아랫부분 시멘트로 둘러친 것이 못내 눈에 거슬렸다. 윤동주를 사랑하는 국내외 동포들이 뜻을 모아 이 자리나, 아니면 생가 뒷산 양지바른 곳에 터를 잡아 좀더 번듯하게 모셔서 겨레와 함께 영원토록 기렸으면 좋겠다는 생각을 하면서 산을 내려왔다.

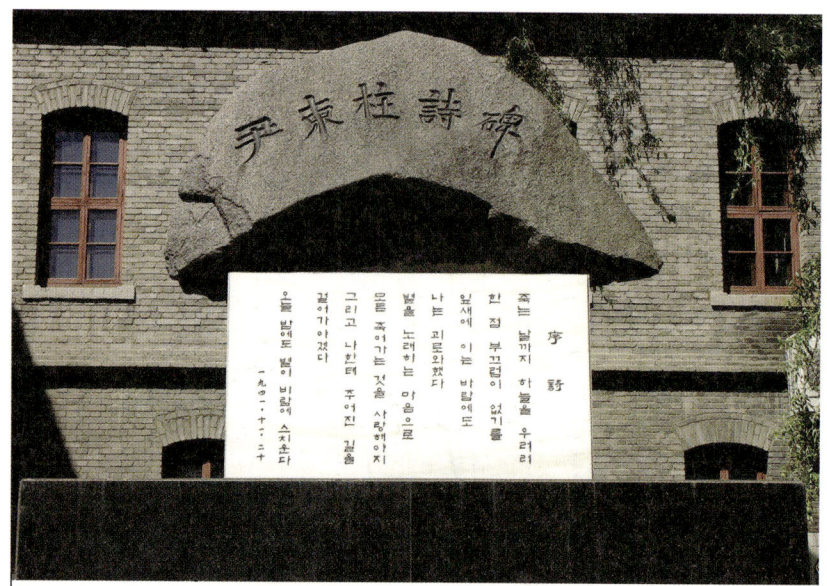

용정 대성중학교 본관 앞에 있는 윤동주의 시비 「서시」

## 하늘을 우러러 한 점 부끄럼 없기를

빡빡한 여정, 여러 곳을 바삐 둘러보다 보니 그만 점심때를 놓쳤다. 3시에는 다른 약속이 있기에 식당에서 요기할 시간도 없었다. 허기사에게 양해를 구한 뒤 마침 산 아랫마을에 빵집이 눈에 띄어 10원어치를 샀더니 월병을 두 봉지나 주었다. 맛도 있었고 달리는 차에서 먹을 수도 있어서 시간 절약에다 한 끼 요기로 충분했다.

허기사는 잠시 뒤 용정 시내에 있는 대성중학교 윤동주 시비 앞에다 내려 주었다. 대성중학교는 용정중학교와 같은 교문을 쓰는 조선족 중학교이다. 이 학교 2층 전람관에는 윤동주의 사적을 모아 전시하고 있었다.

학교 본관 정면 시비에는 윤동주의 대표작으로 불릴 만큼 널리 알려진 「서시」가 새겨져 있었다.

죽는 날까지 하늘을 우러러
한 점 부끄럼이 없기를
잎새에 이는 바람에도
나는 괴로워했다
별을 노래하는 마음으로
모든 죽어 가는 것을 사랑해야지
그리고 나한테 주어진 길을
걸어가야겠다
오늘밤에도 별이 바람에 스치운다.

용정 땅에서 읽은 「서시」는 새로운 맛을 느끼게 했다. 이 시는 곱씹을수록 '부끄러움의 미학'이 물씬한 절창이다. 사람이 동물과 다른 점은 이 부끄러움이 아닐까? 그런데 그 부끄러움을 알고 이 시대를 살아가는 사람은 몇이나 될는지….

# 10. 독립운동의 요람
- 용정 항일전적지

## 과거를 잊는 것은 반역이다

오후 3시경 연변대학 부설 민족연구소 소장인 박창욱 교수가 내가 묵고 있던 빈관으로 오셨다. 이분은 동북지역 독립운동사의 대가다. 나는 초면이었지만 독립운동가 후손인 김중생, 이항증 씨 두 분과는 구면이었다.

박교수는 "요즘 젊은이들이 역사를 너무 모르는 게 유감"이라는 말로 이야기를 시작했다. 그는 "과거를 잊는 것은 반역이다"라며 민족정기란 거창한 게 아니라, 바로 자기 핏줄을 아는 일이라고 강조했다. 모름지기 민족에 대한 자호감(自豪感:자기 민족에 대한 사랑과 긍지)이 있어야만 젊은이들이 조국과 민족을 위해 싸운다면서, 조상들의 투쟁사를 후세들에게 제대로 알리지 않은 책임은 사회지도층을 비롯한 기성세대에 있다고, 당신 책임도 부인하지 않았다. 그래서 연변의 역사학자 중심으로 지난날의 역사를 정리하여 '역사 발자취 총서'를 펴내고 있는 중이라고 했다.

내가 얕은 지식으로 1930년대에 들어와서는 무장 항일투쟁이 침체된 듯하다고 말씀드리자 박교수는 그간 조명되지 못했던 1930년대 항일투쟁사에 대해 이야기했다.

일제는 1931년 만주사변*을 일으켜 괴뢰 만주국을 세운 후부터 대대적인 토벌작전을 전개하였다. 이른바 '삼광(三光)작전'이란 이름으로 일제 침략자들이 항일단체에 대하여 감행한 '모조리 죽이고' '모조리 불사르고' '모조리 빼앗는' 작전이었다. 이 때문에 독립투사 중 일부는 지하로 숨거나, 상하이로 또는 본국으로 잠입했다. 몇몇은 일제에 투항하기도 했으며, 일부 독립투사들은 항일의 한 방법으로 중국공산당과 연합하여 동북항일연군으로 끝까지 일제와 싸웠고, 또 다른 많은 부류는 빨치산, 곧 항일반만(抗日反

滿:일제에 항거하고 괴뢰 만주국에 반대함) 유격대로서 눈부신 공을 세우며 오히려 중국 인민보다 더욱 줄기차게 해방 때까지 일제에 맞섰다고 한다. 다만 그동안 조국이 분단되어 냉전체제로 좌익 계열의 독립운동을 의도적으로 무시하거나 왜곡해서 그 기간이 남조선 독립운동사에는 공백으로 남아 있을 거라고 했다.

당시 공산당에 들어간 사람의 대다수는 어디까지나 항일의 한 방법으로 중국공산당을 선택했거나, 당시 젊은이들에게 유행처럼 번진 ML(마르크스 레닌)사상에 휩쓸린 탓이지, 애초부터 무슨 대단한 이념으로 입당한 것이 아니라고 했다. 특히 1943년 마오쩌둥 주석이 중국의 소수민족에게도 해방이 되면 땅과 자치권을 준다는 데 고무되어 더욱 열성적으로 항일투쟁을 했다면서, 해방 후 냉전의 시각으로 독립운동사를 봐서는 안 된다고 박교수는 강조했다.

한 예로 조선혁명군 제2사 사령 최윤구(崔允龜)*를 비롯한 조선혁명군 60여 명의 대원들은 항일을 하기 위해 동북항일연군 제1로군에 정식으로 가입하여 끝까지 일제와 투쟁했다고 한다.

박교수는 "분단된 조국이 통일이 되면 흩어진 자료를 모아 항일투쟁사를 다시 써야 할 것이에

요"라고 하면서 어떤 독립투사는 그 묘가 남북에 각각 있는 웃지 못할 현실이라고 했다. 그러면서 "이제는 남북이 서로가 상대를 인정할 것은 인정하고, 비판할 것은 비판해야 역사에 잘못을 남기지 않을 것"이라고 했다.

어쨌든 항일합방 초기 민족주의 계열에서 시작한 항일운동이 밑거름이 되어 수많은 항일열사가 나왔으므로, 좌익 우익을 초월하여 모든 항일지사는 높이 받들어야 한다고 했다. 아울러 남조선의 햇볕정책은 때늦은 감은 있지만, 민족화해에 좋은 정책이라고 하면서, 21세기에는 이러한 남북 화해 분위기가 지속되어 남북이 대화로써 평화 통일을 이룩해야 한다고 힘주어 말했다.

## 서전서숙

다음날 이른 아침 이항증 씨와 함께 빈관 로비로 나갔다. 잠시 후 어제 안내했던 허기사가 다른 친구를 데리고 왔다. 어제 그렇게 철석같이 구두 약속을 했고 봉사료까지 그가 요구한 대로 주기로 했건만, 허기사는 오늘 갑자기 자기 자동차는 고장이 나서 수리공장에 보냈다면서 대신 친구 차를 이용하라고 했다.

언뜻 어제 운행 도중, 손전화로 여러 곳으로부터 예약 흥정하는 게 미심쩍었다. 밤새 자기 차가 고장이 났다는 그의 말이 정말인지 아닌지 확인할 수 없었

지만, 아무튼 약속을 저버려 뒷맛이 씁쓸했다. 어제 그가 사슴목장과 곰사육장에 안내하겠다는 걸 거절한 후유증인가 보다. 이때가 한창 관광객이 몰려드는 절정기라 조건이 더 나은 손님을 받기 위해 약속을 파기한 듯했지만, 먼 길을 떠나면서 싫은 소리 하지 않는 게 좋을 듯하여 함께 온 친구에게 오늘 답사 여정을 설명하고 잘 부탁한다면서 차에 올랐다. 다행히 새로 온 기사는 청산리 전적지를 안내한 경험이 있다고 해서 일단 안심이 되었지만, 이곳 기사들도 신의보다는 눈앞에 이익을 더 챙기는 듯해서 언짢은 기분이었다.

　어제는 빡빡한 일정으로 독립운동의 요람지이자 북간도 지방 민족주의 교육의 발상지인 서전서숙(瑞甸書塾)을 빠뜨려서 아쉬운 마음이 있었는데, 마침 청산리로 가는 길목에서 용정이 그리 멀지 않아서 차머리를 돌렸다.

　용정은 우리나라 어느 중소도시를 연상케 할 정도로 친밀감이 갔다. 거리의 간판도 한글이 많았고, 지나치는 행인 중에도 한복차림이 듬성듬성 보이는 게

서전서숙 옛 모습

서전서숙 유적지 기념비          이상설 선생

**이상설(李相卨, 1870-1917)**

본명 순오(舜五), 호는 부재(溥齋)로 충북 진천에서 태어났다. 1894년 식년문과에 급제, 여러 요직을 거쳐 1904년 보안회 후신인 대한협동회 회장이 되었고, 1905년 법부협판·의정부참찬을 지냈다. 을사조약이 체결되자 조병세 등과 협의하여 조약의 무효를 상소하고 자결을 시도했으나 실패했다.

1906년 이동녕 등과 노우키에프스크로 이주하여 원동임야회사(遠東林野會社)를 세우고, 간도 용정촌으로 가서 서전서숙을 설립해 교포자녀의 교육과 항일민족정신 고취에 힘썼다. 1907년 고종의 밀지를 받고, 헤이그 만국평화회의에 이준·이위종과 함께 참석, 일본의 침략행위를 규탄하고 전세계에 알리려 하였으나 일본의 계략으로 참석을 거부당했다. 이때 이준은 자결을 단행하여 세계를 놀라게 했다. 본국에서는 피고조차 출석하지 않은 재판에서 이상설에게는 사형이, 이준과 이위종에게는 종신형이 선고되었다. 귀국을 단념한 이상설은 다시 블라디보스토크로 가서 유인석 등과 성명회를 조직, 국권침탈의 부당성을 주장하는 성명서를 작성하여 각국에 발송하는 등 세계를 상대로 독립운동을 벌이다가, 일본의 요청을 받은 러시아 관헌에게 붙잡혀 투옥되었다. 이듬해 석방되어 이동녕 등과 권업회(勸業會)를 조직하고, 『권업보』 『해조신문』 등을 발행, 계몽운동을 전개하였다. 1962년 건국훈장 대통령장이 추서되었다.

조선족이 많은 듯했다. 도시 전체에 한국 냄새가 물씬 풍기는 우리나라 1960-70년대와 같은 모습이었다. 시내 한복판 로터리에는 용정의 상징물인 용을 새긴 황금색 조각이 철 기둥 위에서 하늘을 날아오르는 모양으로 세워져 있었다.

용정 거리에서 몇 번이나 길을 물은 끝에 용정실험소학교 안에 자리잡고 있는 서전서숙 유적지를 찾았다. 이 서전서숙은 헤이그 밀사사건에 참여한 이상설(李相卨)* 선생이 1906년에 설립했다. 이곳에서는 신학문과 함께 항일 민족의식을 철저히 교육하였다. 설립 이듬해인 1907년, 이상설 선생이 헤이그 만국평화회의에 밀사로 떠나고, 조선통감부 간도파출소가 설치되자 일제의 탄압으로 그해 8월 하순 1회 졸업식을 마지막으로 폐교되고 말았다. 그로부터 90여 년이 지난 지금은 용정실험소학교 교정 한켠에 용정 항일역사연구회에서 세운 '瑞甸書塾遺跡地(서전서숙유적지)'라는 돌비석이 동북해방기념비, 소년영웅상과 나란히 서 있었다.

## [다시 찾은 용정]

3차 답사중이던 2004년 6월 1일 오후, '용정(龍井)'이란 지명의 유래가 된 용두레 우물로 갔다. 우물은 거의 메워지고 아이들이 그 위에 올라서 놀이터로 삼고 있었다. 차라리 그곳을 보지 않았다면 상상으로 아름답게 남아 있을 게다. 아쉬움이 컸다. 아무리 좋은 역사물이나 문화재라도 후손들이 관리를 잘하지 않으면 별 가치 없는 돌무더기에 지나지 않는다.

근처 '3·13반일의사릉'에도 가 보았다. 1919년 3월 13일, 고국의 3·1만세 물결이 이곳까지 전파되어 약 1만 명이 시위에 참가하여 독립선언서를 낭독하고 일제를 성토했다. 명동학교 학생이 주동이 된 시위대가 일본총영사관으로 가던 중, 일제 군경과 지방 군경들의 무력 저지로 17명이 희생되고 30여 명이 부상을 입었다. 그때 희생된 분들을 모셔 둔 곳이었다.

오후 3시쯤, 현재 용정시 인민정부청사로 쓰고 있는 용정 일본총영사관에 들

현재 용정시 인민정부청사로 쓰이고 있는 용정 일본총영사관 건물.
연변 일대의 어느 건물보다 튼튼해 보였다

렀다. "1907년 일제는 간도 조선인의 생명 과 재산을 보호한다는 구실로, 조선통감부 간도 파출소를 세웠고, 1909년에는 이를 '간 도 일본총영사관'으로 고쳤다. 1920년부터 이 영사관은 조선총독부에서 파견한 경찰들 로 각 상부 지분관에 경찰분서를 세웠다. 이 기관들은 조선족의 반일 민족운동을 잔혹하 게 탄압하였으며 조선 인민들을 통제하였 다"고 연변 안내책자에 기록돼 있다.

3·13 반일의사릉

이 건물을 지은 지 80여 년의 세월이 흘렀 다. 그런데 건물은 물론이거니와 담 어디에 도 허술한 곳이 없다. 지난날 일제의 만행은 미워하고 마땅히 응징해야 한다. 그와 아울러 '왜 우리가 식민지 백성이 되었을까? 작은 섬나라가 어떻게 중국 과 러시아를 이겼는가? 우리나라를 식민지로 만든 후 거대한 중국까지 수중에 넣으려고 한 그 힘은 어디서 나왔는가' 하는 점도 골똘히 살피고 그에 대비해 야 또 다시 불행한 역사는 반복되지 않으리라.

# 11. 그 이름도, 유래도 아름다운 마을

– 어랑촌 전적지

## 개구리참외

마침내 용정을 떠나 청산리로 달렸다. 이른 아침이라 차도 뜸하고 아스팔트 도로 언저리의 경치가 아름다워 기분이 아주 상큼했다. 기사는 그제야 자기 이름이 한룡운(韓龍雲)이라고 소개하면서 할아버지 고향이 경북 경주라고 했다. 당신 이름이 3·1운동 때 민족대표 33인의 한 분인 만해 선생의 함자와 같다고 했더니 그는 매우 좋아했다.

그의 승용차는 무척 낡았다. 속도계 바늘조차 움직이지 않았고 문짝도 밖에서는 열리지 않아 내리고 탈 때마다 기사가 안에서 열어야 했다. 서울에서는 벌써 오래전에 폐차되었을 고물차였다. 그런데도 그는 전속력으로 몰았다. 속도계가 움직이지 않으니 시속 몇 십 킬로미터로 달리는지 도무지 알 수가 없었다. 몇 번이나 안전운전을 부탁했으나 한기사는 걱정 말라고 하면서 아직도 자기 차는 이삼 년 더 굴릴 수 있다고 장담했다. 하긴 오늘 일정도 여간 빡빡하지 않았다.

'이럴 줄 알았다면 출국 전 서울에서 보험이나 들어 놓고 출국하였을 걸' 하는 생각도 들다가, '어차피 사람의 목숨은 하늘에 달렸는데, 이제야 소심해한들 불안감만 더할 테지' 하며 마음을 편히 가졌다. 이른 아침에 출발하느라

요기도 못했다. 산촌이라 도로 언저리에는 식당이 보이지 않았다. 설령 식당이 있더라도 중국의 산촌 길가에는 이른 아침에 문을 여는 밥집이 거의 없다고 했다.

한기사는 길가 참외밭에 차를 세웠다. 참외 한 봉지(여섯 개)를 샀는데 참외밭 주인은 4원(한화 5백 원 정도)을 달라고 했다. 개구리참외로 달고 맛이 있었다. 참 오랜만에 먹어 보는 개구리참외였다. 중국 농산물 값은 엄청나게 쌌다. 베이징 교외의 명13릉에서도 5원을 줬더니 복숭아를 한 봉지(30여 개)나 담아 주었다. 넓디넓은 땅에다 값싼 노동력으로 생산되니, 이런 농산물이 한국에 수출돼 우리 농민들의 주름이 늘어 가는 이유를 알 만했다.

한 시간 남짓 아스팔트 길을 잘 달렸는데 이도구(二道溝)부터는 비포장도로였다. 그곳은 백두산 가는 길로서, 연길에서 오는 길과 만났기에 백두산 가는 관광버스가 줄을 이었다. 한기사는 우리도 이대로 달려서 백두산부터 먼저 보고 돌아오는 길에 어랑촌 일대와 청산리를 들르자고 제의했다. 그에게 우리는 백두산을 보는 것보다 어랑촌·청산리 항일전적지를 답사하는 게 더 중요하다고, 설령 시간이 안 된다면 오늘 백두산은 가지 않아도 좋다고 했더니, 그는 와룡(臥龍)이란 곳에서 백두산 가는 길이 아닌 왼쪽 좁은 길로 빠졌다.

### 어랑촌

길가 시골사람들에게 몇 차례 물은 끝에 어랑촌(漁浪村)을 찾았다. 기록에 따르면 이곳 어랑촌 전적지는 청산리전투 가운데 가장 규모가 크고, 또 가장 오랜 시간 격전을 벌였던 곳이다.

어랑촌! 우리 독립군이 일본군 3백여 명을 사살한 격전지답지 않게 마을 이름이 참 예뻤다. 이 어랑촌 마을은 1910년 경술국치 이후, 함경북도 경성군 어랑사(漁浪社) 마을사람들이 이곳에 집단으로 옮겨 와서 개척한 마을로, 이주민들이 고향 마을의 이름을 따서 붙였다고 한다. 이국땅에서 고향을 그리는 이 마을

사람들의 간절한 마음을 읽을 수 있었다.

어랑촌전투는, 1920년 10월 22일 아침부터 어랑촌 마을을 중심으로 종일토록 계속되었다. 이날 어랑촌전투에는 독립군과 일본군 양측 모두 최대의 전력을 투입하였다. 독립군 측은 백운평·천수평전투에서 잇달아 승리를 거둔 북로군 정서* 6백여 명과, 완루구전투에서 승전한 뒤 이곳으로 이동해 온 홍범도 휘하 의 독립군 연합부대 1천5백여 명이 총동원되었다.

이 전투에 동원된 일본군의 구체적인 병력은 확인하기 어려우나, 어랑촌 부 근에 임시 본대를 두고 이도구(어랑촌) 삼도구(청산리) 일대에 주둔하고 있던 아즈마 지대 소속의 보병·기병·포병 등 주력 5천여 명이 참전한 것으로 보인 다.

일본군은 독립군에 견주어 병력과 화력 면에서 월등히 우세했다. 그럼에도 투철한 항일 의지로 무장한 우리 독립군은, 유리한 지형과 게릴라 전술로 20여 분간의 한 차례 전투에서만 일본군 3백여 명을 사살하는 전과를 올렸다.

독립군은 상대를 얕잡아 보고 돌격해 올라오는 일본군을 고지에서 내려다보 며 조준 사격을 했다. 그러나 일본군의 반격도 만만치 않았다. 일본군 기병대는 천수평 서쪽 고지를 따라 독립군의 측면 공격을 시도하였으며, 포병과 보병은 독립군 진영의 정면에서 맹렬하게 공격해 왔다. 오전 9시부터 다시 시작된 일본 군의 공세는 해가 질 때까지 여러 차 례 반복되었다. 하지만 유리한 고지 를 차지한 독립군은 임전무퇴의 정 신으로 일본군 공세를 적절히 차단 하고, 신출귀몰한 게릴라 전술로 전 세를 유리하게 이끌어 갔다.

이 전투에 참전하였던 이범석(李 範奭) 장군은 자서전 『우둥불』에

● 북로군정서
대한군정서. 서로군정서와 구별하기 위해 북 로군정서로 부르기도 했다. 경술국치 이후 대 종교의 중광단(重光團)이 발전한 항일무장단 체로서 청산리전투 무렵에는 총재 서일(徐 一), 부총재 현천묵(玄天默), 참모부장 이장녕 (李章寧), 사령관 김좌진(金佐鎭), 교수부장 나중소(羅仲昭), 교관 이범석(李範奭) 등이 맡 고 있었다.

어랑촌 항일유격근거지 비석 ▲
어랑촌에 있는 십삼용사기념비 ▶

11. 그 이름도, 유래도 아름다운 마을 … *93*

서 일본군 전상자를 1천여 명으로 추산하였고, 박은식(朴殷植) 선생의 『한국 독립운동지혈사(韓國獨立運動之血史)』에서는 일본군 사상자가 1천2백 명이었 다고 기록하였다.

## 통나무 굴뚝

오늘의 어랑촌은 50여 호 집들이 듬성듬성 어우러진 마을로, 절반 가량의 집 들은 아직도 1920-30년 당시 모습을 그대로 지니고 있었다. 토담집에 초가나 나무 널빤지로 지붕을 덮어서 허름했고 굴뚝은 홈을 판 통나무였다.

동행한 이항증 씨는 이런 허름한 옛 집들을 하염없이 바라보면서 고국에 대 궐 같은 집(안동의 임청각을 말함)을 두고서 남의 나라에 와서 풍찬노숙을 하거 나 풀뿌리와 나무껍질로 연명하면서, 이런 움집에서 당신 조상들이 살았다고 눈시울을 붉혔다. 이나마 왜놈들에게 쫓겨 한곳에 오랫동안 정착하지 못하고, 대부분 독립투사들은 온 만주 땅을 동가식서가숙하며 부평초처럼 살았다고 한 다.

이 마을사람들은 아직도 대부분 조선족으로, 옹기종기 모여 살고 있었다. 승 용차가 마을 한가운데로 들어가자 마을사람 대여섯 분이 다가왔다. 그분들에게 공손히 인사를 올리고 어랑촌 전적지와 전적비 위치를 물었더니, 마을 뒷산 계 곡이 모두 전적지이며 뒷산에 올라가면 최고 격전지였던 천리봉도 보인다고 했 다. 또 뒷산 비탈에는 전적비도 있다고 했다. 바쁜 마음에 단걸음으로 뒷산에 뛰어올라 천리봉은 카메라에 담았으나 어랑촌 전적비는 쉽게 찾을 수 없었다. 산등성이에서 우거진 수풀을 헤치며 한참을 헤맨 끝에 간신히 전적비를 찾았 다. 산중턱 화강암에 새겨진 비문은 붉은 색으로 "漁浪村抗日遊擊根據地(어랑 촌 항일유격근거지)"로 씌어 있었고, 연변조선족자치주 인민정부와 화룡시 인 민정부가 세웠다고 기록돼 있었다.

나와 이항증 씨가 돌비석에 술잔을 올리고 한참 절하고 있는데 그제야 한기사가 헐떡이며 다가왔다.

"나이 드신 선생님들, 어쩌면 그렇게 산을 잘 타세요. 젊은 제가 따를 수가 없네요."

하긴 출국 후 엿새째 계속 강행군이요, 짧은 수면 시간이었지만, 내가 생각해도 신기할 정도로 답사기간 내내 매일같이 몸이 가뿐했다.

이는 아마 정신무장 탓일 게다. 선열들이 망국민이 되어 이국땅에서 바람결에 찬밥 먹고 이슬 잠을 자며 떠돌던 때를 생각한다면 지금의 답사여행이야말로 얼마나 호사스런 여행인가?

산을 다 내려오자 밭머리에 '십삼용사기념비'가 서 있었다. 항일기념비임에는 틀림없을 것 같아 묵념하고 사진 한 장을 찍었다. 우리 독립운동사에는 별 언급이 없었으나, 나중에 연길에서 산 『중국조선족력사상식』이란 책에서 「어랑촌 13용사들은 어떻게 싸웠는가」편을 볼 수 있었다. 그 글에 따르면 이곳은 "1933년 1월 19일 중공화룡현 항일무장유격대 중 13명이 일제 연합토벌대를 물리치다가 장렬하게 산화한 곳"이라고 기록돼 있었다. 독립운동사에서도 여태 좌우익을 나눠야 하는 현실이 마냥 안타깝기만 하다.

# 12. 전멸한 일본군 기병 중대

### -천수평 전적지

다음 행선지는 청산리전투지의 하나였던 천수평(泉水坪) 전적지였다. 어랑촌을 벗어나 서남쪽으로 달렸다. 마침 소달구지를 몰고 가는 호로(胡老:중국 노인)에게 천수동을 물었더니 조금만 더 가면 된다고 했다. 하지만 얼마를 달려도 천수동 마을이 나타나지 않았다. 비포장도로를 10여 분 달리자 그제야 깊은 계곡 속에 천수동 마을이 나왔다. 중국인들의 거리 관념은 우리와 다르다는 사실을 알았다. 그들은 국토가 넓은 대국인이라 '조금'이란 단위가 몇십 킬로미터는 된 듯했다. 천수평 전적지는 지금은 천수동 마을 '지린성팔가자림업국천수동림장(吉林省八家子林業局泉水洞林場)'이 들어선 곳이다.

1920년 10월 22일, 꼭두새벽에 이동중이던 독립군 대한군정서군이 갑산촌 주민들로부터 인근 천수평에 일본군 기병 1개 중대가 주둔하고 있다는 정보를 입수했다. 이에 독립군은 곧장 강행군을 계속하여 천수평에 이르렀다. 그때가 새벽 5시 30분, 아직 어둠이 채 가시지 않은 시간으로 일본군 기병 1개 중대 120여 명은 독립군이 접근해 오는 사실을 전혀 눈치채지 못한 채, 깊은 잠에 빠져 있었다. 독립군은 일본군 야영지를 완전 포위하여 기습공격을 감행했다. 갑작스런 공격에 미처 잠에서 깨어나지 못한 일본군은 전의를 잃고는 허둥대기만 했다. 이 전투에서 독립군은 일본군 기병 1개 중대 중에서 어랑촌 본대로 탈출

천수평 전적지. 지금은 목재 공장이 들어섰다.

한 네 명을 제외한 나머지 병력을 전멸시켰다.

　나는 천수동에 도착하자마자 우선 전적지라는 임장(林場;목재 공장) 정문 현판과 건물 사진부터 찍었다. 그런 후, 공장 내에 전적비가 있는지 알아보려고 사무실로 갔다. 직원에게 부탁했더니 그는 곧장 우리 일행을 공장장에게 안내했다. 공장장은 40대 초반쯤의 한족이었다. 한기사가 중국말로 교섭하는 동안 그는 우리 모습을 한참 훑고는 가부간 아무런 말이 없었다. 공장장은 한참이나 뜸을 들인 후, 마침내 공장 내 모든 시설물이나 공장 건물도 일체 사진을 찍을 수 없다고 딱 잘라 거절했다. 내가 나서서 사정하기에는 중국말이 벙어리라서 안타까운 마음으로 차에 올랐다. 다행히 공장 현판과 건물이나마 미리 찍어 두기를 잘했다는 생각이 들었다.

# 13. 이역 산하의 영령들이시여!

### -청산리 전적지

## 화룡

청산리 전적지로 가는 도중에 참외 하나를 깎아 먹었지만 시장기가 돌았다. 청산리로 달리면서 운전기사에게 어디든 아침 요기를 할 수 있는 곳에 차를 세우라고 부탁했다. 기사는 도로가 밥집 두어 곳에 차를 멈추고 아침밥을 부탁했으나, 두 군데 모두 시간이 일러 준비가 안 된다고 했다. 우리 일행은 하는 수 없이 한참 더 달려 그 일대에서는 제법 큰 도시인 화룡(和龍)의 고급 빈관 찬청에 들렀다. 거기서도 안 된다는 것을 사정했더니 간단한 빵과 국만 마련된다고 했다. 시장이 반찬으로 간소한 음식을 아주 맛있게 먹었다. 아침과 점심을 겸하게 된 셈이었다. 갈 길이 멀어 수저를 놓자마자 서둘러 출발했다.

중국사람들은 예로부터 용을 상서로운 동물로 좋아해서 중국 일대의 인명, 지명에 '용(龍)'자를 유난히 많이 넣었고, 각종 문양에도 빠짐없이 용을 새겨 놓았다. 용정에서도 그랬지만 화룡 중심지 네거리에도 철탑을 세우고 하늘로 날아오르는 모양을 한 황금색 용을 걸어 두었다.

화룡 시가지를 벗어나자 다시 비포장도로였다. 우리가 탄 차는 에어컨이 가동되지 않아서 창을 열고 달려야 했는데, 때문에 꼬박 후텁지근한 흙먼지를 뒤집어써야만 했다. 만주 대륙은 위도는 높지만 전형적인 대륙성 기후로 한여름

더위가 만만치 않았다. 바람조차 후끈한 지열이 밴 탓으로 습하고 뜨거웠다. 거울에 비친 내 몰골이 온통 먼지를 뒤집어써서 호호백발이었다.

출발 전에 좀더 나은 차를 빌리지 못했던 것이 두고두고 아쉬웠다. 그러나 다행히 운전기사는 이곳 지리에 밝았고, 지난해 청산리 전적지를 안내한 경험이 있는지라, 좋은 차보다 길을 잘 아는 기사를 만난 게 더 낫다고 마음속으로 위안을 삼았다. 물론 길도 잘 알고 차의 성능도 좋다면 비단에 꽃수를 놓은 격이겠지만, 세상사 어디 '물 좋고 정자 좋은 게' 그리 흔한 일은 아닐 게다. 화룡에서 백두산 가는 길로 40여 분 달린 후, 운전기사는 인적이 아주 드문 조용한 산촌 마을 들머리에 차를 멈췄다.

## 부흥향 청산리

청산리 마을이라고 했다. 하지만 표지물을 찾아야 한다. 그 언저리를 헤매다가 마침 차 한 대 겨우 빠져나갈 오솔길 옥수수밭 좁은 길섶에서 '부흥향 청산리(復興鄕 靑山里)'라고 새긴 표지석을 찾았다.

그 조그마한 시멘트 표지석이 얼마나 반가웠던지 그대로 껴안고 싶었다. 먼저 표지석을 카메라로 한 컷 찍고 주위를 둘러봤다. 그 근처에는 집이 두어 채 있었으나 인기척은 전혀 없었다. 지난 역사의 증언을 듣지 못해 아쉬웠다. 기사는 계곡 쪽으로 좀더 오르면 청산리 항일전적비가 나온다고 했다. 우리는 통칭으로 '청산리전투'라고 알고 있지

부흥향 청산리 표지석

청산리 전적지 주변의 산하

만, 청산리전투는 이 일대의 여러 차례 전투를 합하여 일컫는 것으로, 백운평전
투·천수평전투·어랑촌전투 등 10여 차례의 전투가 모두 포함된다.

　우리는 다시 청산리 마을에서 백운평 골짜기로 뚫린 좁은 길로 달렸다. 백운
평으로 가는 길은 삼림도로로 길이 몹시 험하고 좁아서 트럭이나 지프는 몰라
도, 일반 승용차가 지나기는 힘든 길이었다. 백운평 골짜기 좌우가 모두 산등성
이로 내 얕은 군사지식으로도 적을 유인하여 매복 전투하기에 아주 안성맞춤인
천연요새의 협곡임을 알 수 있었다.

　백운평전투는 1920년 10월 21일, 김좌진(金佐鎭) 장군이 지휘한 대한군정서
군이 치른 전투로 청산리대첩의 포문을 열었다. 그해 10월 20일, 일본군 야마다
연대의 주력이 화룡현 삼도구로부터 청산리 골짜기로 침입해 온다는 첩보를 듣
고, 대한군정서 사령관 김좌진 장군은 백운평 일대의 고지마다 독립군을 이중
매복시키고 일본군을 이곳에서 기다렸다. 백운평 전적지 일대는 백운평 계곡

중에서도 폭이 가장 좁고, 좌우 양편으로 깎아지른 듯한 절벽이 솟아 있는 곳이 었다. 또한 그 사이가 공지로 오솔길이 나 있기에 일본군 주력 부대가 이곳을 통과할 수밖에 없었던 것이다.

10월 21일 아침 9시경, 야스가와 소좌가 인솔하는 야마다 연대 전위부대는 독립군이 매복하고 있는 줄은 전혀 낌새를 채지 못하고 이 계곡으로 깊숙이 들어왔다. 이때를 기다리던 6백여 명의 독립군은 일본군이 10여 보 앞까지 이르자 일제히 사격을 개시하였다. 전투가 시작된 지 30여 분 만에 독립군은 약 2백 명으로 추산되는 일본군 전위부대를 섬멸했다. 전위부대에 이어 야마다 연대 주력부대가 전세를 만회하기 위해 기관총과 포를 앞세우고 돌격해 왔다. 하지만 지형에서 우위를 차지한 독립군의 방어에 일본군은 끝내 무너지고 말았다.

한국 독립운동사에서 가장 빛나는 이 청산리대첩은 1920년 10월 21일 백운평 전투를 시작으로 10월 26일까지 천수평·어랑촌·완루구·고동하 등지에서 크고 작은 10여 차례의 전투를 벌여 우리 독립군이 모두 승리하였다. 참으로 통쾌한 대첩이었다.

## 초라한 전적비

우리 일행은 백운평으로 가는 길 옆 풀숲에 있다는 나무판자로 된 '청산리항일전적지(靑山里抗日戰績地)' 표지목을 찾느라 꽤 고생했다. 마치 보물찾기라도 하듯 여러 곳을 샅샅이 뒤진 끝에 우거진 잡초에 가려져 있는 목비(木碑)를 간신히 찾았다. 한룡운 기사의 눈썰미가 없었다면 그냥 지나칠 정도로 그 언저리에는 아무런 안내판도 없었다. 청산리대첩이란 이름에 견주면 너무나 초라한 나무로 된 비였다. 오래전 어느 분이 이곳을 참배한 흔적인 듯한 낡은 술잔이 그대로 남아 있었다. 나는 목비 옆에 무성히 자란 잡초를 걷어내고 그 언저리를 말끔히 청소한 후, 서울에서 가져간 소주를 주위에 뿌리며, 새 잔을 드리고 두 번 절을 올렸다.

"이역 산하에서 이름 없이 외로이 나라의 충혼이 되신 영령이시여! 편히 지내옵소서."

청산리대첩의 위용에 견주면 너무나 초라한 목비라 선열을 우러러뵙기가 부끄러웠다. 어떤 분노가 솟구쳤다. 이것이 바로 후손들이 선열을 기리는 마음의 헌주소라고 생각하니 씁쓸함이 묻어났다. 당시 기록을 보면 독립군들은 군량미가 떨어져 소나무 껍질과 솔잎으로 빈속을 채웠고, 나중에는 배고픔을 견디다 못해 배낭 속에 있는 양초(옛날에는 유지 외 밀랍이나 밥알을 으깨서도 양초를 만들었다 함)까지 꺼내서 조금씩 나눠 먹었다고 한다. 적의 총알을 맞고 일본 군도에 찔려, 또한 배고픔으로 죽어 간 무명용사가 이 계곡 곳곳에 누워 있으리라. 나는 얼른 고개를 들지 못한 채 오래 엎드려 있었다.

"멀리 고국에서 찾아온 후손이 임들에게 바치는 한 잔 술로 원혼을 달래옵소서."

강용권 씨의 『죽은 자의 숨결 산 자의 발길』(하권, 269쪽)에 따르면 1920년 당시 이 백운평 마을에는 20여 호의 주민들이 모여 살았다고 한다. 이 마을에 살

수풀에 싸인 청산리
항일전적비

다시 찾은 청산리 마을 뒷산에 우뚝 솟은 청산리항일대첩기념비

있던 조봉춘(1912년생) 씨는 당시 상황에 대해 아래와 같이 증언했다.

청산리전투가 일어난 날 아침, 백운평 마을사람들은 독립군들에게 밥을 해서 날라다 주었다. 그 전투에서 참패하고 내려오던 일본군 패잔병들은 이 마을을 덮쳐 주민들에게 무참히 보복했다. 이들은 온 마을의 사람들을 한곳에 세워 놓고, 그 중 남자들이라면 젖먹이 아이들까지 모조리 학살하여 불태워 버렸다. 이 마을 주민 중에서 단 한 사내만 살아났는데, 그는 여자옷 차림으로 변장해서 간신히 죽음을 모면했다고 한다. 그해가 경신년으로, 그때 불타 버린 마을터는 지금까지도 사람이 살지 않는 폐허로 남아 있다.

## [다시 찾은 청산리 전적지]

첫 답사 이후 또다시 나는 청산리 전적지를 찾았다. 이번에는 백두산부터 답사하고 내려오던 길이었다. 5년 전과는 달리 천지에서 이도백하로 내려가는 길은 포장이 잘되어 있었다. 미인송 군락의 소나무들은 시원스럽게 하늘로 치솟고 있었다.

이도백하를 지나면 마땅한 밥집이 없을 것 같아서 그곳 조선족 밥집에서 이른 점심을 먹었다. 백두산 산채들이 듬뿍 나왔다. 음식들이 맛깔스러웠고 보기에도 깔끔했다. 북한산 포도주를 한 병 사서 맛을 보니 향기가 좋았다. 산뜻한 점심을 든 후 다시 청산리로 달렸다. 백두산에서 연길로 가는 길은 두 갈래인데, 청산리를 경유하는 길은 도로가 험하고 우회하기에 시간이 훨씬 더 많이 걸린다. 그래서 일반 관광객들은 이 길로 잘 다니지 않는다. 하지만 우리 일행은 송강에서 청산리로 가는 길로 접어들었다. 길은 5년 전이나 지금이나 별로 다름이 없는 흙길에다 노면 상태가 좋지 않았다. 조금 달리자 길이 곤죽으로 승합차의 바퀴가 빠졌다. 하는 수 없이 그 지역은 차에서 내려 걸어서 통과했다.

백두산을 출발한 지 4시간 만에 마침내 청산리 마을에 도착했다. 5년 전, 이 마을에 와서 나무로 된 청산리 전적비를 찾느라 풀숲을 헤맸는데, 그새 '청산리항일대첩기념비'가 마을 뒷산에 우뚝 세워져 첫눈에 띄었다. 내가 5년 전 이곳에 와서 초라한 나무 비를 보고 몹시 개탄했는데, 다행히 3년 전인 2001년 8월, 이곳에다 번듯한 기념비를 세웠다. 청산리 마을 뒷동산에 우뚝 솟은 청산리항일대첩기념비를 보니 무척 흐뭇했다.

# 14. 하늘도 분노한 일제의 만행

　　- 경신참변

## 간도지방 불령선인 초토계획

　일제는 1919년 3·1운동 이후, 압록강 두만강 연안과 중국 동북삼성, 러시아 연해주 일대에서 대한독립군을 비롯한 여러 독립군단이 활발한 항일운동을 벌이자 이를 토벌하고자 온갖 수단 방법을 가리지 않았다. 그들은 조선총독부 경무국 소속 전투경찰을 남북 만주 각지에 소속한 영사관에 대거 투입시켜서 남의 나라 주권까지도 무시한 채, 우리 독립군과 항일단체 간부들을 검거 색출하여 무차별 사살했다. 또한 일제는 중국 관헌을 회유하거나 협박하여 그들과 함께 '중일 합동수색'이란 이름으로 우리 독립군에게 무차별 탄압을 시도했다. 하지만 다행히 중국 관헌 간부 중에는 우리 독립군을 동정하거나 지지하는 인물도 상당수 있었기에 일제의 간교한 토벌작전에 차질을 빚었다. 이에 일제는 군경을 직접 간도에 투입하여 독립군과 항일단체를 발본색원하려는 대규모 토벌 작전계획을 세웠다. 이러한 계획은 독립군에 타격을 줄 뿐만 아니라, 동시에 간도를 일제의 만주 침략 교두보로 삼으려는 일석이조의 효과를 노린 것이다.

　일제는 봉오동전투에서 참패한 뒤, 마침내 1920년 8월 '間島地方 不逞鮮人 剿討計劃(간도지방 불령선인* 초토계획)'을 수립하여 제19사단을 중심으로 한 대규모 병력을 출동시킬 만반의 준비를 갖춰 놓았다. 하지만 간도 출병에 따른

● 불령선인(不逞鮮人)
불온하고 불량한 조선사람이라는 뜻으로, 일제강점기 일제의 뜻을 따르지 않던 사람들을 이르던 말이다. 일제는 주로 우국지사나 독립투사들을 불령선인이라 일컬었다.

국제적 비난과 그들의 불법성을 은폐할 적당한 구실과 명분이 없었다. 그리하여 일제는 그해 10월 이른바 '훈춘(琿春)사건'을 조작하여 이를 빌미로 만주 침략의 발판으로 삼았다.

훈춘시는 지린성 연변조선족자치주 동부에 위치하고 있으며 서쪽은 도문시, 북쪽은 왕청현, 동쪽은 러시아, 서남쪽은 우리나라와 인접한 중국에서 유일하게 러시아·중국·조선이 잇닿은 국경도시다. 이 도시의 총인구는 21만여 명인데 조선족이 40퍼센트를 웃돌고 있다. 용정의 3·13만세운동에 이어 1919년 3월 20일 훈춘에서도 대대적인 만세시위운동

| 훈춘 시가지

이 일어났다.

훈춘사건은 일제가 사전에 치밀하게 공작한 작전이었다. 일제는 창장하호(長江好)라는 중국 마적 두목을 매수하여 무기를 빌려준 뒤, 그들에게 1920년 10월 2일 새벽에 훈춘성을 기습 공격하게 했다. 4백여 명의 마적단은 중국군 70여 명과 조선족 7명을 살해하고 일본영사관에 불을 지르고 일본인 부녀자 9명도 살해했다. 이를 빌미로 일제는 대기 상태에 있던 토벌대 병력을 사건 당일 만주 지역에 곧장 투입했다. 중국 당국과는 사전 교섭이나 연락도 없었다. 이들 일본군 작전의 주목적은 우리 독립군을 완전히 뿌리 뽑는 데 있었다.

이는 그들의 작전훈령에서 "조선 밖으로부터 무력 진입을 기도하는 불령선인단(不逞鮮人團)에 대하여는 이를 섬멸시켜서 타격을 가한다"라고 명시한 대목이 입증하고 있다(김정주 편, 『間島出兵史 上』, 조선통치사료, 4~5쪽).

이러한 일제의 작전을 알아차린 우리 독립군단은 중국 측과 타협하여 일제와 정면충돌을 피하고자 새로운 근거지를 찾기 위해 나섰다. 이들의 최종 목적지는 백두산 밀림지대였다. 독립군이 국경을 넘어 국내 진공작전을 펼 수 있는 가까운 곳이라는 지리적 이점과 아울러, 험준한 산세에다 삼림이 울창한 천연요새지로 은폐하는 데 유리하기 때문이었다.

## 경신참변

일본군은 독립군 초멸(剿滅) 작전이 실패로 돌아가자 독립군 활동 기반이었던 조선족 사회에 잔혹한 탄압을 가하는, 이른바 경신참변을 일으켰다. 그들은 무고한 민간인 학살과 조선족 마을에 불을 지르는 등 천인공노할 만행을 저질렀다. 1920년 10월부터 시작한 일제의 만행은 12월 말까지 3개월간 집중적으로 저질러졌고, 그후에도 잔류부대가 남아서 이듬해 5월 말까지 이어졌다.

경신참변으로 한인의 피해는 엄청났다. 임시정부의 간도 파견원의 보고에 따르면 1920년 10월, 11월 두 달간의 피해만 해도 인명 피살 3천6백여 명, 체포 150

여 명, 불에 태워진 집 3천5백여 동, 학교 59개교, 교회 19개, 곡물 5만9천여 석이 불타 버렸다고 한다. 당시 용정촌 부근 장암동 마을 참상을 목격한 한 미국인 선교사는 "피에 젖은 만주 땅이 바로 저주받을 인간사의 한 페이지"라고 탄식하였다.

1920년 10월 말, 일본군 제14사단 제15연대 제3대대장 오오카가 인솔한 77명이 장암동 조선족 전 주민을 교회당에 모았다. 그 중 40대 이상 남자 33명을 묶어서 교회당 안에 꿇어앉힌 뒤, 타작도 하지 않은 조 짚단을 교회당 안에 채워 놓고 석유를 뿌리고는 불을 질렀다. 교회당은 곧 불길에 휩싸였고, 일본군은 불길에 못 이겨 뛰쳐나오는 주민을 군도로 모두 찔러 죽였다. 가족들은 넋을 잃고 울부짖다가 그들이 돌아간 뒤 숯덩이가 된 시신을 수습해 장사지냈다.

그날이 지난 지 대엿새 후, 일본군이 자기들의 만행 증거를 없애고자 다시 마을에 왔다. 그들은 유족들을 모아 놓고 무덤을 파서 시체를 한곳으로 모으게 했다. 그들은 시체 위에다 짚단을 쌓아 불을 지르고는 시체를 뒤적이며 재가 되도록 태웠다. 이렇게 이중으로 학살당한 유족들은 그들이 물러간 다음, 33인의 합장 무덤을 만들었다. 일제는 저들의 죄악상을 숨기기 위해 별별 짓을 다 했다. 하지만 참상은 입에서 입으로 전해져서 당시 『동아일보』 장덕준 기자가 이 사실을 알게 되었다. 장기자는 위험을 무릅쓰고 만주 용정까지 가서 취재하다가 실종되었다고 한다.

그때의 경신참변 탓인지 청산리 항일전적지 표지목이 있는 언저리는 집 한 채 찾아볼 수 없는 적막강산이었다. 우리 일행은 여정이 바빠서 더 이상 백운평 전적지를 보고자 계곡을 오를 수 없었다. 아쉬운 마음을 대신하여 나는 거기서 청산리 전적지 일대를 카메라에 담았다. 아름다운 초록의 산하였다. 누가 이곳을 지난날 피비린내 나던 격전지로 알리오?

# 15. 독립군의 피눈물이 서려 있는 겨레의 성산

- 아, 백두산

## 저 기운 흩어내어 인걸을 만들고 싶구나

예로부터 백두산은 우리나라의 조종산(祖宗山)으로 일컬어져 왔다. 조종산이란 마을과 고을, 나아가 나라의 근본을 이루는 산을 말한다. 우리나라 지맥이 모두 백두산에 뿌리를 두고 있으며, 이 산에 담긴 수많은 전설과 설화는 우리 겨레 얼의 토양이 되어 왔다. 하지만 남의 땅을 통하여 내 나라 백두산을 찾는 마음은 설렘 반, 아쉬움 반이었다.

우리 일행은 청산리를 떠나 백두산으로 곧장 달렸다. 길은 대부분 비포장도로로 오가는 차들이 뜸했다. 어랑촌을 답사할 때는 백두산행 관광버스와 승용차가 줄을 잇다시피 먼지를 뿜으며 달렸는데, 이 길은 백두산 가는 길을 우회한 탓으로 차들이 거의 없었다.

연길에서 백두산 가는 길은 서성(西城)에서 와룡, 어랑촌으로 가는 길이 지름길이기에 관광버스나 승용차 대부분은 그 길로 갔다. 세 곳의 항일전적지를 답사한 뒤라 11시가 넘었다. 한기사는 당일치기로 백두산 오르기에는 시간이 매우 촉박하다면서 청산리를 출발한 뒤로는 전속력으로 차를 몰았다. 이렇게 달리다가 엔진이 과열돼 도중에서 멈추지나 않을까 싶어 내내 불안했다.

백두산이 가까워질수록 언저리의 수목은 더욱 우거지고 길은 오르막길이었다. 이 길은 평소에도 일반 차량 통행이 뜸한, 주로 백두산 임장에서 목재를 실어 나르는 트럭들의 전용도로였다. 그런 탓인지 도로에는 전혀 이정표가 없었다. 백두산에 수없이 손님을 실어 날랐다는 한기사도 이 길은 백두산에서 돌아올 때 꼭 한 번 지났다면서 자신이 없다고 했다. 비탈길을 오르는데 두 갈래 길이 나타났다. 깊은 삼림 속이었다. 지난날 항일 빨치산 대원들이 밀영 터로 삼았을 만한 첩첩산중이었다. 도로에서 조금만 빠져나가면 우거진 숲으로 종적을 찾지 못할 밀림지대였다. 항일 전사들의 유격대 근거지로는 안성맞춤이었다. 우리 일행은 두 갈래 길에서 눈을 씻고 봐도 백두산으로 가는 이정표가 보이지 않아 어느 길로 가야할지 종잡을 수 없어서 하는 수 없이 차에서 내렸다.

중국 대륙을 다니면서 여러 차례 느낀 점은 도로에 이정표가 매우 드물어 초행길 나그네에게는 여간 불편치 않다는 것이다. 장춘에서 하얼빈을 달릴 때도 280여 킬로미터가 되는 먼 길에 이정표는 두어 곳뿐이었다. 나머지 길은 그야말로 '이정표 없는 거리'를 달리는 셈이었다. 이를 중국인들의 '만만디' 정신으로 해석해야 할지, 아니면 그만큼 외부인에게는 신경 쓰지 않는 폐쇄성이라고 해야 할지 알 수 없었다. 개방의 물결이 아직도 일부 도시에만 일고 있는 때문인가 보다.

깊은 산중에서 상큼한 공기를 마시며 삼림욕 겸 쉬면서 지나가는 차를 마냥 기다렸다. 10여 분 후, 원목을 가득 실은 대형 트럭이 나타나서 그 기사에게 길을 묻고서야 제 길을 찾을 수 있었다. 다시 산길을 한참 달리자 긴 서까래가 한 일(一)자로 길을 막았다. 통행료를 내야만 지날 수 있다고 하면서 한기사는 차에서 내렸다. 한기사가 도로에서 30미터 거리에 있는 사무실로 가서 통행료를 내고 돌아오자 그제야 복무원은 도르래 줄을 당겨서 길을 열어 주었다.

참 재미있는 나라였다. 그네들은 '우리들은 조금도 아쉬울 게 없다. 너희가 이곳을 지나려면 여기까지 와서 통행료를 바치고 가라'는 배짱이었다. 포장도 안 된, 더욱이 이정표도 없는 도로에 무슨 통행료인가? 내가 불평을 늘어놓았더니, 한기사는 가재는 게 편'으로 같은 국적의 그들 편을 들었다.

이 길은 임도(林道:목재 운송용 도로)로 닦은 길이기에 다른 차량은 마땅히 통행료를 내야만 이나마 도로를 유지한다고 했다. 백두산에 이르기까지 도로 통행료를 두어 차례 더 냈다. 이 나라는 지방자치제가 철저해서 성이나 현마다 독립채산제로 도로 관리를 하기에 그렇다고 했다.

띄엄띄엄 차창 밖으로 지나치는 이곳 산마을의 집들은 온통 통나무나 널빤지로 만든 집이었다. 나무가 흔한 곳이니까 그럴 테지. 백두산 밀림지대답게 지상에는 온통 나무들이다. 한참을 달리자 송강(松江)이라는 조그마한 촌락이 나왔다. 이 마을도 온통 원목을 쌓아 둔 목재 공장이었다. 지난날 강원도 태백이나 사북 같은 도시의 온 시가지가 석탄으로 뒤덮여 있었듯이, 이 일대 도시와 마을은 온통 나무로 뒤덮였다. 골목길에도 나무껍질과 톱밥들이 겹겹이 지천으로 쌓여 있었다. 백두산 정상이 가까워질수록 도로 양편에는 삼림들이 다채롭게 펼쳐졌다. 잣나무, 잎갈나무, 가문비나무들이 근위병처럼 버티고 있어서 차를 타고 달리자 마치 사열하는 기분이 들었다.

나는 마치 개선장군이 된 양 으쓱한 마음으로 숲길을 달렸다. 싱그러운 초록의 숲을 달리는 기분은 수상 스키어의 기분이랄까. 산을 오를수록 나무 군락이 변했다. 곧 도로 언저리에는 하얀 자작나무가 어느새 하늘을 덮고 있었다.

백두산 들머리 마을 백산(白山)을 지나자 이번에는 미인송(美人松) 군락이 나그네의 발길을 멈추게 했다. 갈 길이 아무리 바빠도 도로 양편의 미인송 삼림지대만은 도저히 그냥 지나칠 수 없었다. 정갈하고 품위 있게 꼿꼿이 자란 미인송에 매료되어 차에서 내려서 잠시 카메라에 담았다. 이곳 미인송들은 하나같이 하늘을 향하여 미끈하게 뻗은 동량(棟樑)감이었다. 이런 좋은 목재는 심산유곡 명산에서만 자라나 보다. 일찍이 송강 정철이 금강산 일만이천 봉의 맑고 깨끔한 모양을 바라보면서 "저 기운 흩어내어 인걸을 만들고 싶구나"라며 우국의 정을 읊었는데, 나도 백두산 들머리의 미인송 군락을 보자마자 그 생각이 들었

백두산으로 가는 길섶의 미인송 군락지

다. 지금 우리나라 정치·경제·사회·교육 등 모든 분야의 썩은 기둥과 들보들을 모조리 들어내고 그 자리에다가 저 미인송 같은 정갈하고도 곧은 인재를 널리 구하여 새로 끼울 수는 없을까?

땅도 해마다 뒤집어 줘야 곡식이 제대로 자라는데, 해방 후 60여 년, 아니 개화 이후 내내 이 나라 지도층은 한 번도 제대로 물갈이를 못했다. '눈 가리고 아웅'식 깔짝깔짝한 물갈이로는 두 동강난 이 나라와 겨레를, 온통 썩어 악취가 진동하는 이 나라를 도저히 구하지 못할 것 같다. 땜질식 미봉책 물갈이로는 오히려 분단을 더욱 고착시키고, 부정부패가 더욱 교활하게 기승을 부릴 것이다.

## 겨레의 성산

백두산의 지형적 특징은 절대 높이에 비해 상대 높이가 그리 높아 보이지 않는, 산의 경사가 매우 완만하다는 것이다. 천지에서 60킬로미터 떨어진 이도백하에서 백두산이 시작된 듯, 거기서부터는 서서히 오르막길이었다. 차를 타고 간 탓인지 높은 산을 오르는 기분은 거의 느끼지 못할 정도로 경사가 완만했다. 수목 한계선인 정상 직전은 가스래나무가 땅 위를 기듯이 삼림군락을 이뤘다. 고산에다 모진 비바람과 많은 눈 때문일까, 원래 나무의 태생이 그럴까, 아무튼 처음 보는 기묘한 장관이었다.

마침내 '장백산(長白山:중국에서는 백두산을 장백산이라 함)'이란 요란한 현판이 달린 누각을 지나자 백두산 정상이 눈앞에 나타났다. 백두산은 명산답게 예로부터 불함산·개마대산·도태산·태백산·백산·장백산·노백산 등 여러 개의 이름으로 불려졌다. 우리나라에서는 고려 건국 이후부터 백두산으로 통용되고 있음이 『고려사』에 나타나 있다.

백두산 정상은 일 년 중, 두세 달을 빼놓고는 눈에 덮여 있을 뿐 아니라, 2천 5백 미터 이상의 산등성이 일대는 바람이 하도 세차서 나무 한 그루도 자랄 수 없다고 한다. 정상 일대는 바위와 흙도 백색의 화산암이기 때문에 산봉우리가

마치 머리가 하얀 사람처럼 보인다고 해서 '백두(白頭)'란 이름이 유래했다고
한다.

중국 지린성 정부에서는 관광 수입을 올릴 목적으로 백두산 정상 아래까지 차
량이 오를 수 있도록 도로를 닦아 놓았다. 우리 일행은 입장료를 내기 위해 두
어 번 차를 세웠을 뿐, 차에 탄 채 그대로 정상까지 오를 수 있었다. 관광버스
를 타고 온 등산객들은 산 들머리에서 일제 도요타 지프에 실려 정상 아래까지
오르내렸다. 땀을 뻘뻘 흘리면서 산을 오르는 사람은 보이지 않았다. 명산을 오
를 때는 그만한 대가를 치러야 그 기쁨도 더 큰 법인데, 나 역시 2천5백 미터가
넘는 높은 산을 승용차로 쉽게 오르는 게 백두산 신령님을 모독한 것 같아서 한
편으로는 마음이 편치 않았다. 편리함만 추구하는 현대인, 그러한 속성을 최대
이용한 상술로 이제는 산에 대한 경외심이 점차 사그라지는 느낌이었다. 세상
만사 편한 만큼 그 역작용도 있는 법인데, 이곳 또한 예외는 아닌 듯했다. 여름
휴가가 한창인지라 백두산 정상 언저리에는 등산객과 잡상인들로 붐볐다. 나
또한 그들과 조금도 다름없는 현대 문명의 중독자가 아닌가.

정상 바로 아래 주차장에서 내리자 사진사들이 진을 치고 손님을 불렀고, 잡
상인들은 몰려와서 토산품을 사라고 발길을 막았다. 백두산 정상이 장바닥처럼
오염된 듯해서 경건한 분위기가 반감되었다.

"선생님, 대단한 행운입니다."

한기사는 흐뭇한 미소를 지으며 천지를 볼 수 있다고 좋아했다.

백두산 정상 일대는 우리나라에서 가장 춥고 날씨 변덕이 심하다고 한다. 백
두산은 북쪽으로 드넓은 아시아 대륙과 바로 잇닿아 있고, 고원 위에 홀로 솟아
있다. 그러므로 계절풍의 영향을 받아 바람이 거셀 뿐만 아니라, 동해에서 불어
오는 더운 바람과 대륙에서 불어오는 차고 건조한 공기가 마주쳐서 정상 일대
는 눈이나 비가 자주 내리고 안개와 구름이 껴 있는 날이 많다고 했다. 이런 탓
에 등산객들은 여간해서 천지를 훤히 바라보기가 쉽지 않다고 한다. 그래서 예

로부터 백두산을 오르는 사람은 산천경계를 잘 구경하기 위해서 미리 목욕재계하고 산신에게 제사까지 지냈다고 했다. 솔직히 수륙만리 멀다 않고 예까지 찾아와서 허무한 운무만 보고 떠난다면 얼마나 허망하랴.

천문봉에 오르자 더없이 맑은 천지가 펼쳐졌다. 눈 아래 펼쳐지는 천지! 맑디 맑다 못해 온통 쪽빛이다. 그 천지를 병풍처럼 둘러싼 40여 개의 봉우리들. 장군봉(일명 백두봉·병사봉)·천문봉·관면봉·천활봉·백암봉·용문봉·자하봉·백운봉·지반봉·옥주봉…. 수많은 산봉우리와 천지가 절묘한 음양의 조화를 이뤘다. 천지를 에워싼 백두산의 영봉을 바라보자 온몸이 움찔한 전율감이 솟았다. 아, 얼마나 보고 싶었던 백두산 천지였던가. 조물주가 빚은 최대 걸작품이었다. 이리하여 옛 조상들은 백두산을 민족의 성산으로 모셨나 보다.

백두산은 백두대간의 발원지다. 백두대간은 백두산에서 시작하여 남으로 달려 두류산, 두타산, 금강산, 설악산, 오대산, 태백산, 속리산, 덕유산을 거쳐 지리산으로 이어진다. 예로부터 우리 조상들은 우리나라의 모든 산들이 그 뿌리를 백두산에 두고 있다고 믿어 왔으며, 그리하여 백두산을 우리 정신의 고향으로 받들어 모셨다. 하늘도 이 아름다운 한반도를 한껏 탐내서 당신의 아들 환웅을 이곳으로 내려 보내 고조선을 세웠나 보다.

백두산에서 가장 높은 장군봉(2744미터)은 다행히 우리나라 국경선 안이었다. 하지만 지금은 불행히도 그곳을 오를 수 없었다. 그 봉우리에다 조국 통일의 깃발을 꽂을 날은 언제일까? 나는 이곳을 오른 후 내도록 황홀감과 안타까운 두 마음으로 지척의 조국 산하를 바라보면서 그 언젠가 살아생전에 내 땅을 밟으며 이곳을 다시 오를 그날을 그렸다. 이런 마음이야 비단 나뿐이랴. 7천만 동포가 한마음일 것이다.

백두산 산마루에 천지가 없다면, 속 없는 만두처럼 무미건조한 예사 산에 불과하다. 백두산은 천지가 있음으로 비단에 수놓은 듯, 천하 명산이 되었다. 백두산 사방의 여러 봉우리들은 어미닭이 병아리를 감싸듯 천지를 둘러싸고 있었고, 천지는 그 맑은 수면에다 사방의 봉우리를 어머니 마음으로 담아 안고 있었다.

창공에 우뚝 솟은 수많은 봉우리와 넘칠 듯한 쪽빛 호수, 이는 절묘한 앙상블이었다. 조물주가 다시 빚어내도 이만한 자연 경관을 만들지 못할 테다. 천지에 내려가서 손이라도 담그면서 한 모금 목이라도 축이고 싶었지만 산등성이에서 천지까지 경사가 심하고, 또 신령한 호수에 속인의 때를 남길 듯해서 눈이 시리도록 마냥 내려다만 보았다.

## 독립군의 요새

백두산 일대는 구한말 이래 항일 전적지로, 독립군 전사들의 피와 눈물이 서려 있는 유서 깊은 땅이다. 일찍이 구한말 백두산 포수 홍범도 의병대를 시작으로, 1945년 해방까지 숱한 항일전사들이 일제 침략자들과 맞서 싸운 해방 공간이었다. 이 일대가 항일무장투쟁의 중심지가 된 것은 울창한 삼림으로 유격전술을 펼 수 있는 지리적 여건이 좋았고, 또한 이 부근에는 우리 동포가 많이 살고 있어서 그들로부터 인적 물적 지원을 받을 수 있었기 때문이었다. 뿐만 아니라 이 지대 산악은 개마고원, 낭림산맥으로 이어져 무장투쟁 범위를 국내로 확대하는 데 안성맞춤이었다.

백두산 일대의 항일전적지로 갑산·삼수·봉오동·청산리·무송현 동강·홍두산·마안산·내두산·보천보 등 수많은 밀영들이 당시에는 독립군의 요새나 국내 진격의 교두보 역할을 했다. 백두산은 민족의 성산만이 아니라, 우리민족의 항일무장투쟁사를 안고 있는 역사의 산으로, 수많은 항일투사를 길러낸 보금자리였다. 그러므로 백두산 일대의 나무 한 그루, 풀 한 포기, 바위 하나에도 독립전사들의 피어린 발자취가 아로새겨져 있다.

## 산중 미인

하산길에 백두산의 폭포들 중에서 가장 아름답다는 비룡폭포(중국에서는 장백폭포라 함)를 벅찬 마음으로 바라본 후, 온천수가 흐르는 계곡에서 천연수로 익혔다는 달걀을 맛보고는 발길을 돌렸다. 정말 두고 떠나기에 너무나 아쉬운 장엄한 산하였다. 내 언제 다시 조국 땅을 밟고 항일유적지를 둘러보며 이곳에 와서 저 온천수에 세속에 찌든 몸을 닦으랴.

백두산 들머리 마을에는 상가가 즐비하게 널려져 있었다. 아무래도 산에서 자동카메라로 찍은 사진이 미심쩍어서 갈 길이 바쁘다는 한기사를 달래서 잠시 차를 세웠다. 기념품 가게 아가씨가 무척 반겼다. "어서 오세요." 상냥한 우리말이었다. '남남북녀'라고 하더니 아가씨는 용모가 유난히 깨끔했다. 조선족으로 고향이 함경도 경성이라는데, 산중에서 봐서 그런지는 몰라도 보통 미인이 아니었다.

나는 아가씨가 건네준 사진묶음 중에서 한 세트를 골랐다. 10장 묶음 한 세트가 20원이었다. 한기사는 그새 커피 한 잔을 청해 마셨다. 아가씨가 커피값까지 모두 30원을 달라고 해서 값을 치르고 차에 올랐다.

그런데 곧 아가씨가 얼굴을 붉힌 채 내 뒤를 따라와서 커피값 10원을 돌려주었다. 한기사는 자기가 마신 커피값을 받았다고 몰래 아가씨를 나무란 모양이었다. 그냥 두라고 해도 아가씨는 거듭 죄송하다면서 승용차 문틈으로 돈을 넣고는 손을 흔들었다. 아가씨의 청순한 모습이 내도록 내 머리에 남았다. 아름다운 사람을 바라보는 것은 행복한 일이다. 조물주가 만든 삼라만상 중에서 역시 사람이 가장 아름답다.


## [다시 찾은 백두산]

3차 답사기간중 다시 백두산을 찾았다. 늦은 시간에 백산(白山)에 도착하여 그곳에서 하룻밤 묵었다. 백산이란 '장백산(長白山)'의 준말인가 보다. 지도를 펼치니 여기서 백두산에 이르기까지 모두 '백산시' 시계(市界)로 그 넓이가 우리나라의 웬만한 도(道)만큼 넓어 보였다.

애초 일정으로는, 오늘 통화에서 다시 선양(瀋陽)으로 가서, 거기서 비행기로 연길행이었다. 그런 걸 내가 의견을 내어, 승용차로 통화에서 백산 무송을 거쳐 백두산으로 가자고 했다. 옛 우리 독립전사들도 그 길로 이동했다는 얘기에 다른 일행들도 쉽사리 동의했다. 그래서 간밤 우리 일행은 통화에서 일부러 백두산이 가까운 백산까지 와서 묵었던 것이다.

이 여정은 시간도 단축되고 비용도 훨씬 절약되는 장점이 있는데 견주어, 이 코스에 대한 사전 정보가 없어서 다소 불안한 점은 있었다. 하지만 걸어서 가는 것도 아니고 승용차로 가는데 무슨 대순가. 1920년 청산리전투 직전에 우리 독립군 전사들은 한 달여에 걸쳐 걸어서 이동했던 피눈물의 바로 그 길이 아닌가.

아침 일찍 빈관을 벗어나 시가지 산책에 나섰다. 산악지대인 데다가 이른 탓인지 도시는 뿌연 안개로 자욱했다. 시간이 지나자 차차 안개가 걷히며 도시가 나그네에게 수줍게 선보였다. 백산은 꽤 큰 도시로 첫인상이 상큼했다. 아마도 산악도시이기 때문이리라. 이국의 풍물을 몇 장면 카메라에 담고는 다시 빈관으로 돌아왔다.

빈관 숙소에서 조선족 동포 이국성 씨의 통역으로 중국조선민족사학회 부이사장 겸 무순시 사회과학원 만족연구소 소장인 조문기 박사와 대담을 나눴다. 그는 현재 랴오닝성 신빈현 만족자치현 신빈진 신흥가에서 살고 있었다. 굳이 조선 역사를 공부한 까닭을 물었더니, 자기가 살고 있는 곳에 조선족이 많이 살았고, 그곳이 조선족 독립운동의 근거지였기 때문이라고 했다. 그는 우리 겨레의 동북삼성 지역 항일 역사에 대해 자세히 알고 있었는데, 듣고 보니 대부분 내가 다른 문헌에서 본 바와 크게 다름이 없었다. 내가 신흥무관학교*의 역사적 의의에 대하여 묻자, 그는 신흥무관학교를 매우 높게 평가하였다.

"이 학교는 망명 조선민족 지도자들이 일제를 몰아내고 조국을 되찾겠다고 항일전사를 기르고자 세운 학교로, 수많은 인재를 배출했다. 일제와 정면으로 무장투쟁한 곳에는 으레 신흥무관학교 출신들이 있게 마련이었다. 이런 무장투

● **신흥무관학교**

1911년 이동녕·이회영 등이 설치한 신흥강습소가 1913년 신흥중학교에서 1919년 5월 다시 신흥무관학교로 개칭한 것으로 부민단이 개편되어 조직된 한족회 산하의 학교로 발전했다. 신흥중학교 설립 당시 교장은 이세영, 부교장 양규열, 학감은 윤기섭, 훈련감은 이장녕이었다. 교육과정으로는 하사관반 3개월, 특별훈련반 1개월, 장교반 6개월 과정 등이었고, 폐교될 때까지 2천1백여 명의 독립군을 배출했다. 이들은 청산리전투 등 독립전쟁에서 활동했으며 3·1운동 뒤에는 지청천, 이범석 등 유수한 무관들이 이곳으로 왔고, 입학지원생도 늘어났다. 일제의 가중되는 박해와 잇달은 사고로 1920년에 폐교되었으나 폐교 후 지청천의 인솔로 사관생도 3백여 명이 백두산 지역 안도현(安圖縣)에서 홍범도 부대와 연합, 김좌진 부대를 따라 밀산(密山)에 도착하여 대한독립군단 결성에 참가하였다.

쟁은 중국인들에게도 항일사상을 고취해 주었기에 신흥무관학교에는 일부 중국인 학생도 있었다. 따라서 중국인을 깨우친 학교라고도 할 수 있다. 또 이 학교는 사범학교와 같은 역할로 졸업생들이 다른 조선족학교의 교사나 교관으로 조선족 2세들을 교육시켰다. 이들 졸업생들이 후일 동북항일연군, 팔로군, 홍군, 국민혁명군 등 항일무장단체에서 활약했다.

신흥무관학교는 조선과 중국의 해방에도 이바지하였고, 또 중국인을 크게 각성시킨 학교였다. 조선이나 중국의 해방이 다 우연이 아니었다. 이런 무관학교 출신들이 투쟁한 결과로 얻어진 것이다"라고 했다.

내가 바람직한 한중관계를 묻자, 그는 한마디로 "평화(平和)"라고 답했고, 무엇보다 조선반도의 '화평(和平)'이 동북아의 평화에 매우 중요하다고, 그러기 위해서는 조선반도가 빨리 통일이 돼야 한다고 말했다.

이어서 통화현 집안시에 사시는 동포 권중보(72세) 선생을 모셨다. 권선생의 고향은 경북 봉화로 1910년 조부모가 생활고의 해결과 조선의 독립을 위하여 가난한 살림으로 고향을 떠나 만주로 왔다고 했다. 당신은 전직 교육자로서, 지금은 조선족 역사에 관심을 기울이며 향토 사학자로 활동하고 있다고 했다. 이태전, 통화 일대에서 조선족들의 성금을 한 푼 두 푼 모아서 합니하 신흥무관학교 옛 터에다가 '신흥무관학교 기념비'를 세웠으나 중국정부에서 기념비를 깨트려 늪에다 던져 버려 몹시 가슴 아프다고 하면서, 한국정부가 나서 중국정부에 외교로 해결하여 항일유적지에 표지석만이라도 세웠으면 좋겠다고 하소연했다.

대담을 마친 후 짐을 들고 로비로 나갔다. 여기서 조문기·권중보 선생과 작별했다. 권중보 선생은 우리 일행에게 가까운 시일 내 꼭 집안에 들러 고구려의 유적을 보고 가라고 간곡히 초대했다. 내가 요즘 고구려 문제로 한중간의 관계가 미묘한데 유적 답사는 괜찮은가 여쭙자, 권선생은 집안에서는 자기가 앞장서면 일없다고 큰소리쳤다.

오전 11시쯤 되어 백두산을 오르기 위해 백산을 출발했다. 출발 전, 연변대학 김춘선 교수에게 연변 일대 안내를 부탁하자 당신 후배인 연변대학 민족연구원 김태국 박사를 연결해 주었다. 서로 생면부지인지라 오후 6시 백두산 매표구 앞에서 만나기로 했다. 지도상으로 그 시간이면 충분히 도착하고도 남을 것 같았다.

연길에서 백두산 가는 길도 그랬지만 백산에서 백두산 오르는 길도 경사가 심하지 않았다. 예사 길을 달리는 것 같은데 서서히 백두산을 오르는, 경사가 매우 완만한 길이었다.

백두산으로 가는 도중에 정우현(靖宇縣)이 나왔다. 동북항일연군의 양정우(楊靖宇) 장군 이름을 붙인 도시였다. 동북에는 항일 명장들의 이름을 붙인 지명을 더러 볼 수 있다. 북만의 상지시도 조상지(趙尙志) 장군의 이름을 붙였다고 한다. 우리나라도 충남 예산은 '봉길'읍이나 '매헌'읍으로, 내 고향 구미는 '허위'시나 '왕산'시로 고쳐야 민족 정기가 겨레의 가슴에 스밀 텐데, 나의 이런 얘기를 '미친놈 잠꼬대'로 여기지나 않을지 모르겠다. 백두산 가는 길은 차량도 뜸한 온통 자작나무 숲길이었다. 아주 쾌적한 포도였다.

오후 2시, 무송에 들러 늦은 점심을 먹고 다시 백두산을 향해 달렸다. 거기서부터는 비포장도로였다. 좁은 숲길을 넓히는 도로 확장공사가 한창 진행중이었

눈이 쌓인 장백폭포(비룡폭포)의 아침

다. 갈수록 길이 이만저만 험하지 않았다. 이런 멀고도 험한 길에 군장을 메고 한 달여 도보로 이동하였던 독립전사들을 생각하니 승합차를 타고 가면서도 푸념하는 내가 몹시도 미웠다. 그때의 기록을 보면, 독립전사들은 날이 저물면 아무 숲속에서나 자고 비상식량마저 떨어지면 풀뿌리를 캐 먹으면서 이동하였다고 한다. 그야말로 바람을 먹고 이슬에 잠잔다는 '풍찬노숙(風餐露宿)'이었다. 그 어른들 영령에게 친일파를 용서하자고, 내일을 위해 이대로 덮어 버리자고 한다면 뭐라고 대답하실까? "네 이놈! 제정신으로 하는 소리냐? 어제가 없는 오늘이 어디 있고, 오늘이 없는 내일이 어디 있느냐"고 대노하실 것 같았다.

애초에 서너 시간이면 넉넉하리라는 예상은 완전히 빗나가고 말았다. 게다가 비까지 내려서 길이 엉망이라 승합차가 지그재그로 달려야 했기에 제대로 속력을 낼 수가 없었다. 노면의 요철이 매우 심해서 엉덩이가 아팠다. 무송을 출발한 후 계속 쉬지 않고 달려도 백두산 어귀에서 김태국 박사와 약속한 시간에는 도저히 닿을 수 없을 것 같았다. 워낙 깊은 산중인지라 손전화도 연결되지 않았다. 애간장이 탔다.

이미 땅거미가 드리워진 저녁 7시쯤, 마침내 백두산 들머리 마을 이도백하에 닿았다. 그제야 손전화가 연결되었다. 김태국 박사에게 깊이 사죄하자 당신도 일기가 고르지 못해 늦을 줄 알았다고 하면서, 이나마 늦은 게 다행이라고 내 마음을 편하게 해주었다. 그러면서 자기는 운전기사와 함께 이미 약속 장소인 백두산 매표구 앞에서 기다리고 있다고 했다.

40분이 지나 비가 주룩주룩 내리는 가운데 백두산 매표구 앞에 도착했다. 김태국 박사가 손을 크게 흔들며 환영했다. 억센 북한 말씨가 생소했지만 언행이 시원시원했다. 그의 안내로 백두산 대우호텔에 투숙했다. 그새 비가 진눈깨비로 변하고 바람이 부는 게 날씨가 몹시 추웠다. 백산에서 백두산까지 생각보다 먼 길이었지만, 숲의 바다를 헤쳐 온 듯 새로운 비경을 실컷 맛보았던 장엄한 여

천지를 품고 있는 백두의 봉우리들

로였다.

2004년 5월 31일, 예삿날보다 일찍 눈이 떠졌다. 곤히 자는 일행을 깨울까 옷을 주섬주섬 슬그머니 입고 호텔 바깥으로 나갔다. 백두산 일대는 온 누리가 흰 은세계로 눈이 소복이 쌓였다. 아주 쾌청한 날씨였다. 간밤에 진눈깨비가 내려서 오늘까지 흐리면 어쩌나 걱정했는데 더없이 상쾌한 아침이었다. 기온이 영하로 몹시 추웠다. 다시 방으로 가서 긴팔 남방에 비옷까지 걸쳐 입었다. 간밤에 내린 진눈깨비가 꽁꽁 얼어서 길바닥도 몹시 미끄러웠다. 카메라 셔터를 계속 누르면서 비룡폭포에 이르는 길을 따라 올랐다.

오늘도 백두산 천지를 산뜻하게 볼 수 있을 것 같았다. 하늘에 감사할 일이다. 예까지 와서 백두산 천지를 보지 못하고 폭풍우나 안개만 잔뜩 보고 내려간 경우가 매우 많기 때문이다. 5년 전 여름 1차 답사 때도 상쾌한 천지를 볼 수 있었지만 하산할 때쯤 갑자기 짙은 안개가 아주 삽시간에 불어 닥쳐서 지척을 분간할 수 없는 변화무쌍한 날씨의 변화를 보기도 했었다.

백두산 일대의 기후는 겨울이 길고, 기온이 낮으며, 강수와 안개가 많고, 바람이 많은 것이 특징이다(연 평균기온이 영하 7.3도, 적설일수 258일, 연 강우일수 209일, 연 강수량 1,340밀리미터, 연 강설량 320밀리미터, 강설일수 145일, 안개일수 267.1일, 폭풍일수 272일 – 류충걸, 『백두산과 연변조선족』). 또 기록에 보면 백두산에 첫눈이 내린 날은 8월 20일이고, 마지막 눈이 내린 날이 6월 24일이라니, 5월 31일에 눈이 내리는 것은 이상 기후라 할 수 없다.

영하의 날씨인데도 바로 옆 온천 샘에서는 수증기를 뿜으면서 뜨거운 물을 쏟아내고 있었다. 5년 전과는 달리 온천수를 바깥으로 흘려보내지 않고, 대부분 큰 관으로 연결하여 아래 온천장으로 보냈다. 폭포에 가까이 이르자, 계곡 사이로 물줄기가 힘차게 내리쏟아지고 있었다.

오전 10시, 간밤에 백두산 정상과 거기로 오르는 길에 눈이 한 자 이상 내려 제설작업으로 두 시간을 기다린 끝에 정상을 오르는 전용 지프에 오를 수 있었다. 입장료와 승차비가 별도였다. 안내자 김태국 박사는 정상 일대에서 주변 경관을 촬영하고 조금 여유 있게 경치를 보자면, 기사에게 따로 봉사료를 줘야 한다고 했다. 사회주의 국가에서도 돈은 자동차의 가솔린이요 윤활유와 같았다.

김박사가 넌지시 봉사료를 건네자 기사의 얼굴에 웃음이 가득했다. 그새 제설작업을 하였다고 했지만 등산로 언저리에는 그때까지 눈이 쌓여 몹시 위태로웠다. 그 기사의 손발끝에 우리 일행의 목숨이 달려 있는데 어찌 인색함으로 그의 기분을 상하게 하랴.

산을 오를수록 광활한 천하가 눈앞에 펼쳐졌다. 20여 분 만에 백두산 천문봉 정상에 오르자 간밤에 내린 눈은 여태 녹지 않고 천지를 뒤덮고 있었다. 뒤돌아 만주 벌판을 바라보자 일망무제(一望無際), 아! 천하는 이렇게 장엄한가?

백두산은 단군역사에 나오는 태백산을 말한다. 고기(古記)에 이렇게 전한다.

> 옛날에 환인(桓因, 하늘, 하느님)의 서자 환웅(桓雄)이 항상 천하에 뜻을 두고 인간 세상을 몹시 바랐다. 아버지는 아들의 뜻을 알고 삼위 태백을 내려다보매 인간을 널리 이롭게 할 만한지라. 이에 천부인 세 개를 주어 내려가서 세상을 다스리게 하였다. 환웅은 그 무리 3천 명을 거느리고 태백산(太白山) 꼭대기의 신단수 아래에 내려와서 이곳을 신시(神市)라 불렀다. 이분을 환웅 천왕이라 한다. ― 일연, 『삼국유사』

정상에 오르자 바람이 무척 세게 불었다. 모자를 깊이 눌러썼건만 금세 바람이 앗아갔다. 데굴데굴 산 아래로 굴러가자 김박사가 잽싸게 눈길을 달려서 주워 왔다. 그의 젊음과 용기, 어른을 배려하는 마음에 가슴 뭉클했다.

백두산 정상 일대에서는 몸을 가눌 수 없을 만큼 바람이 불었다. 초여름에 이런 눈 구경을 어디에서 할 수 있으랴. 천지에서 바라보는 만주 벌판도 일대 장관이었다.

백두산 정상에서 바라본 만주 벌판

# 16. 피로 얼룩진 조선족 이주사

### - 연길(延吉)

오늘은 답사에 나선 후 처음으로 시간의 여유가 있었다. 연길에서 장춘으로 이동하는 날인데, 예정대로라면 기차를 타고 온종일 장춘까지 이동했어야 했지만 다행히 어제 김중생 씨가 빈관에 머물면서 장춘행 비행기 표를 어렵게 사 두어 비행기 출발 시간까지는 연길에 머무를 수 있었다. 일정을 상의한 결과, 오전에는 연길 시내를 둘러본 뒤 비행기 탑승 시간까지 여가 시간을 갖기로 했다.

일단 찬청으로 가서 아침 식사를 했다. 아침 메뉴는 빵과 수프, 양배추김치뿐으로 간단했다. 빵은 아무것도 넣지 않은 덩어리로 꼭 생김새나 크기가 목침과 같았다. 하지만 보기보다는 맛이 담백해서 아침 요기로는 충분했다. 중국에서 먹는 음식은 한국에서 먹을 수 있는 중국 요리와는 다르다. 본토 중국 요리가 입에 익지 않은 사람은 중국 음식에 거의 빠지지 않는 향채 냄새가 역겹게 느껴질지도 모른다.

이번 항일유적답사 팀장은 독립운동가 일송 김동삼 선생의 손자인 김중생 씨다. 연세가 가장 많기도 하지만(1933년생), 중국 하얼빈에서 태어나 북만주 취원창에서 학교를 다녔고, 조선의용군 제3지대 통신병으로 근무하는 등 50여 년을 중국에서 사셨기에 중국말도 익숙하고 지리도 잘 알기 때문이었다. 그는 주하(현 상지)현 조선중학을 다닌 후, 한때는 인민군으로 한국전쟁에 참전하기도 했다. 다시 중국으로 귀국하여 가목사 사범대학에서 역사학을 전공한 후 중학교 교원을 역임하는 등 파란만장하게 살다가 1987년 독립운동가 유족 제1호로 귀국하여 현재 서울에 살고 있다.

답사기간중, 매끼 음식을 주문할 때 그의 취향과 기사 입맛에 맞추다 보니 향채 냄새가 나는 음식이 나오기 마련이었다. 김중생 씨는 오랫동안 중국 땅에서 살았기에 오히려 중국 본토 음식이 잘 맞았지만, 나와 이항증 씨는 영 입에 맞지 않아서 서울에서 준비해 간 고추장을 수시로 꺼내서 비벼 먹곤 했다.

나도 웬만큼 먹성이 좋지만, 중국식당 특유의 칙칙한 분위기와 야릇하고 강한 향채 냄새는 먼저 코에서부터 거부 반응을 일으켰다. 중국식당에서는 무슨 음식이든 접시에 넘치도록 푸짐하게 담아 나온다. 우선 철철 넘치는 양에 그만 질려 버린다. 대체로 값도 엄청나게 쌌다. 우리나라 돈으로 1만원 정도면 서너 사람이 반주까지 곁들여 실컷 먹을 수 있었다. '신토불이(身土不二)'란 말은 하도 많이 들어서 귀에 익은 말이지만, 국외에 나가면 온몸으로 느껴지는 명언이었다. 제 땅, 제 음식이 제일 좋은가 보다.

아침식사 후, 몸살 기운이 여태 가시지 않았다는 김중생 씨는 빈관에서 쉬고 이항증 씨와 둘이서 나섰다. 연길 일대는 조선족 자치주라서 굳이 중국말을 몰라도 큰 불편이 없었다. 택시기사들도 웬만큼 우리말을 알아들었다. 한글과 한자가 나란히 씌어진 간판들을 보니 마치 1970년대 한국의 도시를 찾아온 기분이 들었다. 설사 한족을 만나 언어가 통하지 않아도 크게 불편함은 없다. 아주 급한 일은 만국 공용어인 손짓 발짓으로 다 통한다. 더욱이 중국에서는 한자로 필담을 나누면 크게 불편함이 없다. 언어가 통하지 않는다고 움츠러들 필요는 조금도 없다. 익히 알고 있는 몇 단어로도 응용해서 아쉬운 대로 의사소통을 할 수 있고, 쇼핑을 할 때 믿을 만한 곳은 주머니 돈을 꺼내 주면 자기네들이 알아서 셈해 간다.

먼저 찾아간 곳은 연변조선족 민속박물관이었다. 이른 아침이라 청소를 하고 있었지만, 복무원은 개관 시간 전이라고 문전박대하지 않고 친절하게 맞아 주었다. 박물관은 들목 정면에 연길 조선족 자치주의 지도와 차트로 연변 조선족 현황을 일목요연하게 보여줬다. 중국 전역에는 조선족 약 2백만여 명이 소수민족으로 살고 있으며, 이곳 연변조선족 자치주에만 86만여 명이 살고 있다고 한다. 연변조선족 자치주에는 조선족 인구가 39퍼센트나 되고, 연변자치주 인민정부 간부 중에 조선족이 45.1퍼센트, 혁명열사가 1만5970명이나 된다고 했다. 이곳에서는 조선족이 한족 못지않게 당당하게 살고 있었다.

## 조선족 이주사

지금은 우리 조선족이 중국 땅에서 소수민족 인민으로서 당당히 대우받으며 살고 있고, 또 연변 일대는 연변조선족 자치주로 설정되어 있지만 처음부터 그랬던 것은 아니다. 우리 조선족의 중국 대륙 이주사(移住史)는 피로 얼룩졌다. 조선족 이주 시기는 크게 제3기로 나눌 수 있다.

### 제1기

10세기 초까지 만주지방은 고구려와 발해의 옛 땅으로 우리 민족의 활동 영역이기도 했다. 명나라 말엽까지는 국경문제로 중국과 분쟁을 일으킨 일은 별로 없었으나, 명나라가 망하고 청나라가 들어선 후, 봉금정책*을 써서 조선족의 이주를 엄금하는 조치를 내렸다.

하지만 이 일대는 조선의 변경 거주자들이 몰래 국경을 넘어 인삼을 재배하고 수렵과 벌목을 하여 생업을 이어 갔던 터

> ● **봉금정책(封禁政策)**
>
> 두만강 북쪽, 지금의 만주 일대에서 발원해 중국 대륙을 점령한 여진족은 자신들의 건국신화에 나오는 부족 발원지 '부쿠리산'을 백두산이라 보아, 1616년 만주에 청나라를 세운 후로 백두산을 '장백산'이라 부르며 신성시했다. 이들은 백두산을 성지로 여겨 이민족의 출입을 막고 동북지방에서 나는 특산물을 독점하며, 나아가서 만족(滿族)의 풍속을 유지하기 위해 봉금정책을 실시했다. 원래는 한족들이 동북으로 이주하는 것을 막자는 것이었으나 후일 조선족이 압록강 두만강을 건너오는 것을 막게 되었다.

전이었다. 그래서 이들은 생계를 위하여 청의 봉금을 무릅쓰고 도강을 계속했다. 조선 후기로 접어든 후, 삼정(三政) 문란과 탐관오리들의 대민 수탈이 거듭되자 백성들이 새로운 삶을 찾아 남부여대로 북상 도강하는 일이 잦았다. 특히 19세기 중엽(1869~1870)에는 우리나라 서북 지방에 극심한 가뭄으로 흉년이 들자 굶주리다 못한 수많은 백성들은 죽음을 무릅쓰고 압록강 두만강을 건너 간도와 연해주 일대로 이주했다. 이들은 청의 관헌으로부터 갖은 수모를 받다가 다행히 1880년대에 이르러 청 조정에서 간도 개척을 위하여 조선족 이주를 포용하는 정책으로 바뀌자 간도 지방에 조선족 마을이 늘어났다.

### 제2기

일제의 한국 식민이 노골화한 1905년 을사늑약 이후부터 1919년 기미만세운동 전후까지 기간으로, 국내에서 활동하던 항일 의병·독립지사들이 일제의 탄압을 피해 만주와 러시아 연해주 등지로 새로운 활동 방향과 근거지를 찾아 나섰다. 초기의 인물들로는 홍범도, 차도선(車道善), 이진용(李鎭龍), 조맹선(趙孟善), 유인석(柳麟錫), 이범윤(李範允) 등으로 항일무장투쟁에 빛나는 공훈을 남겼다. 1910년 한일합방 전후에는 이상설, 이동녕(李東寧), 이회영(李會榮), 안창호(安昌浩), 박용만(朴容萬), 박은식, 신채호(申采浩), 이상룡, 여준(呂準) 등으로 이분들은 집단이주 계획을 세워 국외에 독립운동기지를 건설하고, 이를 거점으로 삼아 장기적인 국권회복을 위한 독립전쟁을 수행하고자 했다. 또한 이 무렵에 대종교 계열의 민족지사들도 대거 북간도로 망명하여 무장항일전의 기반을 구축하는 데 전력을 기울였다. 대종교* 창시자 나철(羅喆)을 비롯하여 서일(徐一)·박찬익(朴贊翊)·백순(白純) 등이다. 이분들은 동북 일대에 조선족 학교를 세워서 특히 민족주의 교육에 힘썼다.

### 제3기

일제는 1910년 한일합방 후, 1919년까지 10년간 '토지조사'라는 명목으로 문

서에 없는 땅은 몰수하고, 임자
있는 땅은 헐값에 사들여 동양
척식회사, 농업척식회사를 설립
하여 일본인을 조선에 이주시켜
그들을 지주로 만들었다. 또한
일제의 악랄한 경제정책으로 토
지를 빼앗긴 우리 농민들은 새
로운 삶의 터전을 찾아 괴나리
봇짐에 쪽박을 차고 북상 길에
오르지 않을 수 없었다.

1927년에서 1931년 사이의 통
계에 따르면, 일제는 해마다 백
미 660만여 석을 본국으로 수탈
해 갔다는데, 이는 당시 생산량
의 42퍼센트를 차지했다. 그 무
렵의 신문 보도다.

● 대종교(大倧敎)

단군 숭배 사상을 기초로 한 민속신앙으로 조화신
(造化神)인 환인, 교화신(敎化神)인 환웅, 치화신
(治化神)인 환검(桓儉)의 삼위일체인 '한얼님'을
신앙적 대상으로 삼는 우리나라 고유의 민족 종
교. 1909년에 나철이 처음으로 열었는데, 성(性)·
명(命)·정(精)의 삼진귀일과 지(止)·조(調)·금(禁)
의 삼법(三法)을 근본 교리로 하며, 삼일신고·천
부경 등을 경전으로 한다.
교조 나철은 일본의 한국에 대한 간섭과 강박이
날로 심해지자 이를 항의하고자 3차에 걸쳐 일본
으로 갔으나 뜻을 이루지 못하고 돌아와 동지 오
기호 등 10명과 함께 단군을 숭앙하는 단군교를
창시한 뒤 1년이 지나 교명을 '대종교'로 개칭하
였다. 1920년 일본군을 크게 무찌른 청산리전투
의 주역이었던 북로군정서 장병 중 많은 숫자는
대종교인으로 알려졌다. 일제의 탄압이 날로 심해
져 많은 교인이 체포 또는 학살되었고, 1932년 만
주국의 탄생과 함께 지하로 숨어들었으나 포교활
동은 지속되었다.

강원도 이천군(伊川郡)에서는 근년에 와서는 화전조차 마음대로 경작 못하고 각종 세
금은 나날이 늘어 가며 가지가지 부담액은 많아서 돈 있는 사람은 돈 없어지기 전에,
돈 없는 사람은 춘궁기는 닥쳐오고 나날이 쪼들리는 생활은 점점 심하여져서 가다가
죽더라도 북간도에 간다고 떠난 동포 수가 올봄에 벌써 150여 명에 달한다는데 지금
도 가려고 준비하는 가구가 50여 호라는 바, 길거리에는 빈집이 많이 있다더라.—
『동아일보』, 1927. 4. 2

일제는 만주사변 후 부일(附日) 조선인에게 이른바, '만주 치안'이란 이름으
로 집단이주를 시켰다. 이들은 헌병 보조원, 밀정, 군관학교 지원자들이다. 일
제가 이들을 독립군과 싸우게 하는 교활한 이이제이(以夷制夷) 수법의 이주책

이었다. 이 밖에도 소위 '환위이민정
책'*으로 많은 조선인들을 강제 이주
시켰다. 1941년 태평양전쟁을 일으킨
일제는 전쟁물자, 주로 식량을 조달하

● 환위이민정책(煥位移民政策)
1930년대 일제가 만주 지역을 점령한 이
후 일본인을 조선으로, 조선인을 중국 동
북으로 강제 이주시킨 정책.

기 위하여 만주 일대에 농지 조성계획을 실시하면서 '개척 이민단'이라는 이름으로, 서만 지역에 우리 동포를 더욱 대규모로 내몰았다.

이렇게 가난으로, 정치적 망명으로, 일제의 정책으로 이주한 조선족들은 1945년 광복 직전까지 215만 명에 이를 정도로 국외 최대의 동포사회를 이루었다. 이들 대부분은 중국 동북삼성 전역에 널리 거주하고 있지만, 아직도 고국이 그리운 양, 국경에서 가까운 용정, 연길 일대에 가장 많이 몰려 살고 있었다.

## 혁명열사기념탑

연변 조선족 민속박물관은 한국의 여느 민속박물관 전시물들을 그대로 옮겨 다 놓은 듯했다. 아이의 출생부터 백일, 돌, 혼례, 장례 등 관혼상제 모형을 전시하였는데, 한국과 거의 같았고 세시풍속 역시 조금도 차이가 없었다. 오히려 어떤 면에서는 아직도 한국보다 더 한국 고유의 미풍양속을 이어 가고 있었다. 우리 농촌에서는 거의 사라져 버린 품앗이, 소겨리(소 두 마리로 쟁기를 끌며 논밭을 가는 일) 같은 두레가 여태 '로동호조조직'이란 이름으로 남아 있다고 한다. 이국땅에서도 우리 고유의 풍습과 전통을 지키며 사는 연변 조선족들 모습이 마냥 든든했다.

박물관을 나온 후, 발길 닿는 대로 시가지를 누볐다. 도로에는 사람, 자동차, 오토바이, 손수레, 자전거, 삼륜 오토바이, 삼륜 자전거, 나귀가 끄는 달구지가 뒤엉켜 얼른 보아도 마냥 무질서했다. 그런데도 누구 하나 짜증내지 않고 그 틈바구니를 잘도 헤집고 다녔다. 연길 거리의 간판을 보니 서울의 어느 뒷골목을 연상시켰다. '청량리 순대국밥집'도 있고, '명동 칼국수' '롯데리아'도 있

▲ 연변열사능원
◀ 혁명열사기념탑

었다. 연길에서 가장 번잡하다는 서시장은 우리나라 동대문시장이나 남대문시장을 연상케 했다.

좀 한적한 곳에는 대여섯 명의 젊은이들이 길거리에다 장기판을 펴놓고 시간을 보내고 있나 하면 길모퉁이에는 짐꾼들이 삼륜 자전거나 손수레 위에 널빤지를 깔고 비스듬히 드러누워 흐릿한 눈망울로 지나가는 행인을 훑고 있었다. 이곳에서도 심한 이농현상으로 농촌은 일손이 딸리고, 도시는 실업이 늘어나는 우리나라 1960~70년대 같은 현상이 벌어지고 있는가 보다.

택시를 타고 연변열사능원에 갔다. 마침 토요일이라 휴관이었다. 연변혁명기념관 내부는 관람하지 못했으나 연변혁명기념탑은 볼 수 있었다.

이 탑은 연길 시가지를 사방으로 조망할 수 있는, 연길 시가지와 그 언저리 어디에서나 다 우러러볼 수 있는 곳에 우뚝 세워져 있었다. 탑 앞면에는 "혁명열사 영생하리"라는 전 중국공산당 총서기 장쩌민(江澤民)의 친필을 새겼고, 탑 뒷면에는 "항일전쟁, 해방전쟁, 항미원조전쟁에 목숨을 바친 선열들을 추모하고 후대들을 격려하기 위해 이 비석을 세운다"고 중국공산당 연변자치주위원회와 연변조선족자치주 인민정부의 이름으로 새겨져 있었다.

이 나라에서는 열사기념관이나 혁명기념탑을 높이 받들어, 도시에서 가장 경관이 좋은 곳에 세우고 주변 조경을 잘해 두었으며 건물 단장도 잘돼 있었다.

중국 대륙을 누비면서 군데군데 무슨무슨 기념탑이나 혁명열사 동상 석상들을 심심찮게 볼 수 있었다. 아마 2세들의 국민정신을 교육하고, 그들에게 애국심을 불러일으키기 위해 이런 사업을 최우선으로 했나 보다. 자기 나라를 위하여 몸 바친 혁명열사나 전사자를 높이 받들지 않으면 그 누가 나라를 위해 목숨을 바치고 충성을 다할까?

# 17. 대륙 침략의 심장부, 만주국 수도 신경

- 장춘

오후 4시 30분, 장춘행 중국북방항공 여객기는 연길공항을 이륙했다. 비행기에서 내려다보는 중국 대륙은 온통 초록의 풍성한 잔치였다. 경작지가 바둑판처럼 끝없이 펼쳐졌다. 이 모든 산하가 지난날 우리 조상들의 항일투쟁터로 그분들 피와 땀이 흥건히 괸 땅이었을 게다.

중국은 국토가 엄청나게 넓고 인구가 세계 최대인 무한한 가능성을 지닌 나라다. 내가 잠시 살펴본 중국은 지금 온 나라 안에서 새로운 중국 건설에 박차를 가하고 있었다. 가는 곳마다 건설 붐이 한창이었다. 이 거대한 중국이 새로운 모습으로 단장되는 날, 세계의 판도는 달라지리라.

한 미래학자는 다가오는 2025년에는 중국의 국민총생산(GNP)이 세계 최고에 이를 것으로 전망하면서 21세기를 '아시아의 시대'라고 말하기도 했다. 하지만 지금 중국은 인구 과밀에 따른 대량 실업, 개방화에 따른 빈부격차, 빈약한 준법정신, 소수민족문제, 민주화 요구와 인권문제, 황금만능주의 사회풍조, 노령화 문제 등 많은 문제점도 안고 있다. 나라가 크고 인구가 많은 만큼 숱한 문제가 쌓여 있기 마련인가 보다. 하긴 중국의 한 성보다도 작은 우리나라에서도 남북 분단도 모자라서, 동서로 나누어지고 계층간 갈등이 시끄러운데 큰 나라야 오죽하랴. 사람이 사는 곳에는 늘 말썽이 있는가 보다. 부처님 왈, 인간세상

고해(苦海)!

이런저런 생각에 젖어 있을 새, 여객기는 장춘공항에 사뿐히 안착했다. 5시 10분, 정시 도착이었다(중국에서 교통은 아직도 제 시간을 지키지 않는 경우가 많다).

장춘은 중국 동북 지방 지린성의 성도(省都)다. 인구 270만여 명(2003년)으로 지린성의 정치·경제·문화 중심지이며, 중국 제1의 자동차공업도시다. 1800년 청나라가 장춘청(長春廳)을 설치한 것이 시의 시작이며, 러일전쟁 후에는 일본이 청나라로부터 토지를 매수하여 만철부속지(滿鐵附屬地)를 만들고, 그 중

장춘 시내 인민광장의 전승기념탑

앙부에 장춘역을 건설함으로써 역을 중심으로 방사형 도시가 형성되었다. 1932년 일본이 만주국을 건설함에 따라 그 수도로서 신경(新京)으로 개칭되었으나 1948년 다시 장춘으로 바뀌었다. 시 중심에는 인민광장, 남쪽에는 지린대학·동북사범대학·지린공업대학 등이 있고 그 서쪽에는 성(省)도서관, 시 동쪽에는 성박물관 등이 있다. 장춘은 '봄의 도시(春城)'라는 별칭에 어울리게 가로수와 공원이 많다. 26개의 대학과 전통을 자랑하는 영화제작소가 위치하고 있어 문화와 예술, 교육의 도시로 불린다.

장춘은 중국에서 가장 높은 녹지 비율을 자랑하는 정원 도시로서 자동차공업이 발달한 곳이기도 하다. 옛 만주국의 수도이기도 했던 장춘은 청조의 마지막 황제였던 푸이(溥儀)가 만주국의 허수아비 황제로 등극하여 파란만장한 일생을 보냈던 위황궁이 위치하고 있다. 또한 관동군사령부와 사법부 등의 건물들이

남아 있는 장춘은 일제 침략의 역사를 그대로 보여주는 살아 있는 교육 현장이기도 하다.

남도 빈관에 여장을 풀었다. 반갑게 맞아 주는 빈관 주인은 조선족으로 경상도 말투였다. 선대의 고향이 경남 진주라고 했다. 빈관과 식당을 운영하고 있는데, 요즘은 여기까지 한국의 불경기 여파가 미친다고 했다. 최근 몇 해 동안 한국 유학생들이 이곳 장춘대학까지 유학을 와서 호황을 누렸으나 IMF 이후에 그들 대부분이 귀국했다고 한다. 한국의 대학 진학 열풍이 여기까지 미쳤다니…. 지구촌 간 데마다 외화를 마구 뿌렸으니 외환 위기가 오는 것은 불을 보듯 뻔한 결과가 아니었을까?

우리나라 기업인들 중 일부가 이곳에 머무는 동안 조선족 여인을 현지 아내로 만들어 살림을 차렸다는 따위의 얘기를 들을 때는 마음이 몹시 씁쓸했다. 지난날 우리가 일본인들의 그런 추악한 꼴을 '경제동물'이라고 욕했으면서도 그대로 배워서 같은 짓을 남의 나라에 가서 하고 있다니 그저 말문이 막혔다. '미워하면서 닮는다'는 말이 여기서도 적용되나 보다.

저녁을 먹은 뒤, 장춘 밤거리를 돌아보고자 빈관 주위를 산책했다. 골목마다 석탄불에 석쇠를 올려놓고 꼬치고기를 굽는 냄새가 진동했다. 웃통을 홀랑 벗은 남자 종업원은 부채로 석탄불을 지폈고, 길거리 여기저기에 놓인 원탁 테이블에는 남녀 손님들이 삼삼오오 앉아서 금방 구운 꼬치를 안주 삼아 고량주를 들이키고 있었다. 또 다른 골목에는 전등 아래 대여섯 명이 둘러앉아 트럼프를, 한쪽에서는 마작을 하고 있었다. 1930년대풍의 칙칙한 건물에 어두운 밤거리라, 금방 어디선가 한 무리 마적떼가 불쑥 나타나서 나그네의 앞길을 막을 것만 같았다. 갑자기 으스스하고 불길한 생각이 들어서 재빨리 빈관으로 돌아왔다. 내 눈에는 장춘이 아직도 옛 만주국 시대의 낡은 껍질을 벗어 버리지 못한 음습한 분위기로 비쳤다.

다음날 새벽 4시에 잠이 깼다. 6시에 출발하기로 하였으니 다소 여유가 있었다. 오늘 주요 답사 일정은 석주 이상룡 선생이 만년을 보내다 돌아가신 서란(舒蘭)현 이도향 소과전자촌(燒鍋甸子村)이다. 지도를 펴놓고 해당 유적지를 찾았다. 책에서 여러 번 봤던 지명이지만, 머릿속에 확실히 새겨지지 않았다. 역시 역사 현장은 답사해야만 머리에 확실하게 새겨질 모양이다. 세면을 하고 여장을 꾸린 후, 빈관 로비로 나갔다. 나흘 전에 신세졌던 왕빙이 승용차를 몰고 와서 빈관 앞에서 대기하고 있었다. 앞으로 사흘 동안 왕빙은 우리와 침식을 같이하면서 선양까지 동행한다고 했다. 그도 다시 만나 반가웠던지 손을 치켜들며 미소로 반겼다. 나도 활짝 웃으며 그에게 다가가 서툰 중국어로 "하오하오, 씨에씨에" 하면서 악수를 청했다.

오늘 여정도 만만치 않다. 하지만 장춘을 그대로 떠나기에는 아쉬움이 많았다. 이곳 장춘은 지금은 지린성 성도지만, 한때 만주국 수도 신경(新京)으로 불렸던, 우리나라 사람들과는 인연이 깊은 도시였다. 일본군 관동군사령부 옛 터도, 만주국 건국대학교도, 만주군관학교 옛 터도 모두 이 도시 어딘가에 있다고 했다. 이항증 씨가 김중생 씨에게 이들 유적지를 열거하면서 그 중에 건국대학교를 찾자고 부탁드렸더니, 벌컥 화를 내셨다.

"우리가 뭐 한가하게 관광 다니는 줄 아시오? 관동군사령부는 그래도 이해가 되지만, 건국대학교는 우리의 답사 목적과는 거리가 멀어요. 차라리 박정희가 다녔던 만주군관학교를 찾아가는 게 낫지 않겠소?"

나와 이항증 씨는 아무 대꾸를 못하고 김중생 씨의 처분만 기다렸다. 오늘 일정이 빡빡하고 서란현 소과전자촌은 김중생 씨도 한 번 가보지 않은 낯선 곳이기에 예정대로 마칠 수 있을지 자못 염려가 컸기 때문이었다.

나는 김중생 씨의 말씀 중에 '박정희 씨가 다녔던 만주군관학교'라는 말에 가슴 아팠다. 역사에서 가정은 아무런 소용이 없지만, 그가 만일 독립군이나 광복군 출신이었더라면 우리 현대사는 달라졌을 것이다. 그에게는 만주군관학교 출신으로 일본군 중위였다는 꼬리표가 늘 따라다녔다. 그 점이 민족정기 면에서 크나큰 흠으로서 평생을, 아니 사후에도 두고두고 비판받고 있다.

## 관동군사령부

출발 후 곧장 일본군 관동군사령부 옛 터로 갔다. 관동군사령부는 지난날 만주국의 실질적인 권력 심장부로 우리 독립군에게는 원한이 서린 기관이었다. 거기서 얼마 떨어지지 않은 위황궁은 글자 그대로 허수아비 궁전이었고, 만주국 모든 통치는 관동군사령부로부터 나왔다. 이곳은 만주 땅 여러 곳에 흩어져 있었던 우리 독립군을 토벌하고, 독립투사를 잡아 가둬 고문하고 살육했던, 그 모든 만행을 총지휘한 소름 끼치는 대륙 침략의 심장부였다. 관동군사령부는 아직도 옛 만주국 당시 모습 그대로, 그때 지은 일본식 건물이었다.

당시 우리 선열들은 이곳을 바라보며 얼마나 치를 떨었을까? 나는 새하얀 왜색풍의 옛 관동군사령부를 보는 순간 온몸에 소름이 끼치고 오싹한 전율이 일

만주국의 실질적인 권력 심장부였던 관동군사령부, 현재는 장춘시 인민정부 청사.

었다. 이 건물은 현재 지린성 공산당 장춘시 인민정부청사로 사용하고 있는데, 국기 게양대에는 한때 욱일승천했던 일장기 대신, 붉은 중국기가 펄럭였다.

청사 정문에는 중국군 두 명이 경비를 서고 있었다. 차에서 내려 경비병에게 사진 한 장만 찍겠다고 사정했으나 그는 단호하게 손을 가로저었다. 그 장면을 그대로 놓치기에는 너무 아쉬워서 불법인 줄 알면서도 하는 수 없이 차창을 열고, 문틈으로 카메라를 내밀고 차를 천천히 달리게 하면서 얼른 셔터를 눌렀다. 왕빙은 카메라 셔터 소리를 듣고는 곧 쏜살같이 그곳을 빠져나왔다. 다행히 경비병들이 뒤쫓아오는 소동은 없었다. 앞자리의 김중생 씨는 안도의 숨을 내쉬었다.

이런 일로 그들에게 붙들리면 간첩으로 오인받아 구금을 당하거나 벌금을 물어야 하고, 카메라나 필름도 압수당할 뿐 아니라 여기저기 불려가다 보면 하루 이틀 답사 일정은 아예 망쳐 버린다고 김중생 씨는 앞으로 사진 촬영에 각별히 조심하라는 주의를 줬다.

"우리나라 정부기관에 낯선 외국인이 예고도 없이 불쑥 나타나서 사진을 찍겠다면 경비병이 허락해 주겠어요? 솔직히 말해 중국인들은 한국사람을 그렇게 신뢰하지 않아요. 개방 후 한국사람들이 중국에 몰려와서 반질하게 말만 남기고 간 뒤에 깜깜 무소식이었던 게 한두 건이 아니라, 이곳 사람들에게는 한국사람이라면 별로 신용이 없어요."

만주에서 오래도록 살았던 김중생 씨는 이곳 사람들의 정서를 환히 읽고 있었다. 하긴 처지를 바꿔 보면 오히려 중국인들이 우리나라 사람보다 더 너그러운 것 같았다.

# 18. 내 아내와 자식을 왜놈의 종이 되게
할 순 없다

— 석주 선생이 운명한 소과전자촌

## 서란으로 가는 길

우리 일행을 태운 승용차는 이제 장춘 시가지를 벗어나 지린으로 가는 고속도로로 들어섰다. 이 도로는 개통한 지 얼마 되지 않은 쾌적한 아스팔트 도로였다. 도로 위 금세 그어 놓은 차선은 페인트가 묻어날 듯 산뜻했다. 왕빙은 새 고속도로에 신이 나는 양, 가속 페달을 마구 밟았다. 속도계는 120을 넘었다. 막 솟아오른 아침 햇살 사이로 지평선이 끝없이 펼쳐졌다. 도로 언저리가 온통 옥수수밭이요, 벼논이었다.

한 시간 30여 분을 달리자 지린시 톨게이트가 나왔다. 왕빙은 요금 내는 곳에서 일단 정지도 않고 막무가내로 통과했다. 군인 신분의 특권의식을 마구 발휘했다. 그가 어찌나 성급했던지 차단목도 올리기 전에 차가 통과하는 바람에 하마터면 앞 차창에 손상이 갈 뻔했다. 나는 뒷좌석에서 김중생 씨에게 좀 천천히 달리게 주의를 주라고 부탁했다.

"이 친구들 우리말 잘 듣겠어요? 요즘 내 집 아이들도 아비 말을 잘 안 듣는 세상에, 제 상관이면 몰라도 이국 사람의 말은 듣겠느냐"고 하면서 "이 친구가 이렇게 달려 주지 않으면 오늘 일정을 다 답사할 수 없다"고 김중생 씨는 오히려 왕빙이 시원스럽게 달려 준 걸 고마워했다.

서란으로 가는 가로수길

　우리가 탄 승용차는 현역 군인이 운전하는 데다가 군용 번호판을 달고 있어서 통행료를 낼 필요도, 경찰들의 검문도 전혀 없었다. 왕빙은 길을 잘못 들면 아무데서나 후진하거나 회전하였다. 이런 자질구레한 시간을 절약할 수 있기에 짧은 답사기간이나마 여러 지역의 유적지와 도시를 둘러볼 수 있었다. 하지만 길을 달리면서 여러 번 보았는데, 이곳에서도 과속으로 뒤집힌 차, 중앙선 침범으로 서로 충돌해서 사고를 낸 차가 많았다.

　지린시를 가로지르자 시내 한복판 공장에 있는 큰 굴뚝에서는 매연을 무지막지하게 내뿜었다. 굴뚝도 하나가 아닌 셋으로, 제철소의 거대한 굴뚝이었다. 그 매연으로 지린시 전체가 희뿌옇게 흐렸다. 중국은 지금 한창 개발도상중으로, 경제제일주의를 내세우면서도 아직 환경공해 문제에는 무딘 모양이었다. 여기서 생긴 매연이 중국 대륙뿐 아니라, 계절풍을 타고 한반도와 일본열도, 미주대륙까지 미친다고 하니 공해 문제는 세계적으로 여간 심각한 문제가 아닐 수 없다. 지린 시가지를 벗어나자 네거리가 나왔다.

마침 조반 전이라 시장하던 참에 '경주 길흥 술집(吉興朝族飯店)'이란 간판이 눈에 띄었다. 서란(舒蘭)으로 가는 길도 확인할 겸, 그 밥집에 들어섰다. 밥집 아가씨는 우리 일행이 첫 손님인지 우리말로 무척이나 반겼다. 내가 아가씨에게 경주에 가본 적이 있느냐고 물었더니, 자기는 한국 땅을 밟아 본 적도 없다고 하면서 할아버지 고향이 경주인데, 할아버지는 벌써 돌아가셨다고 했다. 밥반찬이 나왔다. 깻잎·멸치볶음·겉절이·땅콩조림 따위로 낯익은 반찬이었다. 출국 후 오랜만에 제대로 된 한식을 맛보았다.

아침밥을 맛있게 먹고 지도를 펼치고서 여정을 점검했다. 넓디넓은 만주 지역을 지도를 보고 찾아가는 일이란 쉬운 일이 아니었다. 비교적 자세하다는 지린성 지도는 축적이 팔십만 분의 일이라서 소과전자와 같은 작은 마을은 지도 상에는 나오지도 않았다. 김중생 씨와 왕빙은 밥집 주인에게, 이웃 가게 주인에게 물어서 길을 확인하고 출발했다.

서란으로 가는 길은 이차선 아스팔트길로 도로 양옆에는 한 아름이 넘는 수양버드나무 가지들이 늘어져 있었다. 어떻게나 나뭇가지가 우거져 늘어졌는지 도로에서 하늘만 빠끔히 보일 뿐이었다. 무척이나 환상적이고 낭만적인 도로였다. 서란으로 가는 중간에 마을이 나오면 이따금 차를 세우고 길을 확인했다. 그때마다 나는 차에서 내려 그곳 풍물을 카메라에 부지런히 담았다.

어느 마을에서는 동네에 무슨 경사스러운 일이라도 있는 듯, 마을 주민이 모여 중국 고유 악기를 연주하며 노래와 춤을 즐기기도 했으며, 어느 촌가의 길옆에는 나귀 두 필이 가로수에 묶인 채 이방의 나그네를 수줍게 맞았다. 지린을 떠난 지 한 시간 만에 서란에 이르렀고, 다시 오상(五常)으로 가는 길로 달렸다. 도중 길가에 예순은 족히 넘었을 두 노인이 복숭아를 비닐봉지에 담아 팔고 있었다. 그분들에게 길을 묻자 소과전자촌을 자세하게 가르쳐 주었다.

임시정부 초대 국무령 석주 이상룡 선생이 운명한 소과전자촌,
70년 만에 후손이 선조 족적을 더듬었으나
쉬 찾을 수 없었다.

## 소과전자촌

10시 30분, 여러 차례 길을 물은 끝에 마침내 소과전자촌에 이르렀다. 1932년 5월 12일에 석주 이상룡 선생이 운명하시고, 남은 가족들이 그해에 이곳을 떠나 귀국하였으니, 이항증 씨는 유족으로 67년 만에 처음으로 찾은 셈이다.

이항증 씨는 감개가 무량한 듯 석주 선생 손부요, 당신 어머니 허은 여사 회고록 『아직도 내 귀엔 서간도 바람소리가』를 펴 들고 조상의 발자취를 확인했다. "10년이면 강산도 변한다"고 했는데, 그새 70년 세월이 지났으니, 어찌 그 발자취를 쉬 찾을 수 있으랴. 이 마을 집들은 여느 마을과는 달리 그간 모두 새로 단장되고 골목길도 반듯하게 다듬어져 있었다. 마을 주민에게 조선족이 사느냐고 물었더니 지금은 한 사람도 살지 않는다고 했다. 그때를 증언해 줄 사람은 아무도 없었다.

"어머니가 계셔서 동행했더라면…." 이항증 씨는 혼잣말처럼 되뇌며 눈시울을 붉혔다. 어머니 생존 때에는 한중 국교가 정상화하기 전이고, 국교가 정상화한 후로는 노령으로, 경제적인 여유가 없어서 만주 방문을 감히 엄두도 낼 수 없었다고 했다. 자나 깨나 그리던 만주 땅, 경황중이라 만주에 남아 있던 친정 부모님에게는 작별인사조차 남기지 못한 채 훌쩍 떠난 그곳을 생전에는 끝내 밟지 못하고, 1997년 허은 여사는 눈을 감았다. 다행히 골목길 가장자리에 어머니 발길이 무수히 닿았을 우물터가 아직도 폐허로 남아 있어서 이항증 씨는 그 언저리를 맴돌면서 어머니를 추모했다.

## 석주 이상룡

이상룡은 1858년 경북 안동군 법흥동 임청각에서 유림 명문 이승목의 장남으로 태어났다. 본관은 고성(固城)으로 어릴 때 이름은 상희(象羲), 호는 석주(石洲)이며, 1911년 중국으로 망명한 이후 상룡(相龍)으로 개명하였다.

내가 중국 항일유적지 답사에 앞서 안동의 임청각을 둘러보았더니 보물 182호로 지정된 90여 간의 고색창연한 전통 한옥이었다. 조선 중종 때 형조좌랑을 지낸 이명 선조가 낙향하여 지은 집으로, 앞은 낙동강이 흐르고 뒤로는 영남산이 임청각을 껴안고 있었다.

일찍이 이상룡은 퇴계학의 정통을 이은 서산 김흥락(金興洛) 문하에 들어가

석주 이상룡 선생

서 학문을 익혔다. 1876년에는 강화도조약에 따른 개항에 충격을 받아서 척사위정(斥邪衛正) 활동을 하다가 일제가 을미사변을 일으키자 더 이상 참을 수 없어 책을 덮고 구국 의병활동에 나섰다.

1905년 을사늑약으로 우리나라가 마침내 일본의 보호국이 되자, 이상룡은 군자금을 마련하여 가야산으로 들어가 의병 투쟁에 나섰다. 하지만 구식 무기로 일제의 신식 무기를 도저히 당할 수 없었다. 신돌석, 김상태 등 의병장이 일본군에 참패하자 이상룡은 "궁벽한 향촌에 앉아서 승패를 점친 것이 모두 어긋났으니, 이는 시세에 어둡기 때문이다" 하고서 동서양의 새로 나온 책을 구하여 열심히 읽기 시작했다. 신학문으로 서양의 민주제도에 눈뜨게 되자, 먼저 자신의 노비문서부터 모두 불살라 버리고 그동안 거느리던 종들도 모두 해방시켰다.

이 무렵 이상룡은 사상에 큰 변화를 겪는다. "내가 지난 50년간 공맹의 책을 보았지만, 마침내 공언(空言)이었다"라며 유학의 공리공론을 깨닫고 신식 교육의 필요성을 절실히 느꼈다. 그리하여 고향 안동에다 유인식, 김동삼과 더불어 협동학교를 세워 후진을 양성하는 한편 대한협회 안동지회를 조직하여 민족자강운동에 앞장섰다.

1910년 8월, 마침내 합방 국치를 당했다. 이상룡은 통분함을 이기지 못해, 중추원에 송병준, 이용구 등 역적 무리들의 목을 치라는 상소를 올렸다. 하지만 빈 하늘에 쏜 화살이었다. 망국의 통한으로 아픈 세월을 보내던 중, 그해 11월 비밀 광복단체인 신민회의 이동녕(李東寧), 양기탁(梁起鐸) 등이 밀사를 보내왔다.

이들 밀사는 신민회가 우리 조상들의 옛 터인 서간도에 조국 광복운동 국외기지를 추진한다고 하면서 이상룡의 참여를 타진해 왔다. 이에 이상룡은 선뜻찬동하여 뜻을 굳히고 서둘러 가산을 정리했다. 가까운 일족과 동지에게 은밀히 동행을 권유하자 50여 가구가 따라나섰다. 평생 부귀를 누릴 수 있는 이상룡

임청각 전경, 경북 안동

이 조국과 종갓집, 조상 산소와 수많은 전답을 남겨 둔 채 삭풍이 휘몰아치는 정월에 만주 땅으로 떠났으니, 그 감회는 창자를 자르는 아픔이었으리라.

1911년 1월 5일에 여러 일족을 모아 하루를 즐겁게 보낸 후, 이튿날 새벽에 조상 산소에 하직하고, 안전을 위해 홀로 먼저 고향을 떠나 신의주에 머물면서 전후 사정을 살핀 뒤 며칠 후, 가족 일단이 신의주에 도착하자 함께 압록강을 건넜다. 단동(丹東:옛 중국의 안동)에서 마차 두 대를 마련하여 새 삶의 터전을 찾아 나섰다. 먼저 도착한 이동녕, 이회영, 이시영 선생이 추가가(鄒家街)에 살면서 이상룡을 찾아와 앞일을 의논했다. 그들뿐 아니라 매일같이 이상룡을 찾아드는 동포들이 줄을 잇자, 그곳 토착민들이 이전의 조선족들은 쪽박을 차고 만주에 왔는데, 이번에는 풍채 좋은 조선인이 마차 두 대에 수많은 가족을 이끌고 온 것을 보고, "조선에서 왕자가 왔다"라는 허무맹랑한 소문을 퍼뜨렸다. 그러자 청국 관리들이 각지의 군사를 시켜 수비하게 하고, 조선인에게는 집을 빌려 주지 못하게 하여 한동안 노숙하는 고초를 겪기도 했다. 이에 이상룡은 봉천성에 진정하여 조선인의 거주를 허용해 줄 것과 중국 민적(民籍)에 들어갈 수 있도록 청원하였다. 아울러 통화, 회인, 단동 지방에 여관을 설치하여 동지들의 활동과 뒤따라오는 망명객들을 도왔다.

이상룡은 남의 땅에 온 이상, 토착민과 이질감을 없애고자 당신이 먼저 상투를 자르고 청국 옷차림으로 고쳐 입고 이름마저 상룡으로 바꿨다. 동포들 중에서 이상룡의 이런 처사를 못마땅하게 여기는 이가 있었으나 "큰일을 경영함에 어찌 소절(小節)에 구애될 수 있겠는가"라고 설득했다. 중국 땅에 살기 위해서는 우선 언어 장벽을 무너뜨리는 게 급한 일인지라 중국어강습소를 차려서, 먼저 배운 사람들을 우리 동포들이 사는 여러 곳으로 보내어 그들을 가르치면서 토착민과 친선을 꾀했다.

그 무렵 쑨원(孫文)이 무한에서 혁명군을 일으키자, 이상룡은 조선족 동포로 정예군 1개 소대를 편성하여 그들을 도왔고, 혁명정부에서 훈장을 내렸다. 이에 이상룡은 쑨원 총통을 만나 우리 동포를 보호해 줄 것을 부탁하고 이로부터 중국 관리와 토착민이 우리 동포를 믿고 우대하게 되었다.

회인현에 정착한 이상룡은 그 뒤 통화, 유하, 해룡, 반석, 서란 등으로 옮겨 살면서도 오로지 우리 동포의 자치와 조국 독립운동에 이바지하였다. 이회영, 이동녕, 이시영과 함께 국권회복과 민단자치의 중추기관으로 추가가에 경학사(耕學社)를 설치하여, 그 사장으로 추대되었다.

한편 이상룡은 『대동역사』라는 우리나라 역사 교본을 만들어 동포들에게 바른 역사를 가르쳤다. 아울러 본래 만주 땅은 단군 이래 우리 겨레의 발상지요 요람지로서 부여, 고구려를 거쳐 발해에 이르기까지 우리 조상들이 번영을 누려 온 옛터였음을 동포에게 인식시킴으로써 이 고장에 대한 애착과 토착민과의 유대를 더욱 두텁게 하였다.

1919년 3·1운동 직후인 그해 4월, 만주의 한족 대표들이 모여 일제와 일대

혈전을 준비하고자 군정부(軍政府)를 조직해 총재에 이상룡, 부총재 여준, 정무청 청장에 이탁(1931년 만주사변 후 변절), 군정청 청장에 양규열(梁圭烈), 참모부 참모장에 김동삼, 독립군 사령관에 이청천(본명 지청천)으로 임명하고, 한족회로 하여금 지방자치를 관장하도록 했다.

망명 초기에 함께 일했던 이동녕, 이동휘, 이시영 등이 안창호, 이승만 등과 상하이에 임시정부를 세우고, 여운형을 보내와 대동 통합을 요청했다. 군정부에서는 반대 여론이 높았다. 하지만 이상룡은 "나 또한 임시정부를 세우기에는 아직 시기가 이르다고 생각하지만, 이미 정부를 세웠으니 광복 대도에 분열이 있어서는 안 된다"라고 대의로써 동지들을 설득시켰다. 그후 정부라는 호칭을 상하이임시정부에 양보하고 군정부를 서로군정서(西路軍政署)로, 총재를 독판(督辦), 독립군을 의용대로 고쳐 부르게 하여 본래의 사업을 지속했다.

이상룡은 이청천에게 의용대를 통솔하게 하고 안도현 깊은 산속에다 병영을 만들어 주둔시켰다. 이때 이청천이 홍범도 부대와 연합전선을 구축하여 이듬해 봉오동, 청산리 일대 전투에서 일본군과 혈투를 벌인 끝에 크게 이겼다. 그때 일제는 이상룡을 잡으려 5천 원의 현상금을 걸고 사방에 밀정을 풀어 수색하자 모두들 선생의 신변을 염려했다. 하지만 오히려 선생은 "추위와 굶주림에 고생하는 우리 군사가 걱정될 뿐이다"라며 조금도 흔들림이 없었다.

1922년, 이상룡은 만주에 흩어져 있는 여러 독립군단을 통합하여 대한통의부(大韓統義府)로 결성하는 데 산파역을 맡았고, 지린성 독군(督軍)을 만나서 한국과 중국의 지리적 역사적 관계를 설명하며 중국의 조선인 대우가 방관적이라고 지적하면서 성의 있는 태도를 촉구했다. 그 결과 지린성 독군이 선생의 말씀에 감복하여 우리 동포들의 입적, 개간, 자치, 교육, 무예 등에 적극 편의를 제공해서 동포들이 전보다 살기에 한결 수월했다.

1925년 3월, 상하이임시정부 의정원에서는 미국에 있는 대통령 이승만을 탄핵 면직시키고, 임시 대통령에 추대된 박은식이 임시정부 헌법을 개정하여 국무령 중심제로 개편했다. 임시정부 의정원에서 국무령을 선출한 결과, 이상룡이 초대 국무령으로 피선되었다. 이상룡은 "시론이 갈라지고 사업이 정체되었으니 잠시 나가서 정돈하는 것이 대국을 위하는 길입니다"라는 만주의 동지들 뜻을 받들어 상하이로 갔다.

그해 9월 국무령에 취임한 후, 그동안 남만주와 중국 대륙에서 항일투쟁에 크게 활약한 이탁·김동삼·오동진·현천묵·김좌진·조성환·이유필 등을 국무위원에 임명했으나, 이들 중 몇이 동포가 절대 다수인 만주를 떠나서는 국권회복을 할 수 없다고 거듭 사양하여 처음의 뜻을 이룰 수 없었다. 또한 이상룡은 당시 세계 사조의 영향으로 좌우 대립, 고질화한 임시정부 파쟁과 내부 갈등이 가시지 않자 그 조정을 위해 약 반년 동안 심혈을 기울였다. 그러나 수습의 가망성이 보이지 않자 "내가 늙은 몸으로 허영에 몸을 굽히는 것은 평소의 기대에 어긋나는데, 그래도 한 번 움직인 것은 오직 내분을 조정 통합하기 위한 것뿐이었다. 이제 이 희망이 없으니 어찌 이 자리에 머물겠는가"라며 탄식했다. 마침내 스스로 사임하고 훌쩍 만주로 돌아오면서 이 시를 남겼다.

가을달이 사람을 청해 가벼이 집 나서게 했다가
봄바람이 벗이 되어 마음 가뿐히 집에 돌아왔네
산도 꾸짖고 물도 성내는 시기 많은 판국에
웃는 얼굴로 반가이 맞아 주는 것은 홀로 핀 꽃뿐이네.
秋月要人輕出戶 春風作伴好還家
山嗔水怒多猜局 笑面相迎獨爾花

## 장부의 한

상하이에서 돌아온 이상룡은 충격이 컸다. 임정 내분을 수습하지 못한 자탄과 적전 분열을 보인 독립지도자에 대한 염려, 날로 뻗어나는 일제의 세력, 그 세력에 투항하는 옛 동지들, 득실거리는 밀정들….

그는 시국에 대한 우국충정으로 잠을 이루지 못하는 날이 많았다. 그때가 선생의 춘추 68세로, 자신은 독립운동에 앞장서는 일은 삼간 채 아들과 손자로 하여금 대신 그 일선에 나서게 하였다. 그 무렵, 아들 준형은 한중 유대 강화와 대일공동투쟁을 위하여 중국공산당 지린성 반석현의 책임자로, 손자 병화는 재만 한인청년동맹과 농민동맹 사무집행위원 겸 반석현 모범학교 교사로 활약했다.

얼마 뒤, 중국 관헌이 조선인들의 결사에 의심을 가져 검거가 잇따르자 그것을 피하기 위하여 이상룡은 반석의 호란하에서 세린하로, 다시 1929년에는 서란현 소과전자로 이주하였다. 1931년 9월 18일, 일제가 만주사변을 일으켜 관동군이 군사를 출병하고 봉천(지금의 심양)과 장춘을 잇따라 함락시킨 뒤 마침내 지린까지 함락시키자 독립지사들 일부는 체포되고 나머지는 사방으로 흩어졌다. 이 소식을 듣고 이상룡은 이를 분개하여 더욱 잠을 이루지 못하다가 깊은 병을 얻었다.

중국 마적떼들이 일본 관동군에게 쫓기면서 민폐 역시 심해졌다. 허은 여사의 회고록에 따르면 그 무렵의 마적떼를 다음과 같이 그리고 있다.

어느 날 우리 집에도 한 떼의 중국 마적이 몰려와 내 목에다 총을 들이대고 돈을 내놓으라고 했다. 목숨이 위태한 순간, 아버님께서 나를 끌어안고 "죽어도 같이 죽지 너만 죽일 수 없다"고 하시면서 당신이 마적의 총구를 가로막았다. 나는 어쩔 수 없이 허리춤에 감춰 놓았던 은 닷 냥을 다 꺼내 놓았다. 그러자 나는 풀어 주고 아버님을 쓰러뜨리고 몽둥이로 내리쳤다. 사람 목숨이 순간에 달렸는데 사람 있고 돈 있지, 나는 당나귀 똥을 쳐낸 옆에다 묻어 두었던 지린 관표(당시 임시 화폐)를 다 갖다 주었다.

부피가 양철통 반만한데도 그놈들은 그래도 양이 안 찼던지 집안을 모조리 다 뒤지고는 돈이 더 안 나오자 그제야 아버님을 풀어 주고 돌아갔다. 그 일을 겪은 얼마 후 겨울, 추위를 막고자 토담집 벽에다 흙을 한 벌 더 바르고 있는데 마적단 수백 명이 다시 마을을 덮쳤다.

그들은 집집마다 들어가 조금 남아 있는 쌀마저 다 빼앗고는 우리 집에 들이닥쳤다. 그들은 마침 사다리 위에서 흙을 바르던 남편을 끌어내려서는 목을 천장 대들보에 매달았다.

마적단 두목인 듯한 자가 "너희 조선놈들이 왜 일본을 끌어들여 우리나라를 뺏기게 하였느냐? 우리도 너희를 죽이겠다"고 했다. 그때는 수중에 한푼의 돈도 없었다. 대들보에 목이 매달린 남편은 숨이 끊어지기 일보 직전으로 아찔한 순간이었다. 그때 마침 당숙 광민 씨와 지린중국학교 동창생으로 이웃에 살고 있었던 금테 두른 군인이 뛰어와서 "이 집 사람들은 살려 주라"고 말렸다. 그래도 그놈들은 막무가내로 "조선놈들은 다 죽어야 한다"고 윽박질렀다. 변명할 틈도 주지 않아 부들부들 떨고만 있을 때, 뒤에서 다른 한 금테 두른 이가 좇아 나와서 말렸다.

"이 집은 그렇게 하지 마라. 조선독립운동을 하는 집안이니 우리가 해칠 수는 없다"고 했다. 그제야 마적떼는 슬그머니 남편을 풀어 줘서 위기를 모면했다.—허은, 『아직도 내 귀엔 서간도 바람소리가』

이상룡은 병상에서 이런 가족의 수난을 보고, 며칠 후 오상현에서 여준 선생과, 신흥무관학교 초등군사반 교장이었으며 대한독립군단 참모총장을 역임한 오랜 동지 이장녕이 마적들에게 총살당했다는 소식을 듣고는 그만 곡기를 끊고 냉수만 드시다가 끝내 숙환을 얻었다. 이상룡의 병환 소식을 듣고 안동에서 아우 이상동이 만리길을 찾아왔다. 이상동은 3·1운동 당시 안동에서 처음으로 만세시위를 일으켜서 1년 6개월의 옥고를 치른 독실한 기독교인으로 신사참배와 창씨개명을 끝까지 거부한 분이다. 하얼빈에 살던 막내아우 이봉의도 왔다. 그는 일찍이 을미의병에 참여한 적이 있었고, 만주로 망명하여 신흥강습소 교장을 역임했으며 철혈광복단으로 유격활동을 했다.

형제가 상면하자 손을 잡고 통곡하였다. 아우가 "형님, 이제 그만 고국으로 돌아갑시다. 이렇게 고생하시다니…" 하자, 이상룡은 "인생은 다할 때가 있거늘 무슨 개의할 것이 있겠는가? 만주 땅에다 일을 이렇게 벌여 놓고 나만 들어갈 수 없다. 장부가 나라를 찾겠다고 출가해서 피맺힌 한을 풀지 못하였으니 장차 어떻게 선조의 혼령에 사죄하겠느냐? 나는 만주 땅에 씨나 떨어뜨리고 갈 테니, 나 죽고 나거든 남은 가족들이나 들어가게 하겠다"라고 말씀하면서 이승에서의 작별 인사를 나눴다.

그가 임종할 때 임시정부 국민대표 이진산이 "선생님, 광복사업은 누구에게 맡기시고 가십니까? 통화현, 환인현, 영길현 높은 재를 넘으실 때, 기력이 강건하셔서 독립사업 성공하는 걸 보실 줄 믿었습니다. 나라 일이 암담하니 한 말씀 주십시오" 하자, 이상룡은 다음과 같은 말을 남겼다.

변변치 못한 사람이 외람되게 여러 동지들의 추천으로 중책을 맡아 조그마한 공로도 없이 죽을병에 이르렀으니, 마침내 눈을 감지 못하는 귀신이 될 것 같아서 참으로 마음이 아프네. 원컨대 여러 동지들은 외세 때문에 스스로 기운을 잃지 말고 더욱 힘써서 이 늙은이의 소망을 저버리지 말게나. 우리 사람들이 귀중하게 여기는 것은 성실뿐이네. 진실로 참다운 성실이 있으면 어떤 목적이라도 달성하지 못함을 근심하겠는가?

아들 준형에게 남긴 유언은 이렇다.

내 죽어도 너무 슬퍼하지 말라. 효도로 몸을 상하게 하는 일이 없도록 하라. 내가 평시에 중국 복장을 한 것은 중국에 동정을 얻기 위해 입은 것이지 좋아서 입은 것은 아니었다. 국토를 회복하기 전에는 내 해골을 고국에 싣고 돌아가서는 안 되니, 우선 이곳에 묻어 두고서 때를 기다리도록 하라. 조국이 광복되거든 내 유해를 유지에나마 싸서 조상 발치에 묻어라.

이상룡이 세상을 떠나자 원근 각처에서 조문객이 줄을 이었다. 가족들은 이 참에 그의 유해를 모시고 환국을 서둘렀다. 동네의 조선족까지 따라나서서 그 해 5월 18일, 70여 명이 귀국 길에 올랐다. 이상룡의 유해를 담은 관은 마차에 실었다.

귀국 길에도 일본 경찰의 감시는 20여 년 전, 조국을 등지고 야반도주해 올 때나 별반 다름이 없었다. 긴 행렬이 남의 눈에 띄지 않도록 앞길에 사람을 내세워 망을 보게 한 후, 그들이 돌아와 안전하다는 신호를 보내면 5리나 10리씩 이동했다. 하지만 곧 마적떼에게 붙들렸다. 마적떼들은 인정사정없이 일행의 소지품을 다 뒤져 돈과 귀중품을 다 빼앗고는 다시 마차에 실린 관을 열려 했다. 하지만 관을 열게 할 수는 없었다. 더 이상 돈이 될 만한 것이 없자 손부 허은 여사가 하는 수 없이 헌 버들고리짝 속에 시집을 때 해 온 빨간 저고리, 남치마를 꺼내 주자 그놈들은 옷감을 갈가리 찢어서 장총 끝에 매달아 흔들며 흥분해 길길이 날뛰었다. 그들은 붉은 것은 죄다 찢어 총끝에 매달고 시가지를 벌떼같이 누볐다. 돈이 될 만한 것을 죄다 털고는 가던 길을 막고 다시 살던 곳으로 돌아가라고 했다. 어쩔 수 없이 소과전자로 발길을 돌렸다.

이상룡의 유해는 유언대로 가매장했던 소과전자 뒷산에다 다시 모셨다. 허은 여사는 '어른의 혼령이 있기는 있는 모양'이라고 여겼다. 보름 후, 가족은 천신만고 끝에 마침내 환국했고, 이상룡의 유해는 그곳에 남겨졌다가 여섯 해가 지난 다음에 조카 광민이 취원장으로 이장했다. 1990년, 석주 선생 서거 58년 만에 국가보훈처의 해외선열 유해 봉환 사업에 따라 국립묘지 임정 묘역에 편히 모셨다.

# 19. 산 자의 발길

- 화전·반석

소과전자촌에서 한 시간 남짓 머문 후, 다시 지린으로 돌아왔다. 오늘은 반석 (磐石)까지 가야만 내일 일정에 차질이 없다고 한다. 지린에서 영길(永吉)로 달렸다. 우리 일행은 우선 승용차로 갈 수 있는 데까지 달리고 보자는 심산으로 점심까지 거르면서 달렸다. 그래야만 내일 일정이 수월하다.

마침 도로 옆에 참외 장수가 띄엄띄엄 전을 펴고 있어서 요기도 하고 갈증도 달랠 겸, 차를 세우고 참외와 수박으로 주린 배를 채웠다. 과일값은 매우 쌌지만 때깔과 당도는 우리네 것만 훨씬 못했다. 여기도 도로 확장공사가 한창이었다. 2차선을 4차선으로 늘리고 있었다. 대부분 공사장에는 아직도 사람들이 괭이와 삽질을 했지만, 드문드문 포크레인과 불도저도 보였다. 때때로 포크레인 몸체에 보이는 '대우(DAEWOO)' '삼성(SAMSUNG)'이라는 낯익은 로고가 눈에 띄어 더없이 반가웠다. 누구나 외국에 나가면 애국자가 된다는 말은 빈말이 아니었다. 오후 3시 30분, 화전(樺甸)에 도착했다. 시가지는 말쑥했고, 거리에는 자동차보다 해 가리개를 친 삼륜 자전거, 오토바이가 더 많았다.

화전은 독립운동사에서 별로 주목받지 못한 지역이다. 이는 한인 동포들의 숫자가 비교적 적었기 때문이다. 1934년 6월경 화전에 거주하는 한인은 2,931명에 불과하였다. 화전현은 장백산맥 기슭에 있는 산간지대로서 논농사에 유리한

화전시 인민정부, 답사지에 도착하면 제일 먼저 찾는 곳이 그곳 인민정부다.
거기서 물으면 가장 정확하게 가르쳐 준다.

평야가 부족했다. 그러나 이러한 지형 조건은 항일투쟁 세력의 유격전에는 유리했다. 이러한 지형 배경에서 1920년대 정의부(正義府)와 조선혁명군 등의 민족주의 계열 독립운동 조직과 1930년대 후반 중국공산당 계열의 동북항일연군이 크게 활약하였다. 특히 남만주 여러 곳에 산재한 독립운동 단체들을 통합하기 위한 회의가 1923년 9월 이곳에서 개최되기도 하였다. 또 1924년 11월 남만주의 8개 독립운동 단체가 통합하여 설립한 정의부에서 이곳에 화성의숙을 세웠고, 1928년 5월 화전 시내에서 민족유일당회의(민족유일당촉성회의)가 개최되었다. 정의부의 후신이라 할 수 있는 국민부와 조선혁명당, 그 산하의 독립군인 조선혁명군도 이곳에 지부 조직을 두었다.

동북삼성 어느 곳인들 항일전적지가 아니랴. 이곳은 1924년 11월 24일, 조국 해방을 위해서는 전 민족의 모든 무력을 한곳으로 집중한 군사통일회가 조직되어야 한다는 주장 아래, 대한통의부 등 8개 단체가 전만통일회(全滿統一會)를 개최하고 통합 독립군단 정의부를 발족한 유서 깊은 곳이다.

화전을 가로지르는
휘발하, 지난날
화성의숙 학생들의
훈련장이었던 곳이다.

　1925년 정의부에서는 화성의숙*을 설립하여 독립군 2세들을 길렀다. 숙장은
천도교의 최동오* 선생이 맡았으며 대표적인 민족교육기관이었다. 동북의 역
사에 밝은 김중생 씨는 북한의 김일성 주석도 잠시 이 학교에서 수학한 적이 있
었다고 했다. 이곳도 그때와는 너무나 많이 변해서 화성의숙은 찾지 못했다. 다
만 화성의숙 학생들이 군사훈련을 했다는 휘발하(輝發河) 강가에서 차를 세우
고 장거리 강행군에다 뜨거운 날씨로 열을 많이 받았을 승용차의 엔진을 식혔
다.

　역사 유적에 대한 표지가 없거나 믿을 만한 증인이 없는 곳에서 60~70년 전
의 유적지를 찾는 일은 소나무숲에서 바늘 찾기처럼 힘들었다. 그새 도시계획
으로 시가지가 확 바뀐 곳에는 더더욱 어렵다.

　오후 5시 20분, 해가 아직 많이 남았는데 애초 계획보다 일찍 반석에 도착했
다. 우리 기분 같아서는 더 남서쪽으로 달려가서 매하구(梅河口)나 유하(柳河)
에서 일박하고 싶었지만, 온종일 뙤약볕 아래 계속 운전한 왕빙이 힘들 것 같아
서 여기서 머물기로 했다.

　반석은 우리나라에서 멀리 떨어진 내륙이며, 지린성의 성도인 장춘에서조차

남쪽으로 150킬로미터 정도 떨어져 있는 곳이다. 따라서 조선인이 그다지 많이 모여 사는 곳은 아니다. 반석현의 조선인은 1916년에 1백 명이 되지 않을 정도 였으며, 1917년경부터 이주 한인에 의해 벼농사가 가능해지면서 점차 조선인이 늘어나기는 했지만, 1930년에 2천3백여 명 정도에 불과하였다. 그렇지만 일제 의 통치력이 미치지 않았으며 중국인 관헌도 우호적이었다. 이런 이유로 반석 현에서는 1920년대 들어 민족운동이 활성화해 정의부의 주요한 활동 공간이었 을 뿐만 아니라 사회주의 운동, 특히 ML그룹의 청년운동을 중심으로 한 사회주 의운동 계열의 대중운동이 활발했던 곳이었다. 그 중심지가 반석과 호란진(胡 蘭鎭)이었다.

반석 시가지 중심부에 제일 번듯해 보이는 금하빈관에다 여장을 풀었다. 온 수는 저녁 8시 이후에 나온다지만 온종일 먼지를 뒤집어쓰고 더위에 지쳐서 그 냥 찬물에 몸을 닦았다. 찌뿌듯한 몸이 금세 가뿐했다.

저녁식사를 겸해 반석 시가지를 산책했다. 여러 농수산물을 쌓아 놓고 판매

● **화성의숙(樺成義塾)**
일제강점기인 1926년 민족주의 독립운동단체인 정의부가 지린성에 설립했던 2년제 정치·군사 학교로 독립군 간부의 양성을 목적으로 하였다.

● **최동오(崔東旿, 1892-1963)**
일명 최학원(崔學源)·지석호(池錫浩). 평안북도 의주에서 태어나 1919년 3·1운동 후 만주 동삼 성(東三省)으로 망명하여 정의부에 참가, 김동삼·현익철 등과 함께 항일투쟁을 전개하였다. 1929 년 4월 군정위원회의 성격을 띤 국민부가 조직되자 외교위원장을 역임했고 국민부가 조선혁명당 과 조선혁명군으로 개편되면서 조선혁명당의 국제부장으로 활동했다. 1931년 만주사변이 일어난 뒤 만주를 떠나 베이징·상하이 등지에서 유동열·현익철·양기탁 등과 함께 조선혁명당의 이름 으로 정치활동을 계속하다 1935년 김원봉·김규식 등과 민족혁명당을 창당했다. 1932년 항저우 (杭州)로 옮긴 대한민국임시정부에서 이동녕·김구·송병조 등과 함께 국무위원으로 선임되어 광 복 때까지 임시의정원 의원, 외무위원 등으로 활동하였다. 6·25 때 납북되어 1956년 납북인사 를 중심으로 결성된 재북평화통일촉진협의회의 집행위원 겸 상무위원으로 활동하였으며, 1990년 건국훈장 독립장이 추서되었다.

하는 한 시장을 둘러봤다. 시장 안은 그야말로 '호떡집에 불난 듯' 매우 소란
스러웠다. 하지만 사람 사는 동네는 어디나 비슷했다. 다만 사람과 말씨와 판매
하는 품목의 모양새만 조금 다를 뿐이었다. 사실 따지고 보면 동서양 고금의 인
류 보편적인 진리도 거의 같다. 그에 따른 해석과 표현이 조금 다를 뿐이다.

## 산 자의 발길

다음 날, 새벽 3시에 잠이 깼다. 커튼을 젖히고 하늘부터 바라봤다. 별이 총
총하다. 오늘 날씨도 좋을 모양인가 보다. 답사자로서 제일 관심사는 날씨다.
날씨가 궂으면 강행군을 할 수도 없고, 설사 강행군을 하더라도 제대로 볼 수 없
을뿐더러, 청승스럽기 그지없다. 어제의 일정을 정리하고 오늘 여정을 확인했
다. 이번 답사 여행은 열흘 남짓한 장기 여행이지만 짐은 최소로 꾸렸다. 여행
중에 짐처럼 짐스러운 건 없다.

나의 이번 답사 여행은 든든한 안내자와 동행하지만 참고도서만은 빠뜨릴 수
없었다. 여러 책 중에서 가장 요긴하게 참고한 것은 강용권 선생의 『죽은 자의
숨결 산 자의 발길』과 한국독립유공자협회
에서 펴낸 『중국동북지역 한국독립운동사』
였다.

여행을 할 때 가장 긴요한 자료는 뭐니 해도
지도다. 다음으로는 안내책자이다. 어디로 가
야 무엇을 볼 수 있고, 그곳으로 가는 길은 어
떻게 가야 하고, 그곳에서는 어떤 역사 유적
지가 있는가를 자세히 일러주는 안내책자야
말로 어두운 밤에 나침반이다. 강용권 선생의
만주 항일답사기는 이곳 유적지에 까막눈이
다시피 한 나에게는 길잡이가 되었다.

강용권 선생의 『항일유적답사기』 표지

# 20. 독립전사의 산실을 가다

– 신흥무관학교

## 고산자 신흥무관학교

간밤에 우리 일행은 더위도 피하고 차들도 없는 거리를 쾌적하게 달리고자 이른 아침 5시에 출발하기로 약속했다. 세면장에 갔으나 수돗물이 나오지 않았다. 6시 이후에 나온다고 했다. 반석은 내륙 한가운데라서 물이 귀해 제한 급수를 하나 보다. 궁하면 통한다고, 마침 보온병에 찻물이 그대로 남아 있어서 그걸로 이를 닦고 남은 물로 수건을 적셔서 고양이처럼 얼굴만 문질렀다.

5시 정각, 독립운동가의 산실이었던 신흥무관학교(新興武官學校) 옛 터가 있는 유하현 고산자로 가기 위해 반석을 출발했다. 반석 시가지를 벗어나자 그렇게 상큼할 수 없었다. 막 동산을 오르는 태양, 온통 녹음으로 싱그러운 도로 언저리의 풍경, 신선한 아침 공기, 거기다 도로에는 차 한 대 보이지 않았다. 교통이 원활했던 탓으로 예정보다 일찍 유하현 고산자 인민정부청사에 이르렀다. 거기서 안내를 받아 전승향(全勝鄉) 대두자(大肚子) 마을을 비교적 쉽게 찾았다.

먼저 마을 안으로 들어가서 아침 산책을 하고 있는 노인에게 이 마을에 원금석이란 분이 아직도 살아 계시냐고 묻자, 흰 이빨을 드러내며 빙그레 웃으면서 바로 당신이라고 했다. 8년 전에 강용권 선생이 답사할 때 안내했던 원노인을

옥수수밭이 된 신흥무관학교 옛 터를
가리키는 원금석 노인

너무 쉽게 만나게 되어 기분이 매우 좋았다. 원금석(당시 71세) 노인은 목발을 짚고 다녔다. 유적지 안내를 부탁드리자 흔쾌히 들어주었다. 먼저 마을에서 가장 큰 건물인 전승향 조선족 소학교로 갔다. 여름방학중이라 학교 교무실과 교실은 텅 비어 있었고 운동장 한쪽에서 노인 대여섯 분이 게이트볼을 즐기고 있었다. 우리 일행이 운동장으로 들어가자 그 중 한 분이 다가오면서 인사를 청하였다. 평북 선천 출신의 김성봉(63) 씨로 이 학교 교원이라고 했다.

이 학교는 자그마한 시골 학교로 전교생이 1백 명 남짓했다. 전승향 마을 주민 중에는 조선족이 절반 정도로 70가구 6백여 명 거주하는데, 이 대두자 마을에는 20여 가구가 산다고 했다.

신흥무관학교의 옛 터는 마을에서 2백여 미터 떨어진 곳이었는데 지금은 그 흔적을 전혀 찾을 수 없는 옥수수밭이었다. 10년 전만 해도 옛 터에는 건물의 기둥과 서까래가 풍우에 썩은 채 남아 있었지만, 옥수수밭으로 개간된 후로는 그마저 다 없어졌다고 원노인은 그간의 사정을 들려주었다. 그새 신흥무관학교가 옥수수밭으로 변했다니 '상전벽해(桑田碧海)'라는 말은 이런 경우를 말함인가 보다.

지금은 당시의 유적지를 증언해 줄 노인이나마 생존하고 있어서 다행이지, 이분들도 돌아가신다면 신흥무관학교는 전설로만 전해질 뿐이리라. 옥수수밭에 올라갔으나 한 길이 넘는 옥수숫대만 빽빽할 뿐이었다. 당시 뜻있는 조선 젊은이의 선망이었던 신흥무관학교의 형체는 아무리 두리번거려도 도무지 찾을

고산자의 신흥무관학교 옛 터. 교사는 옥수수밭으로,
연병장은 벼논으로 변했다.

수 없었다.

동행한 이항증 씨는 당신 아버지 모교인지라 옥수수 밭고랑을 헤치면서 선친의 남은 체취라도 맡을 양인지 이내 자리를 떠나지 못했다. 국가보훈처나 광복회에서는 중국정부와 협조하여 이곳에 '신흥무관학교 옛 터'라는 표지석이라도 제대로 세워서 훗날 자랑스러운 조상의 유적을 답사하려는 역사학도가 이곳을 찾았을 때 막연해 하지 않게 했으면 좋겠다.

## 독립운동기지

신흥무관학교의 전신은 1910년 유하현 삼원포에서 창설된 '신흥강습소'였다. 그후 망명 지사들이 합니하로 이전하여 경학사에 이어 이곳을 제2의 독립운동기지로 삼으면서 신흥강습소를 '신흥학교'로 개칭하고, 교직원과 학생들이 삽과 괭이로 험준한 고원을 평지로 만들어 1913년 5월에 학교 건물을 완공했다.

신흥학교는 초대 교장 여준, 교감 윤기섭(尹琦燮), 학감 이광조(李光祖), 교사 이규봉(李圭鳳)·서웅(徐雄), 군사 교관 김창환(金昌煥)·성준용(成駿用)·이극(李剋) 등이 맡았다. 이어서 교장 이세영(李世永), 교감 이상룡, 재무감독 이동녕이 임명되어 학교를 운영했다. 학교 이름을 '신흥'이라 한 것은 신민회*의 '신(新)'자와 구국투쟁이 흥기(興起)하라는 의미를 살린 '흥(興)'자를 붙인 것이었다. 학교 이름에서조차 굳이 신민회의 '신'자를 강조한 것은 해외 독립운동기지 설치와 인재 양성기관 창설 계획이 모두 신민회에서 나왔기 때문이었다. 따라서 신흥학교는 신민회의 해외 독립운동 기지화로 탄생한 학교였다.

신흥학교에는 본과와 특별과를 두었는데 본과는 4년제의 중학 과정이었으며, 특별과는 3개월 또는 6개월 기간의 무관 양성을 위한 속성과였다. 본과에서는 일반 중학 과정에, 무관 교육을 겸하는 신교육을 실시하였다. 그 당시 교육에 대하여 본과 3기 입학생으로 생도반장을 지내고 신흥무관학교 교관을 지낸 원

● 신민회

1907년을 전후해 일제가 보안법·신문지법 등으로 반일적 색채를 띤 계몽운동을 탄압하자 사회계몽운동가들이 국권회복운동을 위해 비밀리에 조직한 단체이다. 안창호의 발기로 창립된 이 단체의 회원들은 대부분 1896년도에 결성되어 2년 동안 활동하다 와해된 독립협회의 청년회원들이었다. 중심인물로는 회장 윤치호, 부회장 안창호, 유학자 출신의 장지연·신채호·박은식, 청년장교 출신의 이동휘·이갑, 평양지방의 자산가인 이종호·이승훈, 그리고 안태국·이동녕·이회영 등이었다. 신민회의 목표는 국권을 회복하여 자유독립국을 세우고 공화정을 실시한다고 하여, 이전의 주장인 입헌군주제를 탈피했다는 점이 특징이었다. 또한 국권회복을 위한 실력 양성을 주장하며 이를 위해 국민이 새로워져야 한다는 신민(新民), 신민이 자기 스스로의 힘으로 이루어야 한다는 자신(自新), 자신을 위한 신사상·신윤리·신학술·신모범·신개혁을 주창했다. 비밀결사인만큼 엄격한 심사를 거쳐 회원을 받아들였으며, 회원은 전국에 걸쳐 8백여 명에 이르렀는데, 서북지방의 그리스도교인이 다수를 차지했고 신흥시민층과 신지식층이 중심을 이뤘다. 대표적인 활동으로는 오산학교, 대성학교, 보창학교 등 수십여 개의 학교를 세웠던 교육구국운동, 강연이나 서적·잡지 출판을 통한 민족의식 고취, 자기제조주식회사, 협성동사 등의 회사 설립을 통한 민족산업진흥운동, 신흥무관학교 설립 등 독립군 양성운동을 들 수 있다. 신민회는 1911년 1월 일제가 조작한 105인사건 등을 끝으로 해체되었으나 계몽운동의 근간이자, 이후에도 실력배양론과 무력투쟁론이라는 독립운동의 주요한 두 흐름의 중심이 되었다.

병상(元秉常) 씨는 「신흥무관학교」라는 글에서 다음과 같이 회고했다.

새벽 6시, 기상나팔 소리에 학생들은 일제히 일어나 내무반을 정리한 다음 복장을 갖추고 각반을 차고서 운동장으로 뛰어나가 인원 점호를 하고 보건체조를 한다. 눈바람이 살을 에는 듯한 혹한에도 아침마다 윤기섭 교감은 풀모자를 쓰고 홑옷을 입고 나와서 학생들을 지도했다. 체조가 끝나면 청소와 세면, 이어서 식사 시간이었다. 주식은 열에 뜨고 좁먹은 좁쌀이라 솥뚜껑을 열면 퀴퀴한 냄새가 코를 찔렀다.

이런 열악한 환경이지만 교직원들은 보수도 없이 오직 열정으로 생도들을 가르쳤다. 생도들도 주린 배를 졸라매고 매일 맹훈련을 계속했다. 여기에는 영예도 공명도, 불평 불만도 있을 수 없었다. 오직 희생정신으로 일사보국(一死報國)의 일념뿐이었다. 식사가 끝나면 집합나팔 소리에 조례가 시작되었다. 애국가와 교가를 앞산 뒷산이 마주 울리도록 우렁차게 부르고 나면 여준 교장선생이 단상에 올라서 두 눈에 뜨거운 눈물을 흘리며 망국의 한을 울부짖었다.

윤기섭 교감은 생도를 지도함에 "만일 누가 한쪽 눈이 없는 단점이 있다면 그 사람을 지적해 말할 때, 한쪽 눈이 있는 사람이라고 그 장점을 말해야 한다"고 했다. 이와 같이 교장을 비롯한 모든 교직원들의 언행은 다만 애국 일념에서 나온 것으로 그때의 감명은 내 마음 깊이 아로새겨져 있다.

신흥학교는 설립 당시 원대한 포부와는 달리 큰 흉작으로 재정난에 봉착하여 어렵게 운영되었다. 그래서 둔전제(屯田制:군사를 주둔·정착시켜 평시에는 농사를 짓게 하며 군사를 훈련함)를 도입하여 생도들은 농사나 땔나무는 직접 충당하였으며, 품팔이까지 하면서 학교의 재정에 도움을 주기도 했다. 이런 중에 1919년 3월 1일 삼천리 방방곡곡에서 울려 퍼졌던 독립만세의 함성이 일제의 무력 앞에 꺾이게 되자, 항일 무장에 의한 독립 투지가 들판의 불길처럼 타올랐다.

이 무렵, 일본 육사 출신으로 현대적 군사이론을 갖춘 백산 이청천*과 김광서* 선생이 최신 병서와 군용지도를 지니고 신흥학교를 찾았다. 이들의 가담은 독립운동 진영에 백만 원군으로 감명을 주었으며 신흥학교 지원자도 날로 증가

본명은 대형(大亨), 일명 이청천(李靑天). 서울에서 태어나 조선 말기 무관학교에 입교했고, 1913년 일본사관학교 제26기생으로 졸업한 뒤, 3·1운동 이후 만주로 망명하여 신흥무관학교에서 독립군 간부를 양성하였다. 1920년 대한민국임시정부 산하 서로군정서의 간부가 되었고, 이듬해 독립군과 러시아군의 교전으로 발생한 자유시참변 후에 고려혁명군을 조직하였으며 대한통군부를 조직하여 이끌었다. 1930년 한국독립군 총사령관, 1932년 동아혈성동맹 간부, 1933년 한·중연합군 총참모장과 뤄양군관학교 한국인특별반 책임자, 1940년 광복군총사령부 사령관으로 항일투쟁에 앞장섰다. 광복 후 귀국하여 대동청년단 단장, 제헌국회의원, 무임소장관, 민주국민당 최고위원 등을 지냈다. 1962년 건국훈장 대통령장이 추서되었다.

독립군 지휘관으로 아명은 현충(顯忠), 이명은 경천(擎天). 서울에서 태어나 1919년 2·8독립선언을 계기로 지석규 등과 함께 일본군을 탈출한 뒤 항일독립운동에 헌신할 것을 결의했다. 그해 6월 지석규와 같이 만주에 설립되었던 항일독립군 장교양성기관인 신흥무관학교 교관으로 취임하여 독립군 훈련에 힘썼다. 1920~1922년 러시아 연해주에서 한국인 청년들을 모아 항일무장부대를 편성하여 일본군 및 러시아 백위군(러시아 왕당파가 조직한 반혁명군)과 맞서 싸우면서 전공을 세웠다. 1922년 3월 백위군을 우수리스크로 몰아내자 연해지방의 혁명군사위원회는 그를 포시에트 군사구역 조선부대 사령관으로 임명했으나 같은 해 12월 일본군이 시베리아에서 철수하자 무장해제를 강요당했다. 이에 1923년 2월 상하이에 가서 국민대표회의에 참석하였으나 회의에 실망하여 그해 4월 블라디보스토크로 돌아와 무관학교 설립을 추진하였다. 이후 블라디보스토크의 극동고려사범대학에서 군사학과 일본어를 가르치다가 1930년대 후반 스탈린의 숙청 때 체포되어 주거제한을 받던 중 사망하였다. 1998년에 건국훈장 대통령장이 추서되었다.

하였다. 서로군정서에서는 마침내 1919년 5월 3일(음력)에 정식 신흥무관학교로 개편 개교식을 거행하였다.

## 독립전사의 산실

신흥무관학교 전성기 때는 1기 학생수가 6백여 명에 이르렀다. 국내에서 일제에 불만을 품은 수많은 애국청년들이 압록강·두만강을 건너오는 목표가 대부분 신흥무관학교 입교를 지원하고자 함이었다.

신흥학교가 신흥무관학교로 발전하면서, 유하현 고산자에는 2년제 고등군사반을 두어 고급 간부를 양성했고, 통화현 합니하·칠도구·쾌대모자 등에는 신흥무관학교 분교를 두어 초등군사반을 편성하여 3개월간의 일반 훈련과 6개월간의 후보 훈련을 담당케 했다. 당시 고등군사반의 초대 학장에는 이시영, 교장 이세영, 부교장 양규열(梁圭烈), 학감 윤기섭, 훈련감 김창환, 교성대장 이청천, 교관 오광선(吳光鮮)·신팔균(申八均)·이범석(李範奭)·김광서(金光瑞)·성준용(成駿用)·원병상·박장섭(朴章燮)·김성로(金成魯)·계용보(桂龍甫), 의무감 안사영(安思永) 등이 있었다.

합니하 초등군사반의 교장에는 이장녕(李章寧), 학도대장 성준용, 교관 박두희(朴斗熙)·오광선·이범석·홍종락(洪鍾洛)·홍종린(洪鍾麟) 등이 있었다.

신흥무관학교는 수많은 지원자로 활기에 찼지만 재정적인 어려움이 많았다. 되도록 한인사회에 폐를 끼치지 않으려고 학교 자체의 힘으로 꾸려 갔다. 여기서 배출된 신흥무관학교의 졸업생들은 숭고한 멸사보국의 정신으로 무장하여 중국 전역, 러시아령, 국내에까지 잠입하여 해방 전까지 항일독립전사가 되었다.

1920년의 청산리전투 주역도 이들이요, 임시정부의 광복군*과 의혈단까지 이들이 주역이었다. 또한 이들은 국내에 잠입하여 독립운동 군자금 모금, 독립군 사관생도 모집 활동도 전개하는 등 구국대열에 주저 없이 몸을 던졌다. 이 신흥무관학교 졸업생들이 신생 대한민국에 주역이 되었더라면, 이 땅에 정의와 진리, 양심은 만신창이가 되지는 않았을 것이다. 일제가 괴뢰로 내세운 만주국 푸이에게 충성을 맹세하던 군관학교 출신들과 그 추종자들이 해방 후 주름잡았으니 이 나라에 정의와 진리, 양심은 죽어 버린 것이나 다름이 없었다. 이러고도 제대로 해방된 나라인지 그저 오호통재일 뿐이다.

베이징에서 만났던 독립군 원로 이태형(李泰衡) 선생(1907년생, 독립운동가 월송 김형식 선생의 사위)은 당신 소년 시절에 보았던 신흥무관학교 생도들의 모습을 다음과 같이 회고했다.

나는 열 살 무렵 동흥소학교를 다녔는데 신흥학교 가을 대운동회 때 줄 배를 타고 강을 건너 구경 간 적이 있었다. 신흥학교 생도들이 목총을 들고 체조하는 걸 봤다. 운동장을 가득 메운 생도들이 종대 횡대로 정렬을 했는데, 줄이 조금도 흐트러짐이 없었다. 마치 먹줄로 금을 그은 듯 가로 세로 줄이 맞았다. 무릎에 사람 인(人)자 모양으로 흰 천을 두른 각반을 찼고 교복은 무명 옷감에 신나물로 물들인 누런 빛깔에 모자를 쓰고 있었다. 그 모습이 어린 나이에 그렇게 멋있어 보일 수 없었다. 그들이 우렁차게 부른 신흥학교 교가는 지금도 생생하다.

1920년 초, 신흥무관학교는 개교 후 가장 전성기를 누렸다. 그러나 당시 주변 상황은 독립운동 진영에 불리하게 펼쳐졌다. 중국 관헌의 항일 단체에 대한 박해와 학교 해산 압력이 잇달았다. 이들의 압력은 자기네 땅에서 다른 나라 사람들의 군사훈련을 허락할 수 없다는 것이 구실이었지만, 사실은 만주에서 커 가는 항일운동 세력에 놀란 일제가 중국에 압력을 넣었기 때문이었다. 이 무렵 일제는 만주 군벌 장작림으로부터 봉천·지린에서 중·일 합동수사권을 얻어내 남만주 일대에 독립운동가에 대한 검거 색출을 시작했다.

**광복군**

1940년 9월 17일 중국 충칭(重慶)에서 조직된 항일군대. 공식명칭은 한국광복군. 1937년 창설계획을 세웠으나 중일전쟁이 일어나 지연되어 1940년에 광복군 총사령부가 창설되었다. 총사령에는 지청천, 참모장에는 이범석, 제1지대장에 이준식, 제2지대장 공진원, 제3지대장 김학규가 취임하였다. 1941년 1월에는 제5지대가 편성되어 나월환이 통솔했는데, 주로 전후방 공작업무를 수행했다. 『광복(光復)』이라는 간행물을 발행하는 한편, 방송과 선전지를 전후방에 살포하여 애국청년은 물론 일본군에 징병되어 온 한국 청년을 유치하는 데에도 힘썼다. 1941년 11월에는 중국정부 군사위원회에서 광복군은 항일작전 기간중에는 중국 군사위원회에 직속되어야 한다는 등 9개 항의 조건을 내세워 지원을 제의해 왔으나 요구를 받아들이지 않고 있다가, 1941년 12월 1일 수락 선언문을 발표하여 군수물자의 충당을 일단 해결했다. 태평양전쟁이 발발하자 1941년 12월 9일 대일선전(對日宣戰)을 정식으로 포고하였으며, 이를 계기로 분열상태에 있던 공산진영과의 합류가 추진되어 1942년 7월에 김원봉의 조선의용대가 광복군에 편입되었고, 김원봉은 광복군 부사령에 취임했다. 1944년 8월에는 임시정부로 이관되어 임시정부 통수부가 통할했다. 광복 직전에 한미합동작전으로 국내 정진대(挺進隊)를 편성하여 진격하려다가 출동 시기가 임박해 일제가 항복함으로써 실현되지 못했으며, 해방 후 일부는 귀국했다.

1920년 1월 14일, 중국 관헌은 삼원포 한족회와 독립단 본부 해산을 명하였고, 다음날에는 한족신보사와 고산자의 동흥학교를 폐쇄시켰다. 이에 서로군정서 독판 이상룡, 참모장 김동삼 등은 대책회의를 열어 그 타개책을 심각하게 논의하고, 신흥무관학교를 백두산 북쪽 삼림지대인 안도현으로 이동하도록 했다. 이렇듯 이역 만주에서 오로지 조국 광복 일념으로 신흥학교를 졸업한 인원은 1920년 7월, 신흥무관학교가 안도현 삼림지역으로 이동하기 전까지만 3천5백여 명에 이르렀다.

우리나라 독립운동사에 길이 빛날 신흥무관학교 유적지가 지금은 한낱 옥수수밭으로 변하여 무심한 옥수숫대만 무성히 뻗어 있는 들판에서 우리 일행은 허망감만 안고 발길을 돌렸다. 그곳까지 불편한 몸을 이끌고 안내해 준 원금석 노인과 그냥 헤어지기가 너무 섭섭하기도 하고, 생전에 다시 못 볼 사람 같아서 약주값으로 수고비를 조금 드리고 다음 행선지로 달렸다.

## 합니하 신흥무관학교

신흥무관학교의 분교 중 하나가 있던 합니하를 찾아가기 위해 긴 여로 끝에 통화현 광달빈관에 도착했다. 무려 여덟 시간이나 걸렸다. 지도상으로는 단동에서 통화까지 약 3백 킬로미터 내외로 도로조차 붉은색으로 표시돼 있어서 기껏 해야 자동차로 4~5시간이면 충분히 닿을 줄 알았다. 그런데 막상 달려 보니 거리는 그 정도였지만 도로사정이 좋지 않았고, 한밤중인 데다가 이정표가 별로 없어 몇 곳에서 헤맸기 때문에 예상보다 곱절이나 더 걸렸다.

밤중이라 바깥을 자세히 살피지는 못하였지만, 산길 들길이 대부분이었고 고갯길 비탈길도 많았다. 이 길이 우리 선조들이 마차로, 도보로 이동했던 길이다. 자동차로 달려도 이렇게 힘든 길을 우리 선조들은 마차를 타거나 괴나리봇짐을 지고 걸어왔을 때 그 고초가 어떠했을까? 그때의 기록을 보면 날만 저물면 길가의 여사에 들러 하룻밤 묵고 이튿날 새벽 다시 출발하였다는데, 단동에

첩첩 산중의 광화,
일제의 눈을 피하기 위해
이런 곳에다 무관학교를
세웠다.

논으로 변한 신흥무관학교
연병장

합니하의 신흥무관학교
옛 터, 지금은 벼논과
포도밭으로 변했다.

서 통화까지 열흘에서 보름 걸렸다고 한다.

서울의 우당기념관 윤흥묵 이사로부터 소개받은 이국성 씨는 항일유적지와 그때의 역사에 밝은 조선족 향토사학자라고 하였다. 이번 답사 길은 아무래도 익숙지 않은 곳이라 걱정하던 차에 현지 사정이 밝은 분과 동행하게 되어 백만 원군을 얻은 양 든든했다. 삼원포 일대 항일유적지 길안내를 부탁드리자, 그는 매화구에서 이곳까지 일부러 달려와서 그때까지 자지 않고 빈관을 마련해 우리 일행을 기다리고 있었다. 초면이었지만 정식 인사도 생략한 채 모두 지쳐서 빈관으로 들어가서 대충 닦고 잠자리에 들었다. 새벽녘인 데다가 만주 땅 한복판이라 그런지 몹시 추웠다. 이불을 두 겹으로 덮고 눈을 감았다.

아침 10시, 통화에서 광화로 출발했다. 이곳 합니하 신흥무관학교 옛 터는 교통이 불편하여 쉽게 찾을 수 없는 곳이다. 『신흥무관학교』를 펴낸 서울교육대학 안천 교수도 이곳을 찾는 데 매우 고생했다고 하였다. 1차 답사 후 5년 만에 다시 이 일대를 둘러보니 그새 중국이 많이 발전했지만 아직도 벽지는 비포장도로에 길이 매우 험했다.

1시간 반쯤 지나 '광화(光華)'라고 새긴 큰 문루가 나왔다. 거기서 20여 분 들길 산길을 달리자 마침내 합니하가 나오고 신흥무관학교 옛 터라는 산마을이 나왔다.

## 『아리랑』의 주인공 김산

신흥무관학교가 개교했다는 소식이 알려지게 되자 국내에서도 많은 애국청년들이 모여들었다. 님 웨일즈의 책 『아리랑』 주인공 김산*(金山, 본명 장지락)도 이들 중 한 사람이었다. 김산이 동경 유학생활을 청산하고, 남만주에 있는 조선 민족주의자의 군관학교에 가기로 결심한 것도 신흥무관학교가 개교하던 무렵이었다. 그는 신흥무관학교를 다니면서 혁명가의 꿈을 키웠다.

마침내 목적지에 도착했다. 합니하에 있는 조선독립군 군관학교, 이 학교는 신흥학교라 불렀다. 아주 신중한 이름이 아닌가! 하지만 내가 군관학교에 들어가려고 하자 사람들은 겨우 열다섯 살밖에 안 된 꼬마였던 나를 거들떠보지도 않았다. 입학 자격 최저 연령이 열여덟 살이었다. 나는 가슴이 찢어지는 것만 같아서 엉엉 울었다. 내 기나긴 순례 여행의 모든 이야기가 알려지게 되자, 마침내 학교 측은 나를 예외로 대우하여 시험을 칠 수 있게 했다. 지리·수학·국어에서는 합격하였지만, 국사와 엄격한 신체검사에서는 떨어졌다. 다행히 3개월 코스에 입학하도록 허락받았고 수업료도 면제받았다. 학교는 산속에 있었으며 18개의 교실로 나뉘어 있었는데, 눈에 잘 띄지 않게 산허리를 따라 나란히 줄지어 있었다. 열여덟 살에서 서른 살까지의 학생들이 1백 명 가까이 입학하였다. 학생들 말로는, 이제까지 이 학교에 들어온 학생들 중에 내가 제일 어리다고 하였다.

일과는 새벽 4시에 시작하여, 취침은 저녁 9시에 하였다. 우리들은 군대전술을 공부하였고, 총기를 가지고 훈련도 받았다. 그렇지만 가장 엄격하게 요구하였던 것은 산을 재빨리 올라갈 수 있는 능력이었다. 이른바 게릴라 전술 훈련이었다. 다른 학생들은 강철 같은 근육을 가지고 있었고, 등산에는 오래전부터 단련되어 있었다. 그러나 나는 학우들의 도움을 받아야만 간신히 그들을 뒤따라갈 수 있었다. 우리는 등에다 돌을 지고 걷는 훈련을 하였다. 그래서 아무것도 지지 않았을 때에는 아주 경쾌하게 달릴 수 있었다. '그날'을 위해 조선의 지세, 특히 북조선의 지리에 관해서는 주의 깊게 연구하였다. 방과 후에 나는 국사를 열심히 파고들었다. 얼마간의 훈련을 받고 나자, 나도 힘든 생활을 해나갈 수 있었으며, 그러자 훈련이 즐거워졌다. 봄이면 산이 매우 아름다웠다. 희망으로 가슴이 부풀어 올랐으며 기대에 넘쳐 눈이 빛났다. 자유를 위해서라면 무슨 일인들 못할 소냐? — 님 웨일즈, 『아리랑』 중에서

김산, 1937년 연안에서

잔뜩 찌푸린 하늘이 조금씩 이슬비를 뿌렸다. 신흥무관학교가 잘 보인다는 합니하 건너편 언덕에 올랐다. 합니하 건너편 산기슭에 신흥무관학교 교사가 있었고, 그 아래 지금은 논과 포도밭이 연병장이 있던 곳이요, 그 뒷산이 생도들이 산악 훈련했던 곳이라고 했다.

합니하 이편 언덕 위의 동네는 지금도 '고려촌(高麗村)'이라고도 부른다는데, 지금의 행정상 명칭은 '광화칠대(光華七隊)'라고 했다. 이 마을의 밭은 생도들이 농사지었던 둔전이요, 이 마을의 집들은 신흥무관학교 교관들과 가족들이 거처하던 마을이었다고, 소달구지를 몰고 가던 이 마을 노인 함수림 씨가 증언해 주었다.

신흥무관학교 교관들이 살았다는 고려촌

  이슬비를 맞으며 합니하 신흥무관학교 옛 터를 카메라에 담은 후, 좀더 가까운 곳에서 살피고자 왔던 길을 돌아서 합니하를 다리로 건너 산 아래로 갔다.

  동행한 이국성 씨는 몇 해 전에 이곳 조선족 동포들이 성금을 모아서 이곳에다가 '신흥무관학교 옛 터'라는 돌비석을 세웠지만, 이곳 인민정부에서 돌비석을 깨뜨려 연못에 밀어넣어 버렸다고 했다. 그새 한 세기가 지나 옛 모습은 온데 간 데 없다.

# 21. 만주 벌판에 뿌린 조국 광복의 씨앗

- 삼원포 경학사

우리 일행은 우당 이회영, 석주 이상룡 등이 망명 초기에 가장 심혈을 기울였던 경학사의 옛 터를 찾고자, 유하현 삼원포진 인민정부를 찾아갔다.

유하현(柳河縣) 삼원포(三源浦)는 우리나라 독립운동의 발상지이다. 1910년대 삼원포 일대의 중요 독립기지로서 경학사*, 부민단, 한족회, 신흥학교(후 신흥무관학교), 신흥학우단(신흥학교 교직원과 졸업생들이 조직한 단체), 서로군정서, 백서농장 등이 들어서서 독립운동을 맹렬히 하였으니, 이곳을 독립운동 발상지요, 요람지라 해도 지나친 말이 아니다.

**경학사(耕學社)**
만주에서 조직된 독립운동단체로 1909년 신민회 간부들이 국내독립운동의 한계성를 느끼고 서울 양기탁의 집에 모여 만주 지방에 독립운동 기지의 확보와 군관학교를 설치하기로 결의한 것에서 시작되었다. 이에 따라 양기탁·안태국·김구·이승훈 등은 국내에서 자금을 조달하기로 하고, 이회영·이동녕·주진수 등은 독립운동에 적합한 지점을 살피기 위하여 만주로 떠났다. 이들은 만주에서 이시영·이돈녕·이상룡 등과 합류하여 만주 랴오닝성 유하 지방의 토지를 구입, 독립운동기지 건설에 착수하였다. 1911년 민단적 성격을 띤 자치단체로 발족하여 신흥강습소를 설립, 국내에서 오는 청년들을 훈련하게 하였다. 농업을 장려하고 학술연마·군사훈련에 치중하여 독립운동의 힘을 기르는 데 힘쓰다가, 1913년 중국인의 오해와 경비 부족으로 해체되었다. 만주에 있었던 한국 독립운동단체의 효시로서 그 의의가 큰 경학사는, 1914년 부민단이 사업을 계승함으로써 그 명맥이 이어졌다.

독립운동의 요람지, 삼원포 거리

삼원포는 세 골의 물이 합한다고 붙여진 지명이다. 땅이 기름지고 물이 흔하여 농사, 특히 벼농사에 아주 적합한 곳이다. 이런 좋은 조건의 땅을 독립운동 기지화하는 것은 1910년 9월 초순, 신민회의 대표로 서간도 지역을 답사한 이동녕·이회영 등의 제의에 따라 그해 12월, 김구 등이 참여한 신민회 전국 간부회의에서 확정되었다. 이에 따라 이듬해인 1911년 2월 이회영 집안 40여 명을 비롯하여, 안동의 유림 이상룡·김대락·김동삼 집안들이 잇따라 이곳에 정착함으로 삼원포 일대에 독립운동기지 사업이 추진되기에 이른 것이다.

이분들이 망명한 이유는 신민회 사건 판결문에 잘 나타나 있다.

조선 백성들을 다수 이주시켜 이곳에다 토지를 구매하고, 촌락을 만들어 새로운 영토로 삼고, 민단을 세워서 학교와 교회를 설립하며 나아가 무관학교를 설립하고, 교육을 실시하여 기회를 타서 조선 독립전쟁을 일으켜서 빼앗긴 국권을 회복하고자 한다.

이들 망명 지사들은 독립운동의 전략과 함께 재만 한인의 교육·산업·권리

문제 등의 해결에 고심하였다. 이들은 그해 4월 유하현 삼원포의 대고산에서 3백여 명이 참석한 가운데 노천 군중대회를 열었다. 이 노천 군중대회에서 이동녕을 임시의장으로 선출하여 다음 5개항을 의결하였다.

첫째, 민단 자치기관의 성격을 띤 경학사를 조직할 것
둘째, 전통 도의에 입각한 질서와 풍기를 확립할 것
셋째, 개농(皆農)주의에 입각한 생계 방도를 세울 것
넷째, 학교를 설립하여 주경야독의 신념을 고취할 것
다섯째, 기성 군인과 군관을 재훈련하여 기간장교로 삼고 애국청년을 수용하여 국가의 동량 인재를 육성할 것.

이 결의에 따라 경학사를 조직해 내무·농무·재무·교무의 4개 부서를 두었다. 사장에는 이상룡이 추대되었으며, 내무부장에 이회영, 농무부장에 장유순(張裕淳), 재무부장에 이동녕*, 교무부장에 유인식(柳寅植)이 임명되었다. 경

**이동녕(李東寧, 1869-1940)**
본관 연안(延安), 호 석오(石吾). 충청남도 천안에서 태어나 1904년 제1차 한일협약 체결로 국권이 위축되자 전덕기·양기탁 등과 상동청년회를 조직하여 계몽운동을 벌였고, 1905년 을사조약이 체결되자 조약폐기운동을 전개하다가 체포되었으나 곧 석방되었다. 그해 북간도로 가서 이상설·여준 등과 용정에서 서전서숙을 설립하고 1907년 귀국, 안창호·김구 등과 신민회를 조직했으며 청년학우회 총무로 활약했다. 1910년 신흥강습소를 설립, 소장이 되어 독립군 양성과 교포 교육에 힘썼다. 이듬해 블라디보스토크로 가서 권업회(勸業會)를 조직하고, 『대동신문』 『해조신문』을 발행했으며, 1913년에는 대종교에 입교했다. 1919년 임시정부에 참여하여 의정원 의장·내무총장, 1921년 국무총리 서리를 역임중 파벌싸움으로 임시정부가 위기에 놓이자, 안창호·여운형 등과 시사책진회(時事策進會)를 조직, 단결을 촉진했다. 1924년 재차 국무총리가 되어 군무총장을 겸직하고 이어 대통령대리가 되었으며, 1927년에는 주석이 되었다. 1929년 김구 등과 한국독립당을 창당하여 이사장이 되었고, 같은 해 재차 의정원 의장이 되었으며, 임시정부 주석은 계속 역임했다. 1935년 양우조 등과 한국국민당을 조직, 당수가 되었는데, 1937년 중일전쟁이 일어나자 한국광복진선에 가담하여 항일전을 구상하며, 1939년 김구와 전시내각을 구성, 조국 광복을 위하여 싸우다가 쓰촨성(四川省)에서 병사하였다. 임시정부 국장으로 장례가 거행되어 효창공원에 안장되었으며, 1962년 건국훈장 대통령장이 추서되었다.

학사는 민단 자치기관으로, 이를 설립한 주요 인물들은 신민회 간부들이다. 신민회의 주요 목적 가운데 하나가 국외 독립운동기지 건설과 무관학교의 설립이었으니 그 취지에 따라 경학사가 설립된 것이다.

## 추가가

경학사의 옛 터를 찾기 위해 삼원포에서 서쪽으로 갔다. 이곳은 평야지대로 마을이 드문드문 있었다. 집집마다 해바라기가 담을 넘어 활짝 피어 낯선 이방인을 반기는 듯했다. 우리 일행은 두 차례 길을 물은 끝에 대고산 아래 추가가 명성촌에 이르렀다. 원래 이 마을에는 추가(鄒哥) 성을 가진 이가 많아서 지명조차 '추지가' 또는 '추가'가 되었다고 한다(현 명성촌). 바로 이곳이 우리 독립군의 최초의 기지인 경학사가 뿌리를 내린 곳이다. 지금은 40여 호가 몰려 사는 한촌으로 정적이 감돌았다.

조선족을 찾았더니 마침 김명빈(46세) 씨가 집안에서 나와 그간의 마을 유래를 들려주었다. 그도 어릴 때 어른들로부터 조선 독립지사들이 대고산 아래에다 경학사를 설립하였다는 얘기를 많이 들은 바 있다면서, 대고산 아래를 가리키며 그 일대라고 일러주었다. 많은 세월이 흘러 경학사의 유적은 찾을 수 없다고 말했다.

경학사가 창설된 지가 이미 90년 전의 일이다. 우리나라도 많이 변했지만 중국도 격변의 세월이었다. 정권도, 국가체제도 여러 번 바뀌었다. 다른 민족이 세운 경학사를 90년 동안 그대로 둘 리가 없을 게다. 미리 짐작은 했지만 무심한 대고산을 바라보며, 우리 조상들이 피땀을 흘리며 가꾸었을 마을 앞 들판과 일대의 모습을 부지런히 카메라에 담고 마을을 벗어났다. 들판에는 벼들이 싱그럽게 자라고 있었다. 원래는 황무지와 다름없었던 이 들판을 개간하고 벼농사를 보급한 것은 당시 우리 조상들이었다.

다음 답사지로 이동하면서 경학사 사장 이상룡이 낭독한 '경학사 취지서'를

경학사 창설 노천대회가 열렸던 대고산

음미해 보았다.

　… 아아! 슬프다 한민족이여, 사랑해야 할 것은 한국이로다. 땅이 없으면 무엇을 먹고
살며, 나라가 없으면 어디서 살겠는가? 내 몸이 죽으면 어느 산에 묻힐 것이며, 우리
아이가 자라면 어느 집에서 살게 하겠는가? … 차라리 칼을 빼어 자결하고 싶어도, 내
몸 죽여 도리어 적을 기쁘게 할 염려가 있다. 곡기를 끊어 굶어 죽고 싶어도, 나라를
팔아먹고 이름만 사게 되는 일이니 어찌 차마 하겠는가? 눈물을 흘리며 하늘 끝까지
치욕을 받을 것인가, 그렇지 않으면 힘을 길러 끝내 결과를 보겠는가? … 이에 남만주
땅에다 여러 사람의 뜨거운 마음을 합하여 하나의 단체를 조직하니 이름을 '경학사'
라 한다. … 끓는 솥의 고기가 아무리 파닥거린들 무슨 희망이 있으며, 화롯가의 제비
는 아무리 외친들 얼마나 시간이 있으랴.
오라, 오라! 우리 집단을 보전하는 것이 곧 우리 민족을 보전하는 것이요, 우리 경학
사를 사랑하는 것이 곧 우리나라를 사랑하는 것이라. 오라! 오라! 기러기 떼지어 날고
서풍은 날을 재촉하는 듯하지만, 금계(金鷄)가 한 번 울어대면 곧 동녘 하늘이 밝아 올
것이다.

## ● 김규식(金圭植, 1880-1945)

경북 안동에서 태어나 만주에서 독립군 지도자로 활약하다가, 1907년 경북 안동에서 유인식(柳寅植), 김동삼(金東三) 등이 설립한 협동학교 (協同學校)의 교사로서 민족교육을 실시하였다. 1910년 일제에 의하여 강점당하기 전부터 신민회에서는 해외에 독립운동기지를 건설하고자 했다. 김규식은 신민회의 이러한 계획에 따라 1911년 김형식(金衡植), 이형준(李衡濬) 등과 함께 만주로 이주하여 독립군기지 개척에 노력했다. 1919년 4월 부민단(扶民團), 자신계(自新契), 교육회 등을 중심으로 유하현, 통화현 등 각 현의 지도자이 모여 한족회(韓族會)라는 재만동포의 자치기관이 설치되었다. 한족회는 재만동포들에 대한 자치활동을 효과적으로 전개하기 위하여 유하현 삼원보에 본부를 두었다. 김규식은 이때 이 단체에 참여하여 학무부장으로서 신흥무관학교를 지원하는 활동을 전개했다. 1921년에는 한족회와 서로군정서를 대표하여 활동하기도 했다. 그후로는 남만주 지역의 대표적인 독립운동단체인 정의부(正義府)에서 항일투쟁을 계속했다. 1996년 건국훈장 애국장이 추서되었다.

## ● 김성로(金成魯, 1896-1936)

독립운동가 김규식(金圭植)의 아들. 1912년 3월 국권회복운동을 전개하기 위해 부친과 함께 간도로 건너가 신흥무관학교를 수료한 뒤, 그 학교 교관으로 있으면서 3·1운동 직후 만주 지역으로 망명해 오는 애국청년들을 모아 독립군을 양성하는 데 전념했고, 이후 일제의 박해로 1920년 신흥무관학교가 폐교할 때까지 교관으로 활동했다. 1920년 10월에는 북로군정서 독립군단에 가담해 청산리전투에 참가하였고, 이후에도 항일투쟁을 지속하면서 조국의 독립을 위해 힘쓰던 중 일본군과 교전 끝에 부상을 당해 1936년 3월 사망하였다. 1990년 건국훈장 애국장이 추서되었다.

## ● 부민단(扶民團)

1911년 경학사가 흉년과 일제의 탄압, 중국인의 배척 등으로 해산되자, 1912년 이상룡 등이 독립운동기지 건설을 위해 조직한 자치기관으로, 본부는 통화현 합니하에 두었다. 중앙부서는 단장 허혁, 부단장 김동삼, 서무 김형식 등이 맡았고, 만주지역 한인의 자활과 교육사업에 중점을 두었다. 이주 한인들의 보호와 애국청년을 육성하는 데 주력하여 독립운동의 기초를 마련하는 한편, 군 간부 양성을 위해 신흥학교를 운영하기도 하였다. 1919년 4월에는 남만주 독립운동의 총본영인 군정부를 조직한 뒤 자치기관인 한족회로 개편하였다.

## [다시 찾은 경학사와 고산자 신흥무관학교]

3차 답사 일정중 경학사와 고산자 신흥무관학교를 다시 찾게 되었다. 비가 내린 다음날 유난히 상쾌한 아침, 조선족 동포 이국성 씨는 이곳 지리를 잘 아는 기사를 데리고 왔다.

시원스럽게 뚫린 고속도로를 달렸다. 중국 대륙이 워낙 넓은 까닭인지 아직 도로에 차가 붐비지 않았다. 고산자 신흥무관학교에 가려고 고속도로에서 좁은 들길로 빠졌다. 들에는 한창 모내기철로 여념이 없었다. 우리나라 20-30년 전처럼 모내기를 아직도 손으로 하고 있었다. 들판에 사람들이 백로떼처럼 많았다.

마침내 고산자 신흥무관학교 옛 터에 이르렀다. 이곳은 신흥무관학교 2년제 고등군사반이 있었던 곳이다. 1999년 이곳을 다녀간 이후로 그새 5년이 지났지만 조금도 달라진 게 없었다. 다만 그때는 한여름이라 논에는 벼들에 이삭이 팼는데 지금은 모내기철이고, 지난번 방문에는 옥수수가 자라 한 길이 넘었는데 지금은 파종한 지 얼마 안 된 듯 파릇파릇 싹이 돋아나고 있었다. 지난번에는 신흥무관학교 옛 터를 잘 몰라 밭 주인 원금석 노인의 안내를 받았지만 지금은 나도 이국성 씨도 익은 곳이라 원노인을 찾지 않았다. 마침 지나가는 조선족 동포에게 원노인의 안부를 묻자 요즘은 편찮으셔서 누워 계신다고 했다. 우리는 안부만 전했다. 3차 답사에 동행한 김시준 씨는 조부가 신흥무관학교 김규식* 교관이었고, 아버지는 생도 김성로* 선생이었다. 김시준 씨는 여기가 바로 신흥무관학교 자리라고 하자 금세 눈물을 쏟았다. 남의 땅에서 온갖 설움 속에 풍찬노숙하면서 독립운동하셨던 할아버지 아버지가 떠올라서 흘리는 눈물일 게다. 지난날 신흥무관학교 생도들이 주경야독으로 개간하고 농사지었을 앞 들판에는 마을사람들이 모내기를 하느라고 바빴다.

12시 20분, 유하현 삼원포 시가지를 지나 서쪽으로 4킬로미터쯤 떨어져 있는 추가가에 도착했다. 삼원포 일대는 신흥무관학교 외에도 부민단* 등이 들어서 국외 독립운동이 활발했던 곳이다. 추가가 마을과 뒷산 대고산은 내가 들렀던 5년 전이나 조금도 다름없었다. 그러나 추가가 마을 일대에는 1차 답사 때와 마찬가지로 아직도 신흥무관학교 옛 터라는 표지석 하나 없었다.

1905년 을사조약 체결로 나라는 사실상 국권을 잃었다. "집이 가난해지면 어진 아내를 생각하고, 나라가 어지러워지면 어진 재상을 생각한다(家貧則思良妻, 國亂則思良相)"고 한즉, 그 어려운 가운데도 잃어버린 나라를 되찾겠다는 지사들이 있었다. 이들은 일제의 조선 병탄이 노골화한 1908-1910년경부터 후일을 대비하여 해외에다 독립기지를 만들겠다는 계획을 세우고 망국을 전후하여 곧바로 실행에 옮겼다. 이 시기에 집단적으로 이주한 항일지사와 가족들은 다음과 같다.

서울과 그 부근에서 이회영(李會榮) 육형제(건영·석영·철영·회영·시영·호영)와 그 가족 대소가, 이동녕 장녕 일가, 장유순, 김창환, 이관직(李觀稙), 윤기섭, 여준 등, 경북 안동과 그 부근에서 이상룡·준형 부자와 아우 봉희·문형 부자 등 대소가, 김대락·형식 부자 대소가와 김동삼 일가 및 그들이 이끈 문중 청장년과 경북 구미 임은에서 허위의 중형인 허형·발 부자 등 대소가, 권팔도 일가 등이었다. 특히 이회영 형제들은 삼한갑족 명문세가로, 이석영의 1만여 석 재산과 토지를 모두 처분하여 서간도 독립운동과 독립군 기지 건설에 종자돈으로 썼다.

초기 망명객들이 이곳에 정착하기까지는 심한 고초를 겪어야 했다. 만주의 겨울 추위는 보통 영하 30-40도다.

서간도의 겨울 추위는 엄청나다. 추운 날은 아예 공기의 느낌 자체가 다르다. 공기가 쨍하게 얼어붙은 것 같을 때도 있다. 어떤 때는 해도 안 보이고 온 천지에 눈서리가 꽉 끼어 아무것도 보이지 않는다. 하늘과 땅 사이에 바람만 살아서 소리가 요란하다.─허은, 『아직도 내 귀엔 서간도 바람소리가』 중에서

무서운 것은 추위뿐이 아니었다. 홍역·천연두·장질부사와 같은 전염병과

'수토병' 또는 '만주열'이라고 하는 풍토병으로 많은 사람이 죽어 갔다. 거기다가 마적떼의 습격과 토착민과의 갈등은 더욱 견디기 힘들었다. 토착민들은 "조선인들이 일본인과 합하여 중국을 치러 왔다"며, 어서 빨리 만주 땅을 떠나라고 윽박질렀다. 또 토착민들은 망명객에게 가옥과 토지를 팔지 않았다. 망명 지사들이 나서서 입적과 토지 매매 청원을 하였으

● 위안스카이(袁世凱, 1859-1916)
중국의 정치가로 1882년 조선에 부임하여 조선 궁정의 전쟁에 개입하였고, 1884년에는 서울에 주재하며 조선의 내정과 외교를 조정·간섭하고 청나라 세력을 조선에 뿌리내리게 하면서 일본에 대항하였다. 조선의 임오군란·갑신정변, 중국의 무술정변에 관여하였으며, 의화단 사건 후 총독, 북양(北洋) 대신이 되었다. 신해혁명 때는 전권을 장악하여 선통제를 퇴위시키고, 1913년에 대총통에 취임하였으나, 황제가 되려는 야심을 품고 1915년 5월 일본의 21개조 요구를 받아들였으며, 황제추대운동을 전개시키며 1916년에 제위에 오르겠다고 선언하였으나 반대에 부딪쳐 실각했다.

나 여의치 않았다. 하는 수 없이 이회영이 베이징으로 가서 임오군란 때 인연이 있는 위안스카이*를 만나 청원했다. 그러자 위안스카이는 그의 비서를 딸려 보내 이회영이 동북삼성 총독을 만나게 주선해 주었다. 그리하여 이회영은 이계동(이상룡의 아우)과 함께 동북삼성에 입적과 토지 매매를 청원하여 마침내 정착할 수 있었다.

## 옥수수 창고에서 시작한 신흥강습소

이국성 씨의 고증으로 이회영, 이상룡 선생이 사셨던 집터와 신흥강습소의 옛 터를 둘러보았다. 추가가 마을에서 대고산으로 오르는 길목의 왼쪽 집들이 이회영 형제들이 살았던 곳이요, 오른쪽 집들이 이상룡 등 안동 유림들이 살았던 곳이라고 했다. 거기서 조금 더 오르자 추가가소학교가 나왔다. 이국성 씨는 그 자리가 바로 신흥강습소 옛 터라고 고증했다.

추가가에서 망명객들의 첫 교육은 옥수수를 저장했던 창고에서 시작하였다고 한다. 신흥강습소를 학교보다 등급이 낮은 '강습소'라고 한 것은 토착민들

현재 추가가소학교, 조선족 향토사학자 이국성 씨는 이곳을
지난날 신흥강습소 옛 터로 추정했다.

의 의혹을 피하고자 한 것이라 한다.

　이회영, 이상룡의 주선으로 망명지에서 입적과 토지 매매 문제가 어느 정도 해결이 되자 이곳에서 떨어진 합니하에다 새로운 교사를 신축하여 1912년 7월에 낙성식을 가졌다. 신흥무관학교, 신흥중학교가 명실상부 탄생하게 된 것이다. 천연요새에 훌륭한 신흥무관학교가 설립된 데에는 이회영 형제들이 거금을 쾌척한 결과였다. 여기에 이동녕, 이상룡, 김대락 등도 노력을 아끼지 않았다.

　신흥강습소로 출발한 신흥무관학교를 졸업한 이들은 청산리전투의 주역으로, 의혈단의 단원으로, 독립전사를 기르는 여러 학교의 교사가 되는 등 대부분 항일독립전선의 중추인물이 되었다.

## 조국광복에 주춧돌을 놓은 우당 선생

　우당(友堂) 이회영은 백사(白沙) 이항복(李恒福)의 11대 후손이다. 우당 집안은 8대를 내리 판서를 배출한 삼한갑족으로, 8대의 판서 중 6명의 영의정과 1명의 좌의정을 낸 명문 중의 명문이었다. 1905년 을사늑약이 일제의 강압으로 체결되려 하자 우당은 이동녕, 이상설 등과 함께 상소를 올리며 격렬하게 항의했다. 하지만 일본과 내통한 일부 대신들이 이 조약을 맺었고 우당의 아우 성재(省齋) 이시영(李始榮)은 항의 표시로 외부교섭국장 자리에서 물러났다.

　우당은 외교적인 방법으로 나라를 찾을 수 없다고 판단하고 독립기지를

우당 이회영 선생

세울 터를 물색하기 위해 이상설, 이동녕과 함께 만주로 갔다. 우당 일행은 간도 용정에 머물면서 서전서숙을 설립했다. 1907년 네덜란드 헤이그에서 열리는 만국평화회의에 이상설, 이준, 이위종 등의 밀사를 보낸 것도 우당이 주도면밀하게 고종 황제에게 몰래 주청해 실행한 것이다. 1910년 8월 마침내 나라가 완전히 일제에 넘어가자 그해 12월 우당 육형제의 가족 40여 명이 망명의 길에 올랐다. 우당 형제가 가산을 모두 처분하여 마련한 40만 냥(현 시가 약 6백억 원 상당)은 모두 경학사 신흥무관학교 건립 등 독립자금으로 쓰였다.

이들 우당 육형제 가족은 그해 12월 30일 압록강을 건너 단동에서 머문 후 다시 이듬해 정월 단동을 떠나 횡도천으로, 거기서 다시 출발하여 2월 초순에야 목적지인 유하현 삼원포 추가가에 도착했다. 이어서 석주 일가와 일송 김동삼 일가 등 우국 망명객들이 추가가 일대에 속속 도착해 한인촌을 이루자 현지 중국인들의 의혹이 커졌다.

"이전의 조선인들은 남부여대로 산전박토나 일궈 감자나 심어 연명했는데 이번에 오는 한인(조선인)들은 마차 수십 대에 살림을 실어 오는 걸 보면 필경 일본과 합하여 우리 중국을 치러 온 게 분명하니 빨리 꺼우리(한인)들을 몰아내 주시오"라고 현지인들이 유하현에 고발하기에 이르렀다. 이에 이회영이 나서서 베이징에서 총리대신 위안스카이를 만나 협조를 구한 끝에 동포들의 입적과 토지 매매 문제가 원활히 해결됐다. 1912년 합니하에 번듯한 신흥무관학교를 세울 수 있었던 것도 우당 일가의 자금과 위안스카이의 도움으로 토지 매매가 이루어졌기 때문이다.

일찍이 월남 이상재 선생은 우당 가문을 다음과 같이 기리고 있다.

동서 역사상에 국가가 망할 때 나라를 떠난 충신 의사가 수백 수천에 그치지 않는다. 그러나 우당 일가처럼 육형제 가족 40여 명이 한마음으로 결의하고 일제히 나라를 떠난 일은 전무후무한 것이다. 장하다! 우당 형제는 참으로 그 형에 그 동생이라 할 만하다. 육형제의 절의는 백세청풍(百世淸風)이 될 것이니, 우리 동포의 가장 좋은 모범

이 되리라.

신흥무관학교가 광화의 합니하로 이주하여 전성기를 구가하던 1913년 무렵, 이회영은 동지 맹보순(孟普淳)으로부터 급한 연락을 받았다. 일제가 이회영을 비롯하여 이시영·이동녕·장유순·김형선(金瀅璇) 등을 체포 또는 암살할 목적으로 형사대를 만주로 파견했다는 내용이었다. 동지 이상설이 블라디보스토크를 피신처로 권했으나 오히려 이회영은 고국으로 향했다. 피신과 아울러 독립자금을 모금하고자 했기 때문이었다. 귀국 후 잠행하던 이회영은 두 차례나 일경에 체포되었으나 평소 몸에 밴 철저한 보안과 천우신조로 무사할 수 있었다.

아들 규학이 대원군 사위 조정구의 따님 조계진과 혼인하는 것을 계기로, 이회영은 고종황제를 베이징으로 해외 망명시킬 계획을 세웠다. 이회영이 고종 시종 이교영을 통해 의사를 타진하자, 황제께서 선뜻 해외 망명에 승낙했다. 1918년 말 무렵, 일제의 작위를 거부한 민영달이 내놓은 5만 원의 거금을 이회영이 아우 시영에게 전달하여 베이징에다가 고종이 거처할 행궁을 마련하고 수리하게 했다. 하지만 이 계획이 구체화하던 과정에 고종이 예기치 못하게 서거하자 모든 계획이 수포로 돌아갔다. 고종의 급서는 의문점이 많았다. 당시 고종의 망명을 준비했던 사람들은 한결같이 망명 정보가 누설되어 일제가 고종을 독살한 것으로 믿고 있다.

만일 이회영의 계획대로 고종이 해외로 망명하여, 망명정부를 세워서 대일 독립전을 선포하였다면 모든 백성들이 봉기했을 것이기에 그 폭발력은 엄청났을 것이다. 또한 외교적으로도 황제가 직접 망명정부를 세웠다면 조선이 자발적으로 합방했다는 일본의 거짓이 만천하에 드러나면서 새로운 정세가 조성되었을지 모른다.

1919년, 다시 베이징으로 망명한 이회영은 이동녕, 이시영 등과 함께 상하이

임시정부 수립에 참여하다가 이듬해 3월, 이동녕·이시영·박용만(朴容萬)·신채호(申采浩)·조완구(趙琬九)·이광(李光)·조성환(曺成煥)·김규식(金奎植)등과 베이징으로 돌아왔다. 베이징의 이회영 집은 독립운동가의 사랑방이 되었다.

베이징에서 이회영과 자주 만났던 인물이 바로 한국 독립운동인물사라고 해도 지나친 말이 아니다. 그리고 이들이 그대로 한국 독립운동 노선에 주동 인물이었다. 김규식·김창숙(金昌淑)·안창호(安昌浩)·조소앙(趙素昂) 등은 민족주의를 고수했고, 홍남표(洪南杓)·성주식(成周寔) 등은 공산주의자가 되었으며, 유자명(柳子明)·이을규(李乙奎)·이정규(李丁奎)·정현섭(鄭賢燮)·김종진(金宗鎭) 등은 아나키스트가 되었다. 또 김원봉(金元鳳)·유석현(劉錫鉉) 등은 일제를 공포에 떨게 했던 의혈단으로 직접 행동하였으니, 이회영의 집은 온갖 성향의 독립운동가들이 얽히고설킨 인연의 사랑방이었다.

이회영의 사상적 종착점은 아나키즘이었다. 이회영이 아나키스트가 된 것은 개인적인 성향 이외에도 아나키즘이 독립운동 이론으로 적합하다고 여겼기 때문이다. 1924년 4월, 이회영·유자명·이을규·이정규·정화암·백정기 등 6인은 베이징에서 재중국조선무정부주의자연맹을 결성했다. 또 이회영은 1925년에는 비밀결사조직 '다물단'의 배후 역할을, 1931년에는 한중 합작으로 항일구국연맹을 결성하여 의장으로 취임했다. 이후 '흑색공포단'이라는 행동대를 조직, 일제를 공포의 도가니로 몰아넣기도 했다.

1932년 상하이에 머물고 있던 아나키스트 이회영은 일제의 감시로 활동 공간이 매우 좁아졌다. 그 타개책으로 상하이를 떠나 만주를 새로운 활동무대로 삼기로 하였다. 당시 만주는 일제가 1931년 만주사변을 일으켜 완전히 장악한 뒤라 상하이보다 더 위험했지만 이회영은 오히려 그곳을 택하면서 이렇게 말하였다.

세상에 인간으로 태어나서 누구나 자기가 바라는 목적이 있네. 그 목적을 달성한다면

그보다 더한 행복이 없을 것이네. 그리고 그 목적을 달성하기 위하여 그 자리에서 죽
는다 하더라도 이 또한 행복이 아니겠는가.

1932년 11월 초, 달이 환한 밤이었다. 이회영은 아들 규창과 단둘이 상하이의
황푸강 부두로 향했다. 규창은 아버지를 모시고 영국 선적 남창호에 올랐다. 이
회영이 자리잡은 곳은 제일 밑바닥인 4등 선실이었다. 규창은 아버지가 무사히
안착하기를 빌면서 큰절을 세 번 올린 뒤 배에서 내렸다. 배가 대련으로 출항하
는 것을 보고 규창은 동지 백정기와 엄형순에게 아버지가 무사히 떠났음을 전
했다. 규창은 만주에서 아버지의 도착 편지를 기다렸다. 그러나 편지는 오지 않
았다. 마침내 전보가 왔다.

"11월 17일 부친이 대련 수상경찰서에서 사망."

이회영이 대련에 도착한 날짜는 5일로 기록되어 있고, 사망한 날짜는 17일로
되어 있다. 67세의 이회영은 무려 12일간 혹독한 심문을 받았다. 이회영은 심문
을 받는 동안 한 마디도 발설하지 않았다. 혹독한 고문에도 끝내 입을 다물고 본
적지 조회조차 거부했다. 죽음을 각오한 항거였고 젊은 동지를 지키기 위한 칠
순 노인의 의로운 투쟁이었다. 그는 그의 재산뿐 아니라 목숨마저도 기꺼이 나
라의 제단에 바쳤다.

# 22. 독립군 최초의 군영을 가다

- 백서농장

백서농장의 백서(白西)라 함은 '백두산의 서쪽'이라는 뜻으로 농장이 아니라 군영인데, 그 비밀을 유지하기 위하여 그렇게 붙여진 이름이다. 1914년 가을부터 신흥학우단과 부민단 간부들은 신흥학교 졸업생들을 중심으로 하는 군영을 설치하기로 하였다. 이들 간부들은 쏘베차(小北岔) 지역 일대에 벌목을 시작하여 병영을 만든 후, 1917년부터 신흥학교 1회부터 4회까지 졸업생 일부와 신흥학교 각 분교와 노동강습소에서 훈련된 385명을 입영시켰다.

"이곳은 사람의 발자취가 닿지 않은 원시 밀림지대로서 곰·멧돼지·오소리 등 산짐승이 득실거리는 깊은 산골짜기였다. 이곳에 막사를 짓고 큰 뜻을 품은 동지들이 모여들어 새와 짐승을 벗삼아 스스로 밭 갈고 나무하는 농사꾼이 되어 도원결의(桃園結義)의 굳은 맹세를 방불케 하였다"라고 원병상은 『신흥무관학교』에서 그 당시를 묘사하였다.

백서농장의 장주는 일송 김동삼 선생으로 애초 설립 배경은 1914년 제1차세계대전이 발발했을 때 중·일간 전쟁이 일어날 것을 예상하고 이 기회를 틈타서 독립전쟁을 펼치려다가 그 계획이 수포로 돌아가자 장차 대일 무장투쟁에 대비하기 위함이었다. 그러나 이곳은 교통이 불편하고 물자가 부족해 집단 거주가 불가능한 한계상황에 시달리다, 1919년 3·1운동 후 한족회의 총회 지시로 문을 달았다. 여기에 배속된 이들은 곧 상하이임시정부의 관할 아래에 있었던 서간도 지구 군사기관인 서로군정서로 확대 개편되었다. 쏘베차의 백서농장은 비록 성공을 거두지는 못하였지만, 이곳에서의 4년간에 걸친 고난은 이후 항일 유격전에 큰 교훈이 되었다. 열악한 산악지대에서 생활하는 것은 독립전사들의 심신을 더욱 강철같이 단련시켰다.

백서농장은 오지 중의 오지라서 1차 답사에서는 쉽사리 찾을 수 없었다. 3차 답사의 안내자인 이국성 씨도 여태 가보지 못했다면서 그곳을 잘 아는 사람인 중국 조선민족사학회 부이사장 조문기 교수의 안내를 받아야 된다고 했다. 먼저 그가 근무하는 신빈만족(滿族)연구소로 가서 그의 안내로 백서농장을 찾아야 하는 빡빡한 일정인지라 아침도 거른 채 출발하기로 하였다.

오전 9시 30분, 누르하치의 고향인 신빈(新賓)에 닿았다. 5년 전 하룻밤 묵었던 흥경빈관도, 그 옆의 누르하치 석상도 그대로였다. 조문기 교수가 근무하는 신빈만족연구소도 바로 누르하치 석상 곁에 있었다.

조문기 교수의 사무실에서 이국성 씨의 통역으로 대담을 했다. 그가 지도에 백서농장을 표시해 주면서 한참 설명을 하는데 알아들을 수가 없었다. 우리가 그에게 동행해 줄 수 없느냐고 청했더니, 그는 잠깐 기다려 보라고 하고는 전화로 그날 오후의 약속을 취소한 뒤 흔쾌히 앞장서 주었다.

오전 11시, 곧장 신빈을 출발했다. 신빈에서 백서농장을 가자면 청원으로 가는 길이 우회도로라서 거기서 곧장 유하로 가는 지름길을 택했다.

그런데 그게 큰 잘못이었다. 한 30분 잘 달리더니, 그 다음은 비포장도로인데다가 간밤에 비까지 내려서 온통 진흙길로 엉망이었다. 그때 바로 되돌렸어도 그렇게 고생하지는 않았을 것인데 온 길이 아까워서 계속 가다가 더한 고생을 자처하게 됐다. 차바퀴가 진흙길에 빠져서 하는 수 없이 차에서 내려 걷기도 했다. 그동안 중국은 온통 개발 붐으로 길을 넓히거나 포장을 하였지만 워낙 땅덩어리가 넓은지라 이런 오지까지는 아직 혜택을 받지 못한 모양이었다.

어느 환경학자가 중국이 유럽처럼 문명화하면 지구의 공해문제는 훨씬 심각해질 것이라고 진단한 것을 읽은 적이 있다. 문명화만이 좋은 게 아니다. 그 문명에 따르는 공해가 인류 생존의 위협이 되기 때문이다.

오후 2시 20분, 차 천장에 머리를 몇 번 부딪친 끝에 유하현에 도착하여 늦은 점심을 먹은 후 곧장 백서농장으로 달렸다. 유하에서 고속도로로 통화 쪽으로 가다가 안인(安仁)이라는 표지판을 3킬로미터 지난 곳에서 오른쪽으로 방향을 틀었다. 거기서부터 다시 비포장도로였다.

여기도 길이 험하고 차량 통행도 뜸했다. 쏘베차는 백서농장을 건설하던 1914년 무렵에도 백두산 서쪽의 작은 산맥에 있어 사람의 발길이 닿지 않은 깊은 삼림지대라고 했는데, 지금도 첩첩산중으로 오지 중의 오지였다. 들머리에서 40여 분 달리자 따베차(小北岔) 마을 임장 초소가 나왔다. 따베차 마을에 차를 세

따베차 임장 초소, 붉은 깃발이 요란하다.

백서농장이 있는 쏘베차 계곡

우고 쏘베차를 묻자, 그곳은 그 마을 어귀에서 다시 왼쪽 좁은 산길로 들어가야 하는데 거기는 현재 중공군 특수부대가 주둔하고 있기 때문에 민간인 출입금지 지역이라고 했다.

수륙만리 먼 길을 찾아온 우리로서는 만난을 무릅쓰고라도 백서농장 현장까지 가고 싶었지만 길안내를 하는 조문기 교수도, 이국성 씨도 더 이상 갈 수 없다고 발걸음을 떼지 않았다. 동행한 안동문화방송 권순태 프로듀서는 만난을 무릅쓰더라도 백서농장 유적지 현장을 카메라에 담고자 했다. 하지만 이국성 씨가 "중공군의 군율은 무자비해서 이국인이 군부대를 얼씬거리면 간첩죄로 잡아서 처형도 불사한다"는 얘기를 늘어놓는 바람에 백서농장이 있는 계곡을 멀리서 카메라에 담고는 차를 되돌렸다. 젊은 프로듀서는 끝내 열정을 삭이지 못해 아쉬운 탄식을 연발했다.

오후 4시 30분, 백서농장을 코앞에 두고 언저리 계곡만 카메라에 담은 후 아쉬운 마음으로 발길을 돌렸다.

# 백서농장을 설립한 '남만의 맹호' 김동삼

후세 사가들은 독립운동 초기 만주의 3대 무장항쟁 지도자로 김동삼(金東三), 오동진(吳東振), 김좌진(金佐鎭) 장군을 꼽는다. 독립운동의 방법은 여러가지 유형으로 나눌 수 있다. 독립운동가에게 군자금을 대는 일, 외교로써 국권회복에 이바지하는 일, 우리말과 글을 지키는 일, 독립군에게 주먹밥을 만들어 주고 잠자리를 마련해 주는 일 등, 모두 당시로서는 위험을 무릅쓴 눈물겨운 항일운동이다. 하지만 포악무도 간악한 일제에 대한 가장 적극적인 방법은 그들과 정면으로 총칼을 들고 맞서 싸우는 무장투쟁이었다. 그분들은 이 방법만이 국권을 회복할 수 있는 지름길이라고 믿고 행동했다. 어떤 이는 세계정세를 모르는, 바위에 계란을 던지는 무모한 투쟁이었다고 말할지 모르겠지만, 총칼로 나라를 빼앗은 흉악무도한 일제 무리에게 도의나 양심으로 호소해 보았자 쇠귀에 경 읽기였다.

일송 김동삼 선생

헤이그 밀사 사건이 이를 입증하고 있다. 외세에 의존해서 국권을 회복한다면 광복 후 또 다른 외세의 지배에 놓이게 된다. 오늘 우리의 현실이 이를 증명하지 않는가.

일송 김동삼은 1878년 경북 안동의 유림 집안에서 태어났다. 본관은 의성(義城), 본명은 긍식(肯植), 호는 일송(一松)이었는데, 뒷날 만주로 망명하여 동북삼성의 독립운동 단체와 독립운동 지도자들을 대동단결시키기 위해 당신 이름까지 동삼(東三)으로 고쳤다. 그는 학봉(鶴峰) 김성일(金誠一)의 후예로 한

학 수학에 전념하며 소년기를 보냈다. 청년기에 일제 침략이 노골화하자 개신 유학자로 국권 회복을 위한 계몽운동에 참여했다.

1905년 일제가 을사늑약을 체결하자 김동삼은 비분강개하여 안동지방의 보수 유림의 완고한 풍습을 혁파하고 자주 독립사상을 고취하기 위하여 신서적도 많이 읽고 여러 개화사상가들과 접촉하였다. 일송이 29세 되던 1907년, 이상룡·유인식 등과 같이 사립 협동학교를 설립하고 교감으로 취임하여 청년들에게 신교육을 가르쳤다.

협동학교 교직원과 학생들이 단발을 하자 보수 유림의 거센 반발에 부딪혀 많은 어려움이 있었지만, 이를 극복하여 후일 3·1운동에는 협동학교가 안동 의거의 중심이 되었다. 1910년, 김동삼은 우리나라가 일제에 의해 합방되자 국내에서 국권회복운동에 한계를 느낀 나머지 이듬해 협동학교 제1회 졸업생을 배출한 후, 신민회의 해외 독립기지 건설에 동참하여 뜻있는 동지들을 인솔하여 만주로 망명하였다.

만주에 정착한 김동삼은 우선 민단 자치단체인 경학사에서 조직과 선전을 맡고, 매일 백여 리나 되는 벌판을 뛰어다니면서 북간도 서간도 각지에 흩어진 동포를 찾아다니면서 독립운동에 협력을 호소했다. 그는 어깨에 담요 한 장을 메고 한 푼짜리 만주 전병으로 요기하면서 한겨울에도 '싸이헤'라는 만주인 여름 신발을 신고 강행군을 했다.

1914년 제1차세계대전이 발발하자 김동삼은 중일전쟁이 일어날 것을 예상하고 이 기회를 틈타서 일제와 독립전쟁을 펼치려고 백서농장을 세웠다. 하지만 중일전쟁의 불발로 계획이 수포로 돌아가자 후일을 대비했다. 이 무렵 그는 대종교에 입교하였는데, 이것은 조국 광복을 위한 민족정신의 함양 때문이었다.

1918년 일송은 만주와 러시아 등지에 망명하고 있던 지사들과 긴밀히 연락을 취하여 김교헌(金敎獻)·조용은(趙鏞殷: 조소앙)·김규식·이상룡·여준·김좌진·이동녕 등 39명이 연서하여 대한독립선언서(통칭 무오독립선언서)를 발표하였다. 이 선언서는 1919년 2월에 발표된 것으로 기록되어 있으나, 기초된 것은 1년 전으로 3·1운동에 앞서 해외에서 이루어졌다는 점에서 그 역사적인 의미가 매우 크다.

기미독립선언서가 비폭력적인 독립운동을 지향함에 견주어 무오독립선언서에서는 "…육탄혈투(肉彈血鬪)하여 독립을 완성할 것이다"라고 무장독립투쟁의 의지를 보였다. 이 선언서로 만주 러시아 일대의 동포들에게 독립심을 한결 드높였다.

이후 일송은 서로군정서 참모장(1919), 대한통의부 총장(1922), 상하이국민대표회 의장(1923), 전만통일의회 의장(1924), 정의부 참모장(1925) 등 독립운동의 요직을 두루 맡았다. 안양교도소에 보관된 일제의 기록에 따르면, 서로군정서 참모장 당시 김동삼의 지령으로 국경을 넘어 일경과 싸워 체포된 것만 7건 19명에 이르며, 13명의 일경을 사살했다. 정의부 참모장 때인 1925년 3월부터 국내진공을 개시하여 3월 19일에는 초산의 일경 추목주재소와 옹암주재소를 습격하여 일경 5명을 사살하고, 무기 다수를 노획하여 적의 간담을 서늘케 했다.

그해 7월 4일에는 7명의 독립군이 평민으로 가장하여 평안북도 철산의 차련관주재소를 습격해 일경 4명을 사살하고 무기 전부를 접수했다. 또 8월 18일에는 벽동 일경 여해출장소를 습격해서 일경 3명을 사살하고 출장소를 불태웠으며 무기 전부를 탈취했다. 이로써 독립군의 용맹은 국내에 크게 떨치게 되었다. 이 모든 무장투쟁을 진두지휘하면서 몸을 아끼지 않았던 일송 선생은 '남만의 맹호'라는 별칭을 얻었다.

일송은 1926년에는 2월과 8월 두 차례나 상하이임시정부 국무위원에 임명되었으나, 만주에서 독립운동에 전념하기 위해 취임하지 않았다. 1928년에는 지린에서 정의부 대표로 김좌진·이청천 등과 함께 참의부·정의부·신민부의 삼부 통합회의 진행을 맡았고, 그해 12월에는 혁신회의 의장을, 1928년 5월에는 민족유일당 조직운동에 착수하여 수석집행위원에 선출되었다. 김동삼의 위대한 점은 무장항일투쟁에만 있는 게 아니라, 언제나 독립군 여러 계파의 통합과 그 분열을 막는 데 앞장선 점이다. 그가 생각한 국권회복의 지름길은 이념과 사상을 초월한 독립운동 계파의 통합이었다.

1931년 9월, 만주사변이 일어나 일본군이 만주 동북지역으로 침략해 오자, 지린성 독군 희흡(熙洽)으로부터 김동삼에게 한중연합군 설치를 추진하자는 제의가 왔다. 이에 김동삼이 동지들과 지린으로 가서 한중합작으로 항일연합전선을 펼 것을 의논하고 하얼빈으로 돌아오던 중, 일제 밀정의 밀고로 일본영사관 경찰에 체포되었다. 일제 관헌은 그를 체포하는 데 혈안이 되어 사방에 거미줄처럼 밀정들을 풀어 뒀던 것이다.

일제는 하얼빈 일본영사관 지하 감방에서 그에게 갖은 고문과 악형을 서슴지 않았다. 일체의 차입이 허락되지 않았음은 물론 전기고문을 하고 양팔을 등 뒤로 묶어 공중에 매달고 코에 물을 붓는 등 참혹하기 짝이 없는 온갖 고문을 다 했다. 그는 갖은 고문에도 함께 투쟁한 동지의 이름을 결코 팔지 않았고, 그후 국내로 압송되어 신의주법원에서 10년형을 선고받고 서울 서대문형무소로 이감되었다.

언제나 독립전선 선봉장에서 몸을 아끼지 않았던 그였지만 그의 나이는 이미 중로를 넘겼고, 일제의 고문과 좌절된 항일운동에 대한 울분으로 건강이 날로 악화되어 감옥생활 6년 되던 해인 1937년 3월 3일에 옥사했다. 그때 가족은 모두 만주에 있었고, 일제의 야만성이 극도에 이른 때라 친지 중에 누구 한 사람 나서서 시신을 수습할 이가 없었다. 이 소식을 들은 만해 한용운이 나섰다. 당시로는 아무나 할 수 없는, 죽음을 무릅쓴 용기였다. 만해는 김동삼의 시신을 수습하여 당신이 거처했던 성북동 심우장(尋牛莊)에 옮겨 장사를 치렀다. 이는 일찍이 만해가 만주 망명 시절에 김동삼을 만나 뵙고 받은 인품에 대한 감명과 독립투사에 대한 의리 때문이었으리라.

"김선생이시여, 이 산하를 두고 가시다니! 이 산하 어디 가서 큰 인물을 찾겠습니까? 김동지여!"

"이제 이 나라에는 인물이 없게 되었어. 일송 김동삼 동지만한 인물이 어디
있어."

일송의 시신을 껴안은 만해의 절규였다. 그때 일송 선생 장례식에 참배한 인
사로는 정인보·김병로·홍명희·이인 등 민족의식을 지닌 20명 안팎이었다고
『한용운 평전』은 전한다.

# 23. 아, 고구려·발해의 옛 땅이여!

### - 집안

통화를 지나 집안(輯安)으로 갈수록 산세가 점차 험해지고 산하 모양새가 우리나라와 비슷했다. 지난날 이 일대가 고구려와 발해의 옛 땅이었던 탓일까? 국경이 가까울수록 어쩐지 한국적인 냄새가 물씬하다. 연어도 제 태어난 고장은 감각으로 알고 찾아온다는데 하물며 사람이 제 조국이 가까워 옴을 느끼지 못하랴. 산마루가 너무나 아름다웠다. 나라 밖에서야 제 나라의 참 모습을 안다는 말처럼, 세계 여기저기를 가보아도 우리나라 산하만큼 아름다운 산하도 없다.

몇 해 전에 유럽 대륙을 둘러보았을 때도 느낀 바지만, 이번 중국 대륙을 훑으면서도 우리나라 산하처럼 아가자기한 아름다움을 느끼지 못했다. 다만 중국은 내 상상을 초월할 정도로 땅덩어리가 넓다는 데 입을 다물지 못했을 뿐이었다. 국경 산악지대는 온통 인삼밭이다. 여기서 재배된 인삼이 한국시장에 흘러들어가면, 한국 인삼 재배 농가에 막대한 타격을 줄 것 같았다. 이미 이런 징후가 나타나고 있는가 보다.

집안은 지린성 최남단 국경도시로 우리 독립군 참의부(대한민국 임시정부 직할의 무장항일독립군단)의 주된 근거지였다. 이 도시는 중국 땅이지만 서기 3년부터 427년까지 424년 동안 고구려의 두번째 도읍지였다. 그래서 이 도시에는 고구려의 성벽, 석각, 무덤, 벽화 등 문화 유적들이 곳곳에 흩어져 있다고 한다.

광개토대왕비(호태왕비)

　차가 집안 시내에 머물자 오토바이를 개조해 만든 삼륜차와 택시 기사들이 벌 떼처럼 몰려들었다. 김중생 씨와 기사 왕빙은 집안 시내에서 쉬기로 하고, 나와 이항증 씨는 그들 중, 조선족 삼륜차 기사의 차에 옮겨 타고 광개토대왕비가 세 워진 곳으로 갔다. 마흔 살 정도의 오토바이 기사는 이름이 심봉운으로 자기 할 아버지 고향이 울산이라고 했다. 이 도시에는 오토바이를 개조한 삼륜차가 주 종을 이루고, 그 틈바구니에 일반 승용차와 마차들이 비집고 다녔다. 호기심에 삼륜차를 택하여 탔지만 언덕길에서는 속도를 내지 못하고 걸핏하면 체인이 벗 겨져 시간이 택시보다 배는 더 걸렸다.

　광개토대왕비는 집안 시내에서 약 4킬로미터 떨어진 대왕향(大王鄕)에 있었 다. 입장료가 30원으로 외국인에게는 더 받는다고 했다. 나는 그때까지 광개토 대왕비로 알고 있었는데, 비각의 현판에는 호태왕비(好太王碑)로 새겨 있었다. 이 비석은 광개토대왕의 뒤를 이은 장수왕이 선왕의 공적을 기리기 위해 서기 414년에 이곳에다 세운 것이다. 비의 높이는 6.39미터에 무려 37톤이나 되는 4면의 현무암 바위로 4면에는 모두 1,775자의 비문이 새겨져 있다고 한다. 이 비문이 세상에 널리 알려진 것은 1884년 일본 육군참모부 포병중위로 첩보요원이었던 사카와 가케노부에 의해서였다.

첫단추부터 꼬이기 시작했다. 일본은 한때 이 비를 일본에 가져가 국보로 삼아야겠다고 여길 만큼 비문의 가치를 높이 평가했다. 그것은 이 비문이 당시 일본이 심혈을 기울였던 임나일본부설을 뒷받침해 준다고 믿었기 때문이다. 마침 나는 대학 2학년 때, 강만길 교수로부터 '사적해제' 강좌를 수강한 적이 있었는데 꽤 여러 시간 동안 이 비문에 대한 강의를 들은 적이 있어, 이 비문에 대한 구구한 해석이 한일 역사학자 사이에 문제되고 있음도 어렴풋이 알고 있었다. 교활한 일본인이 이 비문의 글자를 훼손 날조하여, 자기네들이 4세기에 한반도 남단에 일본의 식민지를 건설하였다는 억지 주장을 합리화시킨 비열한 역사 왜곡이라고 비분하시던 모습이 선하다.

내 얕은 학식으로 비문을 몇 자 읽을까 하여 비석에 다가섰으나 오랜 풍상에

고구려 제20대 장수왕의 무덤으로 추정되는 장군총 |

마모된 탓으로 비문의 글자는 거의 해독할 수 없었다. 중국 정부에서는 역사적 유물로서의 가치와 관광자원 보호를 위해 더 이상 마모를 방지하고자, 1982년 현재의 비각을 지어 비석을 보호하고 있다고 했다.

장군총(將軍塚)은 호태왕비에서 조금 떨어진 압록강이 환히 내려다보이는 야트막한 언덕에 자리잡고 있었다. 5세기에 건립된 이 장군총은 고구려 제20대 장수왕 무덤으로 추정하고 있다.

장군총은 각 변의 길이가 31.6미터의 정방형으로 가공한 1천여 개의 화강암을 7층 계단식으로 쌓아 올렸다. 맨 위층은 묘실이었는데 관을 놓았던 석관 자리는 텅 비어 있었다. 중국 인민정부에서 관리하고 있다지만 아무나 장군총을 오를 수 있어서 이대로 내버려 둔다면 한낱 돌무더기에 지나지 않게 될 것 같아서 안타까웠다.

# 24. 피눈물 흘리며 건너던 강

– 단장의 압록강

장군총에서 돌아오면서 압록강에 들렀다. 강 건너 빤히 보이는 곳이 북한의 만포(滿浦)였다. 강 이편에서 부르면 강 저편에서 대답할 수 있는 거리로 그야말로 지호지간이었다. 하지만 나그네는 배가 있어도 '건널 수 없는 강'으로, 내 나라이면서도 마치 남의 나라로 여기면서 이국땅에서 아픈 마음으로, 강을 사이에 두고 내 조국 산하를 바라만 보았다. 북한의 산들은 대부분 벌거숭이로 연료난이 매우 심각한 모양이었다. 멀리 국기 게양대에는 북한의 인공기가 펄럭거릴 뿐, 팽팽한 긴장감은 보이지 않는 적막강산이었다.

'물빛이 오리 머리 빛과 같다' 하여 압록(鴨綠)이란 이름이 붙여진 이 강은 백두산 남동쪽에서 발원하여 중국 동북지방과 국경을 이루면서 황해로 흘러간다. 이 압록강은 그 길이가 790여 킬로미터로 우리나라에서 가장 긴 강이다. 이 압록강도 두만강과 함께 일제시대에 이 땅의 백성들이 정든 고향을 등지고 중국 대륙으로 쫓겨 갔던 애환이 서린 강이었다.

마침 강으로 내려가는 계단이 있기에 예까지 온 기념으로 압록강 강물에 손이라도 씻은 후, 기념촬영을 하려고 내려갔다. 돌덩이에는 '중조 압록강(中朝鴨綠江)'이라고 흰 바탕에 붉은 글씨로 새겨져 있었다.

거기서 사진을 두어 장 찍은 후, 강물에 손을 닦고 나오는데 "여기서 사진을

조중 국경인 압록강

찍은 사람은 일인당 2원을 내십시오"라는 한글 팻말이 있었다. 분명 내려갈 때는 그런 글귀가 보이지 않았는데 오를 때만 보이게 팻말이 놓였고, 그 곁에는 늙수그레한 중국 여인이 어색한 웃음을 지으며 손을 내밀었다. 4원을 주고 나오면서 어쩐지 입맛이 씁쓸했다. 여기서도 중국인들은 우리나라 분단을 이용해서 철저히 돈을 챙기고 있었다. 도문에서도 그랬다. 아니, 중국만 그런 게 아니고 주변 강대국들 모두가 그런지도 모른다. 분단 극복은 우리 겨레가 이루어야지, 외세의 힘을 빌리면 그네들의 국익에 이용당하는 또 다른 절름발이 통일이 될지도 모르겠다.

우리나라 역사상 가장 영토가 넓었던 때는 바로 고구려 광개토대왕 재위 시절이다. 대왕은 정복 군주로서 남으로는 한강 이남까지 진출하였고, 북으로는 후연(後燕)을 쳐서 요동을 차지하였으며, 숙신(肅愼)을 굴복시켜 지금의 하얼빈 일대까지 차지하는 전성기를 이뤘다. 우리가 '만주는 우리 땅'이라고 한 까닭도 여기에 있다. 하지만 그것은 한때의 흘러간 영화였다. 조상이 아무리 영토를 넓힌들 그 후손이 제대로 지키지 못하면 그것은 한낱 남가일몽에 불과하다. 나는 집안을 떠나면서, 다가오는 21세기에는 분단된 국토를 통일시키고 나라의 힘을 세계만방에 떨칠 광개토대왕 같은 위대한 지도자가 나타나기를 마음속으로 빌었다.

## [다시 찾은 압록강]

제3차 답사는 독립지사들이 고국을 떠났던 길을 따라 더듬었다. 경의선 열차를 타고 단동으로 갈 수 없어서 인천공항에서 선양으로 간 뒤 다시 단동으로 내려와 거기서 망명객들의 발길을 좇았다.

3차 답사 일행은 모두 여섯 사람으로 독립운동가 후손 이항증 씨, 김시준 씨, 그리고 안동문화방송국 권순태 프로듀서, 최종태, 손대훈 카메라 기사 등이다. 안동문화방송국에서는 2004년 8·15특집 다큐멘터리로 '혁신 유림'이라는 작품을 기획하였다. 독립운동가 후손이 조상의 발자취를 더듬는 답사 여정을 카메라에 담는 프로로, 나는 그 코디네이터(안내) 역을 맡았다.

1910년 나라가 망한 전후 독립지사들은 대부분 열차로 신의주에 가서 거기서 압록강을 건너 안동(현 단동)에서 마차를 타고 목적지로 향했거나, 압록강에서 일제 군경의 눈을 피하고자 한족의 나룻배를 빌려 타고 만주로 갔다. 해방 60년이 다 되었지만 여태 국토분단으로 그 길을 그대로 밟을 수 없었다. 우리 일행은 서울에서 신의주까지의 길은 갈 수 없어서 생략하고, 선양으로 가서 다시 단동으로 내려와 거기서 조상의 발자국을 더듬기로 했다. 비행기를 타고 선양에 도착하자 공항 대합실에는 미리 연락을 받은 김시준 씨 조카가 차와 기사를 대기시켜 놓고 기다리고 있었다. 승용차는 10인승으로 기사는 뜻밖에 여성이었다.

곧장 단동으로 떠났다. 선양에서 단동 간은 3백 킬로미터 가까운 거리로 고속도로였다. 5년 전과는 달리 그새 도로가 잘 닦여 쉬운 답사라고 좋아했던 것도 잠깐이었다. 한 시간여 잘 달리다가 갑자기 길이 막혔다.

아무런 안내방송도 없었다. 기사나 승객이나 그냥 죽치고 길이 뚫리기를 기다렸다. 어느 한 사람 불평하는 이 없이 밖으로 나와서 담배도 태우고 용변도 보면서 느긋하게 기다렸다. 한 시간여 지나자 저절로 길이 뚫렸다. 한참 달리자 '초하구(草河口)'라는 지명이 나왔다. 기억을 더듬어 보니 병자호란 때 볼모로 심양에 잡혀가면서 봉림대군이 읊은 시조에 나왔던 지명이었다.

청석령 지났느냐 초하구가 어디인가
호풍도 차기도 차구나 궂은비는 무슨 일인고
아무나 행색 그려내어 임 계신 데 드리고자

병자호란 때 인조 임금이 삼전도에서 청나라 태종에게 항복문서를 바치고 사랑하는 아들과 삼학사를 비롯한 충신들을 심양 땅으로 떠나보냈다. 이 길이 바로 그 조상들이 피눈물을 흘리며 지나갔던 길이다.

예나 지금이나 나라가 힘이 없으면 강대국에게 온갖 수모를 다 당한다. 그때 끌려갔던 백성들, 특히 수많은 여인들은 청국 군사의 성 노리개가 되고 늙고 병들어 고국에 돌아온 여자를 '환향녀(還鄉女)' 곧 화냥녀로 불렀다. 일제 때 정신대의 원조 격이다. 나라는 그때 무엇을 했으며, 사람들은 돌아온 그들에게 무슨 자격으로 돌을 던졌을까?

저녁 8시 무렵, 고속도로 중간에서 머무는 바람에 예상과는 달리 늦게야 단동에 도착했다. 기사는 압록강변에다 차를 세웠다. 압록강 철교를 처음으로 볼 수 있었다. 압록강이 내려다보이는 국문빈관에다 여장을 풀었다.

단동은 요동반도 동남쪽 압록강변에 위치한 도시로 한반도와 중국, 러시아와 유럽대륙으로 연결되는 국제철도망 접근이 용이한 지리적 요충지다. 옛 이름은 안동이었으나 1965년 단동으로 개명하였다. 단동은 중국 최북단 부동항과 북한과 유라시아를 연결하는 도로 철로망을 갖춘 육해공의 입체교통이 편리한 개방도시이다. 단동은 압록강 하구부의 신의주와 철교로 연결된다. 원래는 작은 마을이었으나 개항이 된 3년 후 일본의 대륙 진출의 문호로서 발전하였다. 서울에서 심양으로, 다시 단동으로 옛 조상들이 한 달은 더 걸렸을 여정을 하루 만에 달려와서 압록강변에서 '국경의 밤'을 지켜보고 있다.

### 단장의 압록강

다음날 아침 눈을 뜨자 뿌연 물안개에 휩싸인 압록강 철교와 강물이 한눈에 들어왔다. 아직 어둠이 가시지 않았지만 카메라를 들고 강가로 갔다.

강가에서 가늠해 보니 서울의 한강보다는 더 넓고 수심이 깊어 보였다. 압록강을 가로지르는 철교는 한때 우리 동포들이 중국으로 가는 길목으로 북한 신의주와 중국 단동을 잇고 있다. 이 철교는 1908년 8월에 착공하여 1911년 10월에 준공했다. 초기에는 교량 중간에 개폐식 장치를 하여 선박을 통과시켰다고 한다. 이 철교는 1950년 한국전쟁 때 미군들이 폭파했던 것을 그 왼편에 다시 세

압록강 철교, 오른쪽은 1950년 11월, 항미원조전쟁(한국전쟁) 때
끊어진 다리를 역사의 교훈으로 남겨 둔다고 다리 난간에 기록돼 있다.

웠다.

1910년 경술국치를 전후로 신민회를 중심으로 한 민족지사들이 국외 독립기지를 만들기 위하여 주로 압록강을 건너 서북간도와 남북 만주, 러시아 연해주 지역으로 갔다. 이상설, 이동녕, 이회영, 이상룡, 김동삼 등 민족 지사들이 압록강을 건너 단동, 관전, 환인현의 횡도천을 거쳐 통화, 유하현 삼원포로 이동했다고 한다. 이들 중 몇몇은 40~50여 명의 가족단을 이끌고 네 마리 혹은 여덟 마리 한족 마차를 빌려 타고 열흘에서 보름 걸려 목적지에 이르렀다고 한다.

우리 동지는 서울서 오전 8시에 떠나서 오후 9시에 신의주에 도착, 그 집(주막)에 몇 시간 머물다가 압록강을 건넜다. 국경이라 경비가 철통 같지만 새벽 3시쯤은 안심하는 때다. 마침 강이 꽁꽁 얼어서 중국 노동자가 끄는 썰매를 타면 두 시간 만에 안동(단동)현에 도착된다. 그러면 이동녕 씨 매부 이선구 씨가 마중 나와 처소로 간다. 안동현에는 우당장(이회영)이 방(여사)을 여러 군데 마련하여 여러 동지들이 유숙할 곳을 정하여 놓고, 국경만 넘어가면 그곳으로 가 있게 하였다. ─ 이은숙, 『가슴에 품은 뜻 하늘에 사무쳐』, 47쪽

1910년 1월 27일에는 드디어 압록강을 건넜다. 이때 북풍은 살을 에는 듯하고 강의 하늘은 암담한데 다만 일본 경관이 언덕 위에 높다랗게 걸터앉아 사람을 만나면 행적을 따져 물을 뿐이었다. 부군(이상룡)은 비분함을 견디지 못하여 강을 건널 적에 시를 지었다.

이미 내 논밭과 집 빼앗아 가고
다시 내 아내와 자식 해치려 하네
차라리 이 머리는 자를 수 있지만
무릎 꿇어 종이 되게 할 수 없도다.
旣奪我田宅 復謀我妻孥
此頭寧可斫 此膝不可奴

안동현에 이르러 마차를 사서 7일 만에 회인의 횡도천에 이르러 집을 세내어 거주하였다. ─ 이준형, 『석주 이상룡 유사』, 8쪽

또 다른 이동로는 일제의 눈을 피하기 위해 압록강 철교를 건너지 않고 신의주에서 나룻배를 빌려 곧장 압록강 상류로 거슬러올라가서 횡도천에서 환인, 통화로 가는 길이었다. 왕산 허위 선생 후손, 구미 임은동 허씨 일족들은 이 뱃길로 만주로 향했다.

신의주 손병사 집에서 이틀을 묵는 동안 만주로 들어갈 준비를 보충했다. 배 네 척을 구하고 소금 친 갈치도 몇 상자를 사서 실었다. 훗날 이 소금으로 몇 달 잘 먹었다. 만주에는 소금이 귀했다. 배는 돛단배였고 사공은 중국인들이었다. 압록강을 타고 거슬러올라가는 것이 육로로 가는 것보다 수월하고 안전하다고 했다. 강에 떠 있으면 일본 순사들과 마주칠 일도 없으니까. 다행히 날씨가 좋아 배는 바람을 타고 순조롭게 잘 갔다. ─허은, 『아직도 내 귀엔 서간도 바람소리가』, 41쪽

## 중국 공안에게 여권을 뺏기다

선조들의 이런 저런 도만(渡滿) 사연을 떠올리면서 압록강과 철교 장면을 실컷 카메라에 담고 숙소로 돌아왔다. 나만 본 게 아쉬워서 옆방 카메라 기사 최종태 씨의 방문을 두드렸다. 곧 그들도 카메라를 들고 나왔다. 그게 나의 큰 실수였다.

일행 모두 아침 산책 겸 압록강가로 나와서 산책도 하고 카메라로 강변을 스케치했다. 최종태 씨가 막 삼각대를 펼치고 압록강 철교를 촬영하고 있는데 건장한 두 사람이 다가왔다. 그들은 중국 공안이라고 신분증을 보여주었다. 중국 말에 능통한 김시준 씨가 다가가서 통역 겸 우리의 처지를 말했다. 그들은 김시준 씨의 말에는 귀 기울이지 않고 우리 일행의 여권부터 보자고 했다.

공안은 일행의 여권을 다 확인한 후 다시 비자를 보자고 했다. 우리 일행의 비자는 단체관광비자였다. 답사기간중에는 한중간 '고구려 문제'가 부각되고 있던 터라 여행자에 대한 중국 관리의 태도가 돌변해서 취재 여권은 잘 내주지 않기에 관광비자로 입국했던 것이다.

김시준 씨는 공안에게 우리 일행은 독립군 후손으로 "조상의 항일유적지를

둘러보러 왔다"고 해도, 그들은 막무가내 비자에 쓰인 '관광' 목적을 위반했다면서 여권을 압수했다. 그러고는 승용차를 타고 유유히 떠나면서 9시에 아리랑빈관 커피숍으로 오라고 했다. 애초 우리 일행의 일정은 오전에 압록강 일대를 취재한 후, 정오에 단동을 출발하여 조상들이 갔던 길을 따라 취재할 계획이었다. 일정에 차질이 생겼다. 어쩌면 최악의 경우 추방될지도 모른다. 아무튼 출발부터 기분을 일순에 망쳐 버렸다.

약속된 시간이 되어 나와 권 프로듀서, 김시준 씨, 셋이서 아리랑빈관 커피숍에 갔다. 공안은 자기네 통역과 함께 나타났다. 꼬치꼬치 따지는 게 쉽사리 해결될 것 같지 않았다. 공안은 빈관에 남아 있는 세 사람까지 모두 오게 했다.

그는 백지를 주고는 성명, 주소와 연락처를 쓰게 했다. 그는 내가 인적사항을 쓰는 걸 지켜보면서 아주 달필이라고 칭찬했다. 나는 그 틈을 노려서 필담으로, "韓中悠久善隣友好(한중유구 선린우호)" "善處感謝(선처 감사)"라고 썼다. 그러자 그는 고개를 끄덕이면서 우리를 당장 추방할 수도 있지만 봐주겠다고 했다. 마침 선양 주재 한국 영사가 북조선 용천에 물자를 보내는 일로 단동에 머물고 있는데, 그가 우리의 신원을 보증해 주면 그 자리에서 끝내 주겠다고 했다. 그는 손전화로 영사에게 연락하더니 오후 4시에 영사가 우리가 묵고 있는 빈관으로 오겠다고 약속했다면서 그때 보자고 했다.

한 세기 전, 조상들의 발자취를 더듬는 것조차 못하게 하는 처사가 우리로서는 도저히 이해가 안 되었지만 말도 잘 통하지 않는 그들에게 따질 수도 없는 일이었다. 이미 본사에 연락을 취한 권 프로듀서는 침착하게 "그러면 좋다. 그때까지 취재는 허가해 달라"고 하자 공안은 쉽게 들어주었다. 우리 일행은 아리랑빈관을 나온 후 아무 일도 없는 듯, 단동역으로 갔다. 거기서 단동역사와 거리, 뒷골목길을 취재했다. 단동역사와 거리는 화려했지만 뒷골목에 들어서자 아직도 1920-1930년대 모습이 그대로 남았다. 당시의 허름한 여관이 아직도 그대로 영업을 하고 있었다. 아마도 일제에 쫓긴 가난한 조선 백성들이 압록강을 건너와서 이런 여관에서 묵었을 게다.

## 통화로 가는 길

오후 4시 중국 공안이 빈관 로비로 왔다. 그런데 영사는 오지 않았다. 용천에 보내는 물품 하역 현장 일이 늦게 끝나고 길이 막혀서 약속시간보다 늦겠다고 전화가 왔다.

40분쯤 지나 박인규 선양 부총영사가 나타났다. 그는 인상도 매너도 좋았다. 시간 늦은 것을 정중히 사과한 후, 우리의 사정을 경청한 뒤 곧장 중국 공안에게 우리의 신변 보증을 서 줬다. 그러자 공안은 여권을 모두 돌려주면서 중국을 떠날 때까지 앞으로는 관광만 하라고 했다.

공안이 떠난 후 박부영사는 최근의 고구려사 문제로 한중 외교상의 미묘한 관계를 설명하면서 때가 좋지 않다고 매사 조심하라고 신신당부를 했다. 하지만 여기까지 와서 그냥 갈 수야 없지 않은가. 독립운동도 어려웠지만 그 유적답사도 매번 쉽지 않았다. 그렇다고 어찌 선조들과 견줄 수야 있으랴. 선뜻 신원 보증을 해준 박부영사가 무척 고마웠다.

이래저래 오후 6시가 넘었다. 애초 여정은 점심식사 후 곧장 단동을 출발하여 통화로 이동하면서 조상들이 걸어서, 또는 마차로 다녔던 그 길을 그대로 밟는 것이었다.

우리 일행은 서둘러 저녁밥을 먹고 단동을 출발했다. 단동을 떠날 때는 해가 서편 하늘에 있었지만 점차 땅거미가 지고 어두워 갔다. 통화로 가는 길은 단동과 멀어질수록 노폭도 좁아지고 포장 상태도 좋지 않았다. 환한 대낮에 이 길을 쉬엄쉬엄 달리며 조상의 발자취를 더듬고자 했던 애초의 계획은 완전히 빗나가고 말았다. 단동에서 통화까지는 3백 킬로미터가 넘는 먼 길이었다. 지도에는 그 길이 붉은색으로 표시돼 있어 포장된 좋은 길로 알았으나 곳곳이 비포장에다가 산길 들길로 노폭이 좁아 승용차가 속력을 낼 수 없었다. 한밤중에 가로등도 없고 이정표도 눈에 별로 띄지 않아서 아주 힘든 길이었다. 그래도 기사 진수영(38세) 씨는 생글생글 웃으며 야무지게 차를 몰았다. 가는 도중의 관전, 환인은 독립운동사에 자주 나오는 지명으로 항일유적지다. 표지판만이라도 카메라에 담고 싶었지만 어두워서 잘 보이지 않았다.

이 길을 열흘씩 보름씩 걸려 마차를 타고 생면부지의 만주 땅을 달렸을 그때 우리 조상들의 고초는 얼마나 심했을까? 일제의 종이 될 수 없어 고향의 집과 논밭 다 버리고, 낯설고 물선 이국땅에 망명도생하면서 후손을 위해 독립의 씨앗을 뿌렸던 민족지도자들의 그 높은 뜻을 오늘의 우리가 어찌 헤아리겠는가.

조국을 이별한 지 일망(一望, 보름)이 되는데, 무정한 광음(光陰, 세월)은 송구영신의 신해년(1911)이 되었다. 정월 초아흐렛날에 임시로 정한 횡도촌(橫道村)으로 향하였다. 육형제 식구와 둘째댁은 출가 여식까지 데리고 와 마차 십여 대를 얻어 일시에 떠났다. 안동(단동)현서 횡도촌은 5백여 리가 넘는지라, 입춘이 지났어도 만주 추위는 조선 대소한 추위와 견줄 수 없는 추위이다. 노소 없이 추위를 참고 새벽 네 시만 되면 각각 정한 마차주는 길을 재촉해 떠난다. 채찍을 들고 '어허!' 소리 하면 여러 말들이 고개를 치켜들고 '으흥' 소리를 하며 살같이 뛴다. 우당장(이회영)은 말을 몰아 강판에서 속력을 놓아 풍우같이 달리신다. 나는 차 안에서 혹 얼음판에서 실수하실까 조심되었고, 6-7일 지독한 추위를 좁은 마차 속에서 고생하던 말을 어찌 다 적으리오.
— 이은숙, 『가슴에 품은 뜻 하늘에 사무쳐』, 49-50쪽

# 25. 양세봉 장군의 행적을 찾아서

- 왕청문

청하(淸河)를 거쳐 신빈(新賓)으로 그동안 잘 달리던 아스팔트길에서 비포장도로로 접어들었다. 장마로 노면의 굴곡이 심해서 마치 파도를 타는 기분이었다. 이곳 지리에 밝은 김중생 씨는 비포장도로부터 랴오닝성(遼寧省)이라고 했다. 중국은 성마다 독립채산제라 그 성의 재정 형편에 따라 도로 사정, 통행료가 다르다고 했다. 우리 일행은 어느새 지린성에서 랴오닝성으로 들어선 셈이었다. 구름 낀 탓인지 날도 어지간히 저물어 땅거미가 스멀스멀 지고 있었다.

이곳 도로에는 이따금 소떼, 양떼, 오리떼가 길을 막았다. 동물도, 그들을 몰아가는 주인도 차에는 전혀 신경을 쓰지 않았다. 당신들이 알아서 가는 유유자적한 걸음새였다. 중국인 특유의 만만디인가 보다. 가축조차도 주인을 닮았다.

하긴 어차피 유한한 인생, 팔딱팔딱 조급하게 살 필요가 없다고 생각한다. 그렇게 산다고 내 수명이 더 연장될 것도 아니고 오히려 건강만 상할 테다. '욕속부달(欲速不達)'이라는 말이 있는데, 일을 너무 급히 서두르면 도리어 이루지 못한다는 말이다. '빨리빨리'에 익숙한 한국인들은 모름지기 중국인들의 유유자적한 만만디 정신을 배워야 하지 않을까?

중국 양쯔강의 오리 장수는 상류에서 오리 새끼 몇 마리를 부화시켜서 가족과 가구를 배에다 싣고 하류로 쉬엄쉬엄 흘러가면서 그 오리를 기른다. 강을 따라 흘러가는 사이, 새끼는 어미가 되고, 그 어미가 낳은 알은 다시 부화시키고 …. 그렇게 두세 해를 보내면서 하류에 이르면 오리는 기하급수로 불어나 수천 마리가 된다. 주인은 오리를 도매상에게 넘기지 않고 상하이 거리에 주저앉아 몇 달이고 간에 다 팔아치운다. 그런 후에야 다시 상류로 거슬러 유유히 고향으로 돌아간다. 그렇게 양쯔강을 오르내리면서 자식도 낳고 손자도 본다. 그렇게 몇 차례 오가면서 평생을 보낸다고 한다.

중국은 다민족 국가이다. 중국 인민의 90퍼센트 이상은 한족이고, 그 나머지는 무려 55개나 되는 소수민족이 살고 있다. 이 소수민족 중에는 조선족 2백만여 명도 포함돼 있다. 중국은 이들 소수민족에 대해서도 만만디 정책을 펴고 있다. 이민족에게 강압으로 동화정책을 펴지 않고 소수민족의 자치도 인정한다. 중국 변방에는 소수민족의 자치주가 여럿 있는데 연변 조선족 자치주도 그 하나이다.

중국은 일본처럼 단시일 내에 어떤 결과를 얻으려 하지 않는다. 일제의 창씨개명' '황국신민화' 정책은 이민족에 대한 반감만 키우고 실패로 끝났다. 이렇게 볼 때 만만디 정신은 느슨해 보이지만 도리어 그 뒷면은 무서운 중국인의 정신이다. 이민족도 오랫동안 자기네 땅에서 살다 보면 끝내 한족에게 동화·흡수되리라는 게 그들 중국인의 잠재된 생각일 것이다.

일찍이 린위탕(林語堂)은 중국인의 성격을 '원만·인내·무관심·노회(老獪)·평화주의·지족(知足)·보수주의' 등으로 설명하였다. 여기에 빠진 게 있다면 그들의 자존심, 곧 중화사상이다. 그들은 일찍이 인류문명을 일으켰다는 자긍심이 대단하며, 오랜 역사와 전통을 자랑으로 여기고 대국의 체통을 지키려는 잠재의식 또한 대단하다.

신빈으로 가는 길,
이 산하 언저리가
조선혁명군 총사령
양세봉 장군이
활약했던 격전지이다.

## 왕청문

저물녘이 되어 닿은 곳은 독립운동사에 중요한 지역으로 자주 오르내리는 왕
청문(旺淸門)이었다. 이곳은 1919년 3월 서간도 지역의 3·1만세운동으로 일제
관헌에 의해 여러 사람이 살상되었으며, 1920년대에는 국민부 본부가, 1930년
대에는 조선혁명군 본부가 있었다. 이미 땅거미가 진 어둑한 시간임에도 조선
혁명군 총사령관으로, 항일투쟁중 마흔 살의 젊은 나이에 순국한 양세봉(梁世
奉) 장군의 석상을 찾고자 왕청문소학교(교문 하나에 소학교 중학교가 나란히
붙어 있었음)로 갔다.

운동장 한편에 화강암으로 양세봉 장군의 흉상이 우뚝 세워져 있었다. 그분
은 우리나라보다 중국에서 항일 명장으로 특별 예우를 받고 있었다. 우상 숭배
를 배격하는 중국에서 조선인의 석상 수립은 매우 이례적이라고 한다. 어스름
이 짙어지는 시간이라 참배에 앞서 서둘러 카메라 셔터부터 부지런히 눌렀다.
카메라 플래시를 차에다 두고 왔기에 하는 수 없이 조리개를 최대로 열고 기도
하는 마음으로 앵글을 잡아 셔터를 눌렀다.

흉상 아래 화강석에는 검은 글씨로 '抗日名將梁世奉(항일 명장 양세봉)'이
라고 새겨졌는데, 이 석상은 동북 조선족들의 성금으로 세웠다고 석상 뒷면에

씌어 있었다.

## 항일 명장 양세봉 장군

양세봉은 1896년 음력 6월 5일, 평북 철산군 세리면에서 오남매 중 장남으로 태어났다. 다른 이름은 서봉(瑞鳳), 윤봉(允鳳)이며 호는 벽해(碧海)이다. 어린 시절 집안이 가난하여 서당에서 소사로 일하면서 어깨너머로 글을 깨쳤다. 일제의 침략이 이 지역에도 미쳐 선량한 주민에게 온갖 만행을 저지르는 모습을 본 소년 세봉은 그때부터 항일 의식이 싹텄다.

1909년 10월, 안중근 의사가 하얼빈역에서 일제 침략의 원흉 이토 히로부미를 처단했다는 소식을 듣고, 세봉은 자기도 안의사와 같은 인물이 되고자 결심했다. 16세가 되던 해, 아버지가 돌아가시자 집안 살림을 맡아 가계를 꾸려 나갔다. 20세에 결혼했으나 가세가 기울어 더 이상 국내에서 생활하기가 곤란했다.

이듬해 겨울, 만주로 건너가서 중국인의 소작농으로 생계를 이어 갔다. 1919년 봄, 신빈현 홍묘자로 이사하여 살던 중에 만주 땅에도 3·1독립만세운동이 일어나자, 청년 세봉은 흥동학교 이세일과 함께 한인들을 모아서 만세운동을 주도했다. 1922년에는 독립단 대장인 김명봉·정창하 등과 독립단 소속 지방 공작원이 되었다. 그때 양세봉은 독립단에 식량을 공급하면서 독립운동 일선에 나섰다.

그해 겨울, 국경을 넘어와서 의주·삭주·귀성군의 경계에서 항일투쟁을

양세봉 장군 석상

전개하고 있던 천마산대(天摩山隊)에 가입하여 창성군 대유동 경찰서, 금광사무소와 영림창을 습격하였다. 이곳에서 군수물자와 금괴를 빼앗아서 군자금으로 충당하기도 했다. 그 이듬해 봄, 일제의 토벌이 극심해짐에 따라 천마산대는 남만주 유하현으로 이동해서 '광복군총영'과 합류하여 광복군 철마별영으로 확대 개편되었다.

이때 양세봉은 검사관으로 임명되어 불량한 병사들을 선도하는 군기 확립에 온 힘을 쏟았다. 아울러 의용군의 훈련도 강화시켜 정규군 수준으로 끌어올리자, 광복군 총영장 오동진 장군으로부터 크게 신임을 받았다.

1924년, 양세봉은 남만의 여러 독립운동단체가 통합·개편한 참의부에 소대장으로 임명되었다. 그해 5월 16일에는 참의부 소대장으로 국경을 넘어 평북 초산과 강계에서 일경과 교전하여 수명의 일경을 사살하였으며, 5월 19일에는 조선총독 사이토 마코토가 국경지역인 압록강을 순시한다는 정보를 들었다.

양세봉은 제2중대 1소대장 한웅권과 합세하여 일제의 경비가 미치지 않는 만주쪽 강 절벽에다가 저격병을 배치하여 사이토 총독이 압록강 경비선을 타고 지나갈 때 사격을 가했다. 비록 사정거리가 멀고 경비선이 전속력으로 달려서 뜻을 이루지는 못했지만 사이토 총독의 간담을 서늘케 했다.

이러한 양세봉의 용맹이 알려지자 곧 참의부 제3중대장으로 승진했다. 같은 해 11월, 지린에서 결성된 통합군단 정의부에 들어가 제1중대장에 임명되어 일제 군경을 제거하는 데 앞장섰다. 그 무렵 중국에서는 국공합작에 따라 통일전선이 형성되고 국내에서도 좌우익의 통합체인 신간회를 결성하는 등, 연합전선을 추진하는 통합운동이 일어났다. 이에 1928년 5월, 만주 지역에서도 정의부를 주축으로 전민족유일당 조직회의가 열리자 양세봉은 민족유일당 결성과 삼부 통합운동 등 민족운동 세력의 단합을 위해 헌신했다.

1929년 4월 정의부를 주축으로 새로운 군정부인 국민부가 조직되자 양세봉은 제1중대장이 되었다. 그는 일제의 주구기관인 선민부(鮮民府:재만 조선족 친일

단체. 민족운동 세력의 탄압에 앞장섰음)를 토벌하는 것을 주 임무로, 일제 기관을 습격하고 일제의 밀정을 처단했다.

1931년 만주사변 후 일제의 동북지방 침략이 본격화하자, 양세봉은 왕청문의 중국인 실력자 왕동헌(王彤軒)의 요령농민자위단과 연합부대를 편성하여 일제와 맞서 싸웠다. 양세봉은 항일전선에 나선 후 초지일관 용맹하게 투쟁한 경력을 인정받아서 35세의 나이로 조선혁명군 총사령이 되었다.

조선혁명군 총사령 양세봉은 일제와 결전을 수행하기 위하여 통화현 강전자에 속성사관학교를 세워 독립군을 양성하면서 요령농민자위군과 조선혁명군이 연합하여 일본군과 2백여 차례의 대소 전투를 치렀다. 마침내 한중연합작전으로 영릉가(永陵街)전투에서 일본군 대부대를 섬멸하는 전과를 거뒀다. 양세봉의 조선혁명군은 국내에도 여러 차례 소부대를 밀파하여 일제 군경을 습격하거나 군자금을 모으기도 했다. 현재까지 밝혀진 자료에 따르면, 조선혁명군은 1932년에 16차에 걸쳐 1백여 명, 이듬해 10차에 걸쳐 140여 명을 국내에 침투시켰다.

일제는 양세봉 조선혁명군 총사령을 제거하기 위해 여러가지 음모를 꾸몄다는데, 그 한 가지가 현상금을 걸어서 돈에 눈먼 밀정을 총동원시키는 것이었다. 일제의 밀정 박창해는 중국인 '왕(王)'이란 자를 매수하였다. 그는 사전에 일제와 모의한 바, 양장군이 그 흉계에 말려들면 환인현 소황구의 골짜기로 유인키로 했다. 밀정 박(朴)은 중국인 왕을 통해 양세봉 장군에게 중국군 사령관이 군사문제를 협의하고자 양장군을 만나고 싶어한다는 흉계를 꾸몄다. 양세봉은 왕의 말을 조금도 의심치 않고 약속 장소로 가던 중, 갑자기 옥수수밭에서 뛰쳐나온 수십 명의 일본군에게 포위되었다. 양세봉은 투항을 거부하다가 그 자리에서 집중사격을 받아 장렬한 최후를 맞았다.

양세봉이 순국하자 동지들은 일제가 모르게 산 중턱에다 평장(平葬)하였다. 그러나 일제 경찰이 이를 탐지하여 묘를 파헤치고 양장군의 시신을 꺼내 목을 잘라서 통화현 시내에 효수(梟首:죄인의 목을 베어 높은 곳에 매달아 놓던 형벌)했다고 한다. 양장군의 흉상을 우러러볼수록 절로 고개가 숙여졌다. 남의 나라 땅에 이렇게 훌륭한 석상이 동포들의 손으로 세워지다니…. 그분의 위대한 생애와 조선족들의 갸륵한 정성이 눈물겹다.

"동북의 조선족들이 조국에 있는 사람들에게 본을 보인 석상이에요."

김중생 씨는 참배를 마치고 차에 오르면서 정작 조국에서는 아직도 독립운동을 하다 돌아가신 선열에 대한 예우가 소홀함을 섭섭해했다.

## 독립운동가의 후손

만주에서 양세봉 장군을 두 차례 뵌 적이 있었던 허은 여사는 회고록에서, 가슴 아픈 일화를 전하고 있다.

한번은 양세봉 씨가 대낮에 집에 불쑥 왔다. 밤낮으로 가정도 돌보지 않고 밖에서만

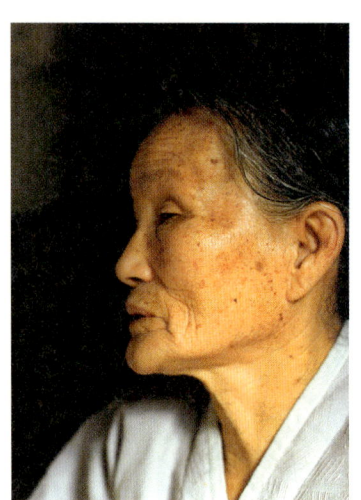

왕산 허위 선생의 당질녀이며, 석주 이상룡의 손부인 허은 여사. 두 가문의 파란만장한 항일 행적을 다 풀어놓지 못한 채 이승을 떠났다.

활동하던 이가 대낮에 집에 와서는 느닷없이 부인을 방으로 들어오라고 했다. 갑자기 그러니 방으로 들어가는 부인이 그만 가슴이 두근두근해졌다. 왜 그렇게 가슴이 벌떡거리느냐고 남편이 물어서 겁이 나서 그런다고 대답했다. 양장군은 혁명가의 아내가 그렇게 겁이 많아서 어디에 쓰겠냐고 하면서 가만히 보듬어 주면서 한바탕 대낮의 방사를 치렀다. 그래 놓고는 또 훌쩍 어디론가 떠나 버렸다.

그런 일이 있은 지 열 달 후, 그 아내는 사내아이를 낳았다. 시동생이 아이의 출생 소식을 전해 주려고 수소문해서 형님을 찾아갔다. 양장군이 "그래, 뭐 낳았냐"고 해서 아들이라고 하니, "그깟 일로 먼 길을 뭐 하러 왔냐? 빨리 돌아가라"고 하면서 딱 하룻밤 재워 보냈다.

먼 곳까지 길을 묻고 물어 찾아갔다는데…. — 허은, 『아직도 내 귀엔 서간도 바람소리가』

저녁 무렵 만족 자치현인 신빈에 도착해서 흥경빈관에 들었다. 늦은 점심에다 강행군으로 심신이 지쳐 저녁 생각이 없다고 했더니 김중생 씨가 빈관 밖에 나가서 만두를 사 왔다. 별미로 두어 개 먹은 다음 오랜만에 더운물에 샤워를 하니 온몸이 녹초가 됐다. 빈관 옆 공원에서는 무슨 행사인지 폭죽소리와 만족(滿族) 특유의 풍악소리, 사람들의 함성이 호기심 많은 나그네를 불렀다. 하지만 내 몸이 끝내 말을 듣지 않았다. "금강산도 '식후'경"이 아니라, '수면 후'인가 보다. 출국 후 가장 일찍 잠든 날이었다.

# 26. 독립군의 족쇄, '미쓰야협정'

   – 선양

## 국경·이념·세대를 초월한 만남

   신빈을 떠나 긴 여로 끝에 선양(瀋陽)*에 도착했다. 이따금 내리던 비가 선양 시내에 들어서자 굵은 장대비로 변했다. 조선족 거리인 서탑가(西塔街) 녕대빈 관에 여장을 풀었다. 꼬박 나흘 동안 신세를 지고 정이 들었던 운전기사인 왕빙 과 헤어질 시간이었다. 짧은 기간 예상보다 더 많은 항일유적지를 편안하게 돌 아볼 수 있었던 것은 왕빙의 운전 솜씨와 그의 젊음 덕분이었다. 그는 우리와 동 행하면서 조금의 불평도 피로감도 보이지 않고, 내가 사진 촬영을 위해 여러 번 달리는 차를 세워도 싫은 기색 없이 멈춰 줬던 순박하고 해맑은 청년이었다. 나 는 왕빙과 서로 언어가 통하지 않아 많은 대화는 나누지 못했지만, 마음과 마음 이 통한 탓인지 그가 마치 내 아들처럼 귀엽고 믿음직했다. 한편으로는 어릴 때 부터 중공군이면 무조건 나쁘다는 주입식 교육의 해독이 오래 남아 사물을 바 로 보지 못하는 실례를 몸소 겪기도 했다. 그러나 그와 나 사이에 무슨 이념의 차이가 있겠는가? 서로 다른 체제에서 산다는 것뿐, 사람의 근본은 다 같다는 생각이 들었다.

   헤어지기 직전, 나와 그는 악수를 굳게 나누고 부둥켜안았다. 그리고 서로간 나이를 잊은 채 스스럼없이 어깨동무로 기념촬영도 했다. 왕빙은 쏟아지는 장대비를 맞으며 온종일 운전하여 장춘으로 돌아가야 했다. 이항증 씨는 그의 노고에 감동된 듯 주머니를 털어 몇 푼 쥐어 주었다. 나도 주머니를 털었다. 언제 다시 만날 인연이 있을지 모르지만, 사람의 정이란 국경도 피부색도 초월하게 되나 보다. 이심전심이었는지 그와 나는 몇 차례나 손을 흔들었다. 아쉬운 작별을 하고 나는 그의 여운에 취해 그가 사라진 뒷모습을 한참 동안 그렸다. 사람의 정이란 이런 걸까?

객실에 오른 후 샤워를 하고 새 옷으로 갈아입었다. 금세 기분이 산뜻해졌다. 밖은 비가 계속 쏟아지지만

● **선양**

랴오닝성(遼寧省)의 성도로 인구는 약 4백만 명이며(2004년 조사 당시), 옛 이름은 봉천(奉天)이다. 예로부터 이 도시는 북방 유목민족과 한족 사이의 쟁탈의 대상이었다. 명나라 말에 만주족이 발흥하자 1625년 태조 누르하치가 여기에 도읍하고 성경(盛京)이라 했다. 19세기 말 러시아와 일본이 동북에 진출하자 선양은 그들의 목표가 되었으며, 1920년대에는 군벌 장쭤린(張作霖) 정권의 본거지가 되었다. 1932년 만주국이 건국되면서 선양은 봉천시로 바뀌고, 그 뒤 일본의 동북 지배의 주요기지로 발전하여 만주국 제일의 도시가 되었다. 제2차세계대전 뒤 만주국이 붕괴되자 도시 이름이 선양으로 복귀되었다. 선양은 동북지구 최대의 종합공업도시인 동시에 정치·경제·문화의 중심지로서 교통의 중추이기도 하다. 사적으로는 청나라 초의 궁성이었던 고궁(古宮)과 누르하치의 능인 동릉(東陵), 태종 홍타이지의 북릉(北陵)이 있다.

객실에서 빈둥거리기에는 역마살 나그네는 좀이 쑤셨다. 정오 무렵 빈관을 나와 선양 시내 답사길에 올랐다.

먼저 택시로 선양시 북쪽 왕화가(望華街)에 있는 '9·18기념탑'으로 갔다. 이곳은 만주사변의 불길이 치솟은 발화 터다. 돌로 만든 10미터 높이의 탑에는 '1931年 9月小 18 星期五 農曆辛未年'이라는 비극의 그날 달력을 크게 새겼고, 책을 펼친 모양의 탑 군데군데에는 총알자국과 대포를 맞은 자국처럼 홈을 파고 구멍을 뻥 뚫어 놓았다. 9·18만주사변의 치욕을 잊지 말자는, 총알과 대포알이 중국인의 가슴에 상처를 남겼다는 뜻으로 조각한 모양이었다. 전시실 1층 벽에 새겨진 '勿忘國恥(물망국치:나라의 치욕을 잊지 말자는 뜻)'라는 글이 보는 이의 마음을 아프게 했다. 우리나라나 중국 모두 일본에게 치욕을 당한 경

9·18기념탑

험에서 나오는 동병상련의 마음인가 보다.

1931년 9월 18일 밤 10시경, 선양(당시 봉천) 북쪽 유조구(柳條湖)의 만주 철로가 누군가에 의해 폭파되었다. 그것은 일본 관동군의 참모 이타가키가 계획적으로 일으킨 것으로, 1928년 6월 3일에 있었던 장쭤린 폭사사건의 재판이었다. 그러나 일본 관동군은 이를 중국군의 소행이라고 생트집을 잡아 만주 전역에서 군사행동을 감행했다.

이튿날 일본 관동군은 봉천성·북대영(北大營)·봉천비행장을 수중에 넣고, 이어서 랴오닝성·지린성을, 이듬해 2월 5일에는 하얼빈까지 점령함으로써 불과 몇 달 만에 중국 동북 전 지역을 장악하였다. 그런 후 그해 3월 괴뢰 만주국을 건립하여, 마침내 1934년 3월에는 청나라 마지막 황제였던 푸이를 꼭두각시로 만들어 만주국 황제로 등극시켰다.

이 만주사변은 우리 독립군 진영에도 엄청난 타격을 입혔다. 일제는 만주국을 위시해 자기들의 식민통치 강화를 위하여 1932년 봄부터 조선족이 모여 사는 부락에 대해 미친 듯이 토벌을 감행하여 수많은 참상을 빚었다. 이때부터 독립군 진영에 일대 변혁이 왔다. 독립전사 중에는 독립운동을 하기 위해 중국공산당에 입당하여 그들과 연합전선을 강화하는 이들도 있었고, 일부는 빨치산 투쟁에 가담하거나 일제에 투항하기도 하고, 상하이 또는 베이징으로 가거나 고국으로 잠입하기도 했다.

## 전승기념탑

9·18기념탑을 둘러본 뒤 선양역으로 갔다. 그 일대는 러일전쟁 전에는 러시아의 조차(租借:특별한 합의에 따라 한 나라가 다른 나라의 일부를 일정 기간 통치하는 일)지역으로, 선양역을 비롯한 일대 건물들이 지금도 대부분 러시아풍으로 남아 있었다. 하지만 러일전쟁에서 러시아가 패배하자 1905년 미국 포츠머스에서 체결된 '러·일강화조약'에 따라 선양역 일대는 일본에 넘어가 버렸다. 그러다가 1945년 8월 15일, 일본이 무조건 항복함으로써 다시 중국 정부에 돌아오게 되었다.

선양역 광장에 높게 선 전승기념탑의 꼭대기 탱크는 포문을 러시아 쪽으로 향하고 있었다. 동행한 김중생 씨는 중국이 '자기를 해방시켜 준 러시아에 감사하다는 뜻을 표시하기 위해 그렇게 만들었다고 설명해 주었다.

선양역 앞 만두집에서 간단히 요기를

전승기념탑

선양역

하고 부근에 있는 공안국을 찾아 나섰다. 장대비가 주룩주룩 내렸다. 공안국은 선양역에서 매우 가까운 거리에 있었음에도 정확한 위치를 몰라 여러 사람에게 물어 갔더니 결과적으로 한 바퀴 돈 셈이라 쓴웃음을 지었다.

그새 옷이 쫄딱 젖어 버렸다. 정문 앞에는 경비원이 떡 버티고 있어서 그의 눈을 피해 길 건너편에서 재빨리 카메라의 셔터를 눌렀다. 경비병에게 정직하게 부탁하면 십중팔구는 찍지 못하게 할 테고, 만약 책임자의 허락을 받아 오라고 한다면 그날 일정은 말짱 도루묵이 된다. 대체로 중국인들은 일을 빨리 처리해 주지 않고 무조건 기다리게 하여 이편에서 먼저 지치게 한다. 그래야 그들이 유리하다고 생각하는지 모르겠다(천수동 임장에서 이미 경험하였다). 이곳은 1925년 6월 11일, 조선총독부 경무국장 미쓰야(三矢)와 봉천성 경무국장 우진(于珍) 사이에 맺어진 이른바 '미쓰야협정(원명:불령선인의 취체(取締)방법에 관한 조선총독부와 봉천성 간의 협정)'이 체결된 곳이다.

이 협정의 주요 내용은 다음과 같다.

제2조. 중국 관헌은 각 현에 명령을 내려 중국에 거류하는 조선인이 무기를 휴대하고 조선에 침입하는 것을 엄금한다. 이를 범한 자는 체포하여 일본 관헌에게 인도한다.

제3조. 불령선인 단체를 해산하고 그들이 소지한 총기를 수색하여 이를 몰수하고 무장을 해제한다.

제5조. 일제가 지명하는 불령단 수령(독립군 우두머리를 말함)을 체포하여 일본 관헌에게 인도한다.

이 협정으로 당시까지 항일독립군에 대하여 비교적 방관적 태도를 취하던 동북의 군벌들이 적극적으로 독립군을 탄압하였다. 이로 인해 수많은 독립군들이 중국 관헌에 체포되어 일제의 관헌에게 넘겨졌다. 또한 일제의 관헌들은 중국 군경과 합동하여 독립군을 검거·색출하여 한국으로 압송하는 임무를 수행하였다. 우리 독립군들은 이 협정으로 더욱 궁지에 몰릴 수밖에 없었다. 하지만 이런 악조건 속에서도 우리 독립투사들은 일제에 대한 항전을 멈추지 않았다.

## 서탑가

빈관으로 돌아오자 오후 5시 무렵인데 궂은 날씨 탓으로 어둠이 깃들었다. 마침 빈관 언저리가 조선족이 몰려 사는 서탑가(西塔街)라서 거리 곳곳에는 한글 간판이 홍수를 이루고 있었다. 두 분을 빈관으로 먼저 들게 하고 혼자 거리를 산책했다. 이곳 거리는 마치 서울 청량리나 영등포 뒷골목을 연상케 했다. 현풍할매국밥집, 한일관, 서울집, 서울노래방, 아리랑 커피하우스 등 온통 유흥업소로 어지러웠다. 거리의 가게에는 남대문 도깨비시장처럼 온통 외제(주로 한국산) 상품들을 쌓아 두고 팔았다. 서울에 있는 건 다 있어 보였다.

이 서탑가가 조선족 거리가 된 연유는 1930년대 항일투쟁으로 남편을 잃은 홀어미들이 이곳에다 국밥집을 열고 모여 살았기 때문이다. 마침 '조선문 서점'이 눈에 띄기에 들렀다. 진열된 책들은 대부분 동북에서 발간되는 것들이었는데, 종이 질이나 인쇄가 거칠어 우리나라 1960년대 수준이었다. 서가에는 더러는 북한 책도, 한국의 책도 눈에 띄었다. 반가운 마음에 낯익은 한국의 책을 폈더니 한국에서 수입해 온 책이 아니고 대부분 현지에서 찍어낸 해적판이었다.

북한의 금강산을 비롯한 명승고적 원색 화보가 탐이 났지만, 짐이 부담스러워『중국조선민족문학선집』외에 답사 목적에 맞는 몇 권만 샀다. 값을 치르고자 계산대 아가씨에게 돈을 건네자, 거스름돈이 부족하다면서 대신『로동신문』한 부를 주었다.

내가 받기를 주저하자 "선생님, 서울에서 오셨지요. 북조선도 알아야 균형 감각을 가져요"라면서 얼른 봉투 속에 넣어 주었다.

## 선양의 밤

빈관 부근 반점에서 저녁을 먹고, 이항증 씨와 다시 거리 산책을 나섰다. 중국 요리에 입안이 느끼해서 커피 한 잔이 생각나던 참에 마침 '아리랑 커피 하우스'란 간판이 눈에 띄어 들어갔다. 주인도 종업원도 모두 조선족으로 "어서 오세요"라며 반갑게 맞아 주었다. 커피를 마시면서 종업원이 건네준 서울의 신문들을 훑었다. 이틀 지난 신문으로 일주일분을 갖다 주었다. 온통 수해 피해와 대선 자금, 세풍, 북풍 기사로 짜증만 났다.

빈관으로 돌아가 일찍 잠을 청하기에는 객수가 발동했다. 이항증 씨와 함께 다시 거리로 나왔다. 거리를 산책하다가 '조선족문화예술관'이란 간판이 달린 건물이 보여 무슨 볼거리라도 있을까 들어가 보았다. 이국에서 우리 고유의 장구춤이나 가야금 연주라도 감상할지 모른다는 내 기대와는 전혀 달리 무도회장이었다.

조명이 거의 없다시피 한 무도장에는 남녀가 껴안고 돌고 있었다. 후줄근한 열기와 중국인 특유의 체취와 땀냄새, 거기다 앞도 분간할 수 없는 깜깜한 분위기였다. 시계 제로의 무도장에서는 남녀들이 춤이라기보다는 서로 부둥켜안고 사랑의 행위를 즐기고 있었다. 남녀간의 열정은 동서고금도 때와 장소도 없는 모양이다. 하긴 이런 사랑의 열정으로 인류가 존속되고 문화가 발전할 게다.

중국에서 마지막 밤, 조촐한 술집이 있으면 한 잔 하려고 했는데, 무언가 음산한 선양의 밤 분위기에 그만 지레 겁이 났다. 그래서 더 이상 헤매지 않고 곧장 일찍 빈관으로 돌아와 잠을 청했다. 불을 끄고 막 잠이 들려는데 전화벨이 울렸다. 옆 침대의 이항증 씨가 받았다.

"필요 없습니다." 이항증 씨가 무 자르듯 딱 자르고는 얼른 수화기를 놓으며 말했다. "사회주의 국가에는 매춘이 없다더니 그게 아니군요."

## 선양의 아침

아침에 일어나서 창밖을 내다보니 어제와는 딴판으로 하늘이 말갛고 별들이 초롱초롱하다. 세면을 마치고 짐을 꾸린 후, 5시에 혼자 카메라를 메고 거리로 나왔다. 비가 온 다음날이어서 그런지 아주 상쾌한 아침이었다. 선양의 청소부는 밤새 더럽혀진 거리를 깨끗이 쓸고 있었다.

선양의 아침은 생동감이 넘쳤다. 자전거의 물결이 온통 거리를 메웠다. 하나같이 자전거를 타고 시장을 오가고 있었다. 유심히 살펴보니 찬거리를 사가는 사람은 여자만 아니라 남자들도 꽤 많았다. 중국에서는 부엌일은 남자가 더 많이 한다는데 시장 보는 일도 예외가 아닌 모양이다. 큰 건물 계단이나 처마 밑에는 그때까지 골판지나 널빤지를 깔고 자는 사람이 숱하게 많았다. 여기도 노숙자가 많은 모양이었다. 노숙자들은 대부분 남자들이었다. 가난 구제는 나라도 못한다고 하더니, 사회주의 국가에서도 완전 고용과 노숙자 일소는 불가능한가 보다.

빈관에서 조금 떨어진 곳에 예스럽고 몹시 낡은 서탑교회가 있어 카메라에 담았다. 이 교회는 우리 동포들이 남만주 이주 초기에 세웠다고 김중생 씨가 일러 주었다. 고색창연한 옛 건물 옆에 현대식 5층 빌딩의 새 교회가 들어섰고, 이 건물은 역사물로 남겨 두면서 지금은 컴퓨터학원으로 사용되고 있었다.

8시, 선양공항에서 베이징행 북방항공기에 올랐다. 기내의 무료함 탓인지 옆자리에 앉은 김중생 씨는 종조부 김동만(金東滿, 본명 金鑽植, 건국훈장 애국장

수훈) 선생의 일화를 들려주었다. 김동만 선생은 김동삼 선생의 친아우로서, 1911년에 형을 따라 만주로 와서 독립운동에 앞장섰다. 동만 선생은 경신참변 때 삼광중학교 교장으로 교육사업에 몰두하다가 일제 토벌대가 덮쳐 동지 6명과 함께 총살을 당했다. 일제 토벌대는 동만 선생의 목을 동네 들머리에다 걸어 두는 만행까지 서슴지 않았다. 토벌대가 물러간 후, 유족들이 시신을 수습하여 삼원포 뒷산에다 묻었다. 뒷날 시신을 쉬 분간할 수 있게 유리병에다 이름을 써서 넣어 두었다.

1991년, 국가보훈처에서 실시하는 해외선열 유해 봉환사업에 김동만 선생이 대상자로 선정되어 선생의 유해를 찾고자 김중생 씨는 옛날부터 알고 지냈던 그곳에 사는 조선족에게 부탁을 했다고 한다.

그로부터 얼마 뒤 연락이 왔다. 중국인 포수가 사냥하러 가다가 찾았는데, 유해값으로 1만 달러를 요구한다고 했다. 김중생 씨는 애초 부탁할 때 다소의 수고비를 주려고 생각했지만, 너무나 엄청난 돈을 요구해서 난감했다. 국가보훈처에서 유해 봉환사업을 해주는 것만도 고마운 일인데 그 돈까지 손을 내밀 수는 없었다.

그래서 김중생 씨가 그에게 "중국인 포수가 누구냐"고 당신이 직접 만나 담판을 짓겠다고 했더니, 그제야 그는 그만 돈에 눈이 어두워 몹쓸 짓을 했다며 고개를 푹 숙이더라는 것이었다. 김중생 씨는 그에게 다소의 수고비를 주고 동만 선생의 유해를 모셔와 대전국립묘지에 안장했다는 얘기였다. 이제는 세월 탓인지 만주 땅에도 지난날 항일투쟁 시절 두터웠던 동지애도 옛 정리도 점차 없어지고 대부분 돈에 눈이 멀게 된 것 같다고 김중생 씨는 씁쓸해했다.

# 27. 대한민국 임시정부

– 상하이(1)

베이징 공항 찬청에서 만두로 요기를 한 다음 8시에 중국 남방항공 여객기에 탑승하여, 한 시간 반 만에 상하이 공항에 도착했다. 공항을 빠져나온 후, 곧장 택시를 타고 마당로(馬當路)에 있는 대한민국 임시정부 옛 터를 찾았다. 이곳은 상하이 중심지와는 달리 길도 좁고 건물도 모두 낡았다. 백범(白凡) 선생 어머니가 상하이 생활이 너무 어려워서 깊은 밤에 쓰레기통 안에서 근처 채소 장수들이 배추 겉껍질 버린 걸 골라다 먹었다는 당시의 모습이 아직도 그대로 남아 있는 듯했다.

상하이시 마당로 보경리 4호에 대한민국 임시정부 유적지가 있었다. 2차선 도로변에는 "대한민국임시정부구지"라는 안내판과 "大韓民國臨時政府舊址管理處(대한민국 임시정부구지 관리처)"라는 현판이 걸려 있었다. 모퉁이를 돌아가자 "안녕하세요" "大韓民國臨時政府舊址接待室(대한민국 임시정부구지 접대실)"이라는 현판도 나란히 붙어 있었다.

아, 얼마나 반갑고 눈물겨운 임시정부청사인가! 나는 이곳을 찾는 데 불과 사흘밖에 걸리지 않았지만, 지난날 우리 독립투사들은 이곳을 찾기 위해 그 얼마나 몸부림치고, 목숨을 잃었던가? 일제 치하 이 땅에 살았던 백성들은 '임시정부'란 말만 들어도 가슴이 벅찼고, 민족혼을 지닌 젊은이에게 임시정부는 동경의 대상이었다.

이들 젊은이 가운데는 이 임시정부를 찾아가기 위해 목숨까지도 담보했다. 심지어 일제의 "半島人學徒特別支援兵制(반도인학도특별지원병제)"를 이용하여 학도병에 입대한 뒤 죽음을 무릅쓰고 일본군을 탈출, 장장 6천 리나 되는 장정 끝에 마침내 중경에 있는 임시정부에 감격적으로 도착한 젊은이도 있었다. 김준엽·장준하·윤경빈·김영록·홍석훈 선생 등이 바로 그분들이다. 어디 이분들뿐이랴. 임정 요인들이 모두 그러했고, 이봉창·윤봉길 의사들도 그러했으리라.

## 대한민국 임시정부

우리 일행이 찾은 마당로 보경리 4호의 임시정부청사는 최초의 임시정부청사가 아니고, 1926~1932년 사이 6년간 머물렀던 상하이 시절의 마지막 청사였다.

박은식 선생의 『한국독립운동지혈사』에 따르면 1919년 3월, 이동녕·이시영·조완구·여운형·신채호 등 30여 명이 보창로의 한 허름한 집에 모여 임시정부 수립에 관한 비밀회의를 가졌다고 한다. 각 지방 대표의 공식 회합인 제1차 임시의정원 회의는 1919년 4월 10, 11일 이틀에 걸쳐 프랑스 조계 김신부로 22호에서 열려 의장 이동녕의 사회로 대한민국 임시헌장 전문 10조를 통과시켰다. 우리 역사상 처음으로 국호를 '대한민국'이라 하고 민주공화제를 선포한 기념비적 장소다. 하지만 이곳은 일본이 태평양전쟁을 일으켜 프랑스 조계를 모두 접수한 이후, 이전의 거리 이름과 동네 이름을 모조리 바꾸고, 어떤 곳은 호수까지 모두 바꿔 버려 최초의 임시정부청사를 찾는 것은 솔밭에서 바늘 찾기처럼 어려운 일이라고 했다. 당시 임정에 몸담았던 사람도, 이를 입증해 줄 사람도 모두 이 세상에는 없기 때문이었다.

다음으로 중요한 건물은 1919년 도산 안창호 선생이 미국 교포로부터 상당한 독립자금을 기부받아 와서 3층 건물을 임대하여 태극기도 꽂고 임시정부 간판

상하이에 있는 대한민국 임시정부청사

도 달았다는 보창로 309호 건물인데, 지금은 지명도 호수도 바뀌었다고 한다. 그후로도 가난한 재정에 남의 나라, 그것도 프랑스 조계지에서 임시정부청사를 갖는다는 게 쉬운 일이 아니라 예닐곱 차례나 옮겨 다녔다.

가장 확실한 곳은 마지막 임정청사였던 현재의 마당로 보경리의 '대한민국 임시정부구지' 청사인데, 이곳도 오랜 풍상에 낡고 헐어서 무너지려는 것을 1990년 삼성재단이 그 건물에 입주하고 있던 10여 가구에게 아파트를 사 주고 건물을 비워서 지금의 모습으로 새롭게 단장했다고 한다. 현재는 상하이시 노만구(盧灣區) 인민정부가 이 임시정부청사를 문물보호단위로 지정하여 관리하고 있다고, 그 당시 삼성그룹 중국 담당 이사로 이 사업에 관여했던 동행 김중생 씨가 자세히 일러주었다.

여기서도 외국인은 꽤 비싼 입장료를 받았다. 외국인이래야 대부분 한국인일 테고, 아무리 비싸다고 여기까지 와서 입장하지 않을 사람이 어디 있으랴. 1층

| 임시정부청사 회의실

관리처 대기실로 들어가자 김구 주석 흉상이 정면에 모셔져 있었다. 경건한 마음으로 고개 숙여 묵례를 드리고 대기실 의자에 앉자 곧 안내하는 복무원 아가씨가 임정 역사 비디오를 틀었다. 여기 들어오는 손님은 자유롭게 관람하는 게 아니라, 정해진 시간에 따라 그때까지 들어온 손님을 아가씨가 인솔하며 관람하게 했다.

아가씨는 실내에서는 일체 사진 촬영을 못하게 했다. 1층은 회의실과 부엌이었고, 2층은 집무실이었다. 집무실 한쪽에는 딱딱한 나무침대가 놓여 있었는데, 김구 선생이 사용했던 침실이라고 했다. 소박하기 그지없었다. 집무실 벽에는 역대 대통령, 국무령, 주석 어른의 사진이 걸려 있었다. 이승만, 박은식, 이상룡, 홍진, 김구, 이동녕 순으로 모셔져 있었다. 그 장면만은 놓칠 수 없어 복무원 아가씨에게 딱 한 장만 찍자고 사정했다. 그래도 안 된다고 해서 하는 수 없이 동행한 이항증 씨를 팔았다.

"저분이 바로 세번째 어른의 자손인데, 예까지 와서 당신 조상 사진도 찍어 갈 수 없습니까?"

나의 애교 섞인 항의에 아가씨는 가부 말도 없이 슬그머니 자리를 피했다. 아마 자기도 너무 심했다고 생각했든지, 그렇다고 허락할 처지도 아니라서 눈치껏 자리를 비워 준 모양이다. 약속대로 한 장만 찍었다. 잠시 후에 아가씨가 나타나서 빙그레 웃고는 다시 앞장섰다. 벽에는 도산 안창호 선생의 "愛己愛他(애기애타)", 석오(石吾) 이동녕 선생의 "光明(광명)"이라는 글씨가 액자에

임시정부청사 내부

담겨져 걸려 있었다. 3층은 임정 요인 숙소와 전시실로 꾸며져 있었다.

숙연한 마음으로 청사 곳곳을 둘러본 후, 아가씨를 따라 1층으로 내려오자 회의실을 관광기념품 판매소로 개조하여 여러가지 기념품을 팔고 있었다. 그곳에서 청사 내부를 찍은 사진 8장을 한 묶음으로 20원에 팔았다. 나는 그제야 사진을 못 찍게 한 까닭을 알았다. 글쎄 내가 너무 영악하게 생각한 건 아닌지? 하긴 관람객마다 플래시를 터뜨리며 법석을 떨면 임시정부청사 내의 경건한 분위기를 흩트려 놓을 테다. 나를 포함한 한국의 관람객들이 오죽이나 극성스러운가? 이나마 정숙하고 청결한 분위기를 유지해 준 임시정부 관리처에 오히려 감사해야 할 일이 아닌가. 솔직히 관람객도 많지 않은데 한국사람이 와서 수입을 올려 주지 않으면 임시정부청사를 이나마 어찌 유지할 수 있으랴. 동행한 이항증 씨는 아무런 말없이 성금함에다 금일봉을 넣었다. 일제 35년간 수많은 망명객을 받아 주고, 임시정부청사를 빌려 주고, 우리 임정 요인에게 독립자금까지 마련해 준 중국에 충심으로부터 감사해야 할 일이다. 서로 처지를 바꿔 본다면, 과연 우리나라와 백성들은 남의 나라 임시정부에 그만한 아량을 베풀 수 있을까?

## 임시정부 약사

1919년 3·1운동은 실패한 것이 아니라, 성공한 민주혁명이었다. 3·1운동에서 독립을 선언하였으므로 그때 마땅히 정부를 세워야 했다. 3·1운동이 일어난 지 한 달 전후로 상하이에 임시정부가 세워지는 등, 국내외에 여러 개의 임시정부가 태동하였다. 국외의 임시정부로는 상하이의 대한민국임시정부와 러시아령의 대한국민의회정부가 있었고, 국내에는 한성임시정부, 천도교 중심의 대한민간정부, 조선민국임시정부, 평안도의 신한민국임시정부 등이 있었다. 이들 중에서 상하이의 대한민국임시정부, 러시아령의 대한국민의회정부, 서울의 한성임시정부는 실제적인 부서와 청사를 갖췄으나, 나머지 임시정부는 태동 단계에서 유산되고 말았다. 이들 세 임시정부는 모두 민간 지도자들이 중심이 되어 매우 의욕적으로 출발하였으나, 임시정부를 뒷받침할 적당한 거점이 없으면 정부 수립이 불가능한 일이었다.

당시 일제의 세력이 국내는 물론이거니와 중국 동북삼성이나 러시아령의 시베리아까지 뻗쳐 있었으므로, 영구적인 임시정부 수립이 상하이 외에는 적당치 않았다. 그러므로 오직 상하이 대한민국임시정부만이 비교적 안전한 지역으로 거점을 확보할 수 있었다. 그 무렵 상하이는 국제교통의 요지이며, 각국의 조계지가 설정되어 국제정세를 파악하기가 쉬워서 임시정부 수립지로 안성맞춤이었다. 상하이의 대한민국임시정부는 신한청년당(1918년 11월 여운형·김철·선우혁 등 상하이 거주 청년들이 독립운동을 전개하기 위해 조직하였음)의 초청으로 상하이에 모인 독립운동가들이 1919년 4월 10일부터 11일까지 제1회 임시의정원 회의를 개최하고, 임시헌법과 각료를 발표함으로써 성립되었다. 이후

동년 9월, 제6회 임시의정원 회의에서 러시아령 대한민국의회정부, 서울의 한성임시정부와 통합하여 우리 민족 단일의 통합 임시정부를 수립하였다.

대한민국임시정부는 우리 역사상 최초의 민주공화정부로서, 성립 이후부터 조국이 광복될 때까지 약 30년간 독립운동의 최고 지휘부요, 우리 민족 최고 대표기관이었다. 임시정부는 수립 초기부터 내정, 외교, 군사, 재정 등 각 방면으로 정책을 수립하고 조국 광복 쟁취를 위하여 노력하였다. 임시정부는 수립 초기에 국내외 동포사회를 통합하기 위한 연락기관으로 교통국을, 지방행정기구로서 국내에 연통부를, 국외에 거류민단을 설치하였다. 교통국은 통신연락기관으로서, 중국 안동(현 단동)에 지국을 설치하고 국내외의 연락을 꾀하였으며, 국내 지방행정조직으로 연통부를 설치하고 서울에 총판(總辦)을, 각 도·군·면에 독판(督辦)·군감(郡監)·면장을 두어 임시정부의 법령, 공문 전달, 독립운동 지휘, 애국금 모집 등의 업무를 수행하도록 했다.

그리고 독립전쟁의 효율적인 수행을 위하여 군사 활동에 관한 규정을 마련하고 임시육군무관학교, 비행사양성소, 간호학교 등을 설치하여 군사 양성에 노력하였다. 또 동북삼성의 독립군 부대를 임시정부 산하로 개편하였으며, 임시정부의 직할부대로서 1920년에는 대한광복군총영을, 1923년에는 육군주만참의부를 조직하는 등 무장독립전쟁을 수행하였다.

대한민국임시정부는 수립 초기부터 정부 수립을 각국에 통보하는 한편, 정부 차원에서 주요 지역에 외교위원부를 두고 외교위원을 파견하는 등, 적극적이고 체계적인 외교 활동을 하였다. 초기에는 외무부, 구미위원부, 파리위원부 등을 중심으로 각종 국제회의에서 한국 독립의 당위성을 주장하였다. 또한 임시정부는 중국, 미국 등 열강과 각국의 언론계, 정계 등 민간 지도자를 상대로 민간 외교 활동도 전개하였다. 그러나 임시정부는 1923년 상하이에서 개최된 국민대표회의를 고비로 다소 침체의 길을 걷게 되었다. 그 원인은 일제의 파괴공작과 재정난, 그리고 임정 내부의 분규였다. 이러한 어려운 여건의 임시정부에

1940년 9월, 대한민국임시정부 광복군 결성식 후 한·중 양국 인사들이 기념촬영하고 있다
(앞줄 가운데가 김구 주석, 그 왼편이 지청천 광복군 총사령관).

활력을 준 것은 김구·이동녕 선생이 주도하고, 이봉창·윤봉길 등이 활약한 한인애국단의 활동이었다. 이분들의 의거로 임시정부는 비록 상하이를 떠나 항저우, 가흥, 진강 등 중국 각지를 전전하게 되었으나, 국제사회에 제국주의에 대한 관심을 불러일으켰으며, 동포들의 관심을 임시정부에 집중시킴으로써 애국 성금이 답지하는 등 활력을 되찾을 수 있었다.

1940년 중경으로 이동한 임시정부는 한국광복군을 창설하는 한편 전쟁 수행과 광복 후 조국 재건을 위한 체제를 정비하였다. 임시정부는 1940년 9월 17일, 연합국의 일원으로 제2차세계대전에 참전하기 위하여 한국광복군 총사령부를 창설하였다. 1941년 태평양전쟁이 발발하자 대일 선전포고를 하고 연합국의 일원으로 대일전쟁에 참전하였다.

또한 임시정부는 1941년 조국 재건의 기본 이념과 정책을 담은 건국 강령을 발표하였으며, 1942년에는 이념과 정당을 초월한 통합 임시의정원을 구성하고, 1944년 제36회 임시의정원 회의에서 헌법을 개정하여 광복된 조국 헌법의 기초를 닦았다.

1945년 8월 15일, 일제의 항복으로 조국이 해방되자 대한민국 임시정부는 그해 11월과 12월, 27년여의 영광된 독립운동의 임무를 마치고 해방된 조국으로 돌아왔다.

역사에 가설은 무의미할지 모

1940년, 광복군 결성식 후 한중 대표 기념촬영.
왼쪽에서 두번째 지청천 광복군사령관,
그 오른쪽으로 김구 주석, 중국의 류우치 장군.

27. 대한민국 임시정부 … 239

르지만, 만일 일본의 항복이 조금 늦어 임시정부의 광복군이 국내에 진격하여 일본군으로부터 직접 항복을 받았더라면 우리의 역사도 달라졌을 것이다. 『백범일지』에서 김구 주석은 그때의 안타까움을 다음과 같이 술회하고 있다.

"아! 왜적이 항복을?"

이것은 내게는 기쁜 소식이라기보다는 하늘이 무너지는 듯한 일이었다. 천신만고로 수년간 애를 써서 참전 준비를 한 것도 다 허사로 돌아가 버렸구나. 서안과 부양에서 훈련받은 우리 청년들에게 각종 비밀무기를 주어 중국 산동에서 미국 잠수함에 태워 본국으로 보내서 국내의 요소를 파괴하고 점령한 후, 미국 비행기로 무기를 운반할 계획까지 미국 육군성과 다 약속이 되어 있었다.

그런데 이 국내 진격작전을 한 번 해보지도 못하고 왜적이 항복했으니, 진실로 전공 (前功)이 가석하거니와, 그보다도 걱정이 되는 것은 우리가 이번 전쟁에 한 일이 없기 때문에 앞으로 국제간에 발언권이 박약하리라는 것이다.

역사는 김구 선생의 예언대로 흘러갔다. 광복 후 임정 요인들은 개인 자격으로 귀국했고, 조국은 강대국의 이해에 따라 38도선으로 분단되었다. 나라의 힘이 약한 백성들이 겪어야 하는 역사의 시련이라기에는 그 고통이 너무나 크다. 한 세기가 바뀌었어도 끝나지 않은 우리 겨레의 아픔이여!

## 황푸공원

우리 일행은 임시정부청사를 나온 후, 곧장 상하이 시가지 답사에 나섰다. 상하이는 양쯔강(揚子江) 하류 황푸(黃浦)강과 우쑹(吳松)강 언덕에 자리잡은 인구 1천만이 넘는 중국 최대의 도시다. 오늘의 상하이는 '중국 속의 세계'라 할 만큼 국제도시로 탈바꿈했지만, 지난날 상하이는 중국 동해안의 어업과 제염업이 성행한 어촌이었다.

지금도 비행기에서 내려다보면 상하이 교외의 바닷가에 염전이 여러 곳 있는 것을 볼 수 있다. 이런 자그마한 어촌 상하이가 비린내와 짠맛을 씻고 거대한 국제도시가 된 것은, 중국으로서는 가장 더럽고 치욕적인 아편전쟁의 결과였다.

청나라도 우리나라 조선 말기처럼 서구 열강이 침략하는데도 중화사상에 도취된 채, 서양의 거센 근대화 바람에 전혀 무감각하게 지냈다.

일찍이 산업혁명을 일으켜 해상왕국이 된 영국은 동인도회사를 내세워 중국과 교역을 했다. 영국은 중국에서 생사·도자기·차 따위를 수입하고, 모직물과 인도의 광산물·상아·목재·면포 따위를 수출했으나, 좀처럼 무역 불균형이 해소되지 않아 고민했다. 영국은 날로 늘어나는 무역 불균형을 깨뜨릴 새로운 상품 개발에 고심한 결과, 식민지 인도에서 생산되는 아편을 몰래 중국에다 수출하였다. 아편의 피해는 들판의 불길처럼 번져서 참다 못한 청 정부는 임칙서(林則徐)를 내세워 아편을 몰수하고 영국 상선에 불을 질렀다. 이로써 벌어진 아편전쟁은 중국의 참패로 끝나 1842년 남경의 양쯔강 위에 정박중인 영국 군함 콘 윌리스 호에서 난징(南京)조약을 맺게 되었다. 그 강화조약에 따라 청은 영국에 홍콩을 분할 양도하고, 상하이를 비롯한 다섯 개 항구를 개항하였다. 영국에 이어 프랑스, 미국도 각각 조약을 강제로 체결하여 상하이 곳곳에는 열강들의 조계지가 설정되었다. 그 결과 상하이는 이리떼에게 뜯긴 멧돼지 꼴로 전락했다. 이런 소용돌이 속에서 상하이는 역설적으로 세계적인 무역항으로 발전했다.

우리 일행은 상하이의 가장 중심가인 황푸공원에서 발길을 멈췄다. 이곳은 상하이 시내에서 가장 번화한 거리이지만, 아편전쟁 후 영국의 조차지로서 지난 세기에는 열강들이 군함을 앞세워 중국 대륙을 유린했던 비극의 역사 현장이다. 중국인들은 제 나라 땅이건만 이 일대를 마음대로 드나들 수조차 없었다. 심지어 '중국인과 개는 출입을 금한다(狗與華人不進入內)'라는 팻말까지 붙어 있었던 수모의 거리였다. 이 일대는 1860년대 영국인이 만든 탓으로 건물들이 영국 냄새를 물씬 풍겼다. 마치 런던이나 파리에 온 기분을 느끼게 했다. 대로변의 큰 건물들은 영어 간판을 달았고 세계 여러 나라의 국기가 내걸려 있었다.

상하이 중심 황푸공원 일대의 번화가

　황푸강은 강 이름 그대로 예로부터 누런 강물이었는데, 지금의 강은 누렇다
못해 시커먼 강물이 거세게 흘렀다. 상류에서 내려온 황톳물에다 상하이 일대
각종 공장의 폐수가 뒤섞여 황해로 흘러들었다. 강 건너편은 포동신구(浦東新
區)로 현대식 초고층 빌딩이 즐비하게 솟고 있었다. 신흥 테크놀러지 단지인
양, 최첨단 공법의 건물이 눈을 부시게 했다.

　마침 점심시간이라 정통 상하이 요리를 맛보고자 난징로(南京路)에 있는 고
급 요리점에 갔다. 중국인보다 외국인이 더 많았다. 요리는 푸짐하고 보기에는
맛깔스러웠으나 내 입맛에는 영 맞지 않았다. 맛이 너무 강하고 느끼했다. 나와
이항증 씨는 주책없는 한국인이 되어 가방에서 고추장을 꺼내서야 접시의 밥을
비웠다. 식사 후, 상하이에서 가장 번화하다는 난징로 일대를 거닐었다. 마치
서울의 명동을 걷는 기분이었다. 사람과 차들의 홍수였다.

# 28. 홍구공원의 '4·29분화(噴火)'

– 상하이(2)

## 윤봉길 의사

상하이에서 항일유적지로 빼놓을 수 없는 곳은 상하이시 북쪽에 있는 홍구공원(현 루쉰공원)이다. 이 공원은 중국 근대화의 아버지라고 추앙받는 루쉰을 기념한 곳으로, 공원 내에는 루쉰의 묘와 루쉰기념관이, 공원 옆에는 루쉰이 말년을 보낸 집이 그대로 보존되어 있었다.

오후 2시, 루쉰공원에 들어서자 우거진 숲에서는 우리 일행을 반기는 듯, 한낮의 매미소리가 요란했다. 공원 빈터에는 몇몇 사람들이 태극권으로 무아지경에 빠진 듯, 진지한 모습이었다.

안내 표지판을 따라가자 윤봉길 의사를 기념하는 매원이 나오고, 거기서 조금 더 걷자 윤봉길(尹奉吉) 의사 의거 표지석이 나타났다. 윤봉길은 고향 예산에서 농촌계몽사업에 종사하다가 독립운동에 헌신하기 위해 상하이로 건너가 피혁공장 직공과 채소장사를 해 가면서 기회를 엿보던 중 김구를 만났다.

김구는 23세의 혈기왕성한 애국청년 윤봉길이 자신이 찾던 열정적 애국지사임을 확신하고는, 1932년 4월 29일 전승기념으로 상하이 홍구공원에서 일본천황 히로히토의 생일인 천장절을 겸하여 기념행사를 거행한다는 정보를 입수한 뒤 거사를 계획하였다. 김구는 일본 신문에 천장절 축하식에 참석할 사람은 점

선서식을 마친 후 윤봉길 의사와
백범 선생의 기념사진

심 도시락과 물통 그리고 일장기만 휴대하라는 보도를 보고, 상하이 병창공장에서 일하는 김홍일에게 일본인이 메는 물통과 도시락 모양의 폭탄을 만들어 줄 것을 부탁하였다. 김구의 부탁을 받은 김홍일은 20여 차례 실험을 거쳐 폭탄을 만들어 김구에게 건네주었다. 1932년 4월 26일, 윤봉길 의사는 임시정부 백범 김구 주석을 찾아가서 한인애국단에 가입하고 대형 태극기가 걸려 있는 벽면 앞에서 선서문을 낭독했다.

선서문
나는 적성(赤誠:참된 정성)으로써 조국의 독립과 자유를 회복하기 위하여 한인애국단의 일원이 되어 조국을 침략하는 적의 장교를 도륙하기로 맹세하나이다.
대한민국 14년 4월 26일 선서인 윤봉길
한인애국단 앞

그날 선서를 마친 윤봉길은 백범 김구 선생과 나란히 태극기 앞에서 기념촬영을 했다. 그 사진이 오늘까지 남아 전해지고 있는 바, 우리가 길이길이 윤의사를 우러러볼 수 있는 마지막 모습이다. 죽음을 무릅쓴 출정에 앞서 의연히 사진까지 찍은 모습이 훗날 공개됨으로써 일제의 간담을 더욱 서늘하게 했다. 윤의사는 거사 이틀 전인 4월 27일에 네 편의 시를 남겼는데, 그 중 두 아들에게 보낸 시는 다음과 같다.

너희도 만일 피가 있고 뼈가 있다면
반드시 조선을 위해 용감한 투사가 되어라
태극의 깃발을 높이 드날리고
나의 빈 무덤 앞에 찾아와 한 잔 술을 부어 놓아라
그리고 너희들은 아비 없음을 슬퍼하지 말아라
사랑하는 어머니가 있으니 어머니의 교양으로 성공하여라
동서양 역사를 보건대
동양으로 문학가 맹가(孟軻:맹자의 본명)가 있고
서양으로 불란서 혁명가 나폴레옹이 있고

윤봉길 의사 의거 표지석

미국에 발명가 에디슨이 있다
바라건대 너희 어머니는 그의 어머니가 되고
너희들은 그 사람이 되어라.

이틀 후, 1932년 4월 29일이 거사날이었다. 이날의 모습을 『백범일지』에서
는 다음과 같이 기록하고 있다.

새벽에 윤군과 같이 동포 김해산 집에 가서 최후로 식탁을 같이하여 아침밥을 먹으면
서 윤군의 기색을 살펴보았다. 태연자약하다. 농부들이 들에 일하러 나가기 위해 일찍
일어나서 자던 입에 밥을 먹는 것을 보아도 할 일이 얼마나 힘든 것인가를 알 수 있다.
윤군의 밥을 먹는 모양은 담담하고 태연하다. 김해산 군은 윤군의 이러한 태도를 보
고, 나에게 조용히 이런 권고를 한다.
"선생님, 지금 상하이서 우리의 활동이 있어야 민족적 체면을 보전하게 되는 이때에
윤군을 구태여 다른 곳에 보내려 하십니까?"(거사를 앞두고 비밀을 유지하기 위해 백

범 선생은 윤의사를 동북지방으로 보낸다고 하였음)

나는 두루뭉수리로 대답할 뿐이었다.

"모험사업은 실행자에게 전부 맡기는 것인즉, 윤군 마음대로 어디서나 하겠지요. 어디서 무슨 소리가 나는지 들어나 봅시다."

그러자 일곱 시를 치는 종소리가 들렸다. 윤군은 자기 시계를 꺼내 나에게 주면서 내 시계와 바꾸기를 청했다.

"선서식 후에 선생 말씀에 따라 6원을 주고 산 것입니다. 선생님 시계는 2원짜리니 저에게 주십시오. 저는 한 시간밖에 소용이 없습니다."

나는 그것을 기념품으로 받고, 내 시계를 내주었다. 윤군은 식장으로 떠날 때, 자동차를 타면서 소지한 돈을 꺼내 내 손에 쥐어 주었다.

"약간의 돈을 갖고 있는 것이 무슨 방해가 되는가?"

"아닙니다. 자동차삯을 주고도 5, 6원은 남겠습니다."

그러자 곧 자동차가 움직인다. 나는 목멘 소리로 말했다.

"후일 지하에서 만납시다."

윤군이 차창으로 나를 향해 머리를 숙일 때, 자동차는 큰 소리를 내며 천하영웅 윤봉길을 싣고 홍구공원을 향해 달려갔다.

1932년 4월 29일 오전 11시 40분, 홍구공원에서 거행된 천장절 경축과 상하이사변 승전 기념식장. 모든 참석자들이 빳빳이 선 채로 해군 군악대 주악에 맞춰 일본 국가 기미가요를 부르기 시작했다. 이때를 천재일우의 기회로 판단한 윤봉길 의사는 물통형 폭탄의 안전핀을 뽑아 단상 한복판을 향해 힘껏 던졌다. 폭탄은 포물선을 그리며 힘차게 날아가 단상 중앙에 떨어졌다. 곧 천지를 뒤흔드는 폭음과 함께 일본 국가의 남은 소절도 그 소리에 묻혀 버렸다. 숱한 사상자가 발생했다. 일본군 사령관 시라카와 육군대장, 일본인 거류민단장 카와바다를 그 자리에서 절명케 했고, 일본 해군 제3함대 사령관 노무라 중장, 육군 제9사단장 우에다 중장, 주중공사 시게미쓰 등에게 중상을 입혔다. 일제의 관헌들이 곧장 윤의사의 팔다리는 붙잡았을지언정, 그의 입은 막지 못했다.

"대한독립만세! 대한독립만세! 대한독립만세!"

그 부르짖음은 민족항쟁의 태풍이요, 포효였다. 우리나라 독립투쟁사에 길이 남을 '상하이사건' '홍구공원 의거' '4·29분화'로 일컬어지는 이 의거는 윤의사의 살신성인으로 장엄하게 대단원의 막을 내렸다.

당시 장제스 주석은 "중국의 백만 군대가 하지 못한 일을 한국의 한 젊은이가 능히 했으니 장하다"고 격찬했다.

이 의거는 그 무렵 일제의 간악한 조·중 양 민족간의 이간책으로 꾸며낸 만보산사건(1931년 7월, 중국 지린성 만보산 지역에서 관개수로를 둘러싼 조·중 농민 사이에서 일어난 충돌사건) 때문에 악화되었던 조선인에 대한 중국인의 감정을 한순간에 바꿔 임시정부를 전폭 지원하도록 한 계기가 되었다. 중국 당국은 임시정부에 재정지원뿐 아니라, 중국 군관학교 낙양(洛陽)분교에 한인 특별훈련반을 설치하여 독립군 장교를 양성하게 했다.

나는 공원 한가운데에 있는 월홍교 부근 돌바닥에 주저앉아 잠시 쉬면서 윤의사의 의거를 되새겼다. 나 같은 졸장부가 어찌 위인의 큰 뜻을 읽을 수 있으랴. 인공호수 위에는 백조들이 한가롭게 노닐고 있었다.

# 29. 원로 독립운동가의 인생역정

- 베이징(1)

원로 독립운동가인 이태형(李泰衡) 선생을 찾아뵙고 그분의 인생역정과 독립운동에 대한 증언을 듣고자 베이징으로 향했다.

오전 8시, 우리 일행이 머물고 있는 빈관까지 이태형 선생 손자 내외가 승용차를 몰고 영접하러 왔다. 우리 일행은 손자 내외의 안내로 베이징시 해정구에 있는 이태형 선생이 거처하는 아파트로 찾아갔다. 그들 부부는 우리 일행을 위해 그날 하루 직장에서 휴가까지 받았다면서 고국에서 온 손님을 위하여 정성을 다하는 마음이 역력했다.

아파트는 10여 층 고층으로 서울의 아파트보다는 좀 칙칙했지만, 이곳에서는 고급 아파트로 상류층이 산다고 했다. 이태형 선생의 아들 이대만(李大万) 씨는 중국 정부 고위 간부로 정년퇴직하였기에, 지금은 편안한 노후생활을 하고 있었다. 이곳에서는 공무원이 정년퇴직을 해도 현직 때와 똑같은 대우와 연금을 받고, 1945년 8월 3일 이전에 중국공산당에 입당하여 국가를 위해 봉사하다 퇴직한 사람은 한 달 보름치의 연금을 더 줘서 매달 115퍼센트를 받는다고 한다. 엘리베이터에 오르자 복무원 아가씨가 깍듯이 절하며 인사를 했다. 이런 복무원들이 엘리베이터마다 있다고 한다. 한국에서는 볼 수 없었던 일이라 얼떨떨했다. 어찌 보면 인력 낭비인 것 같지만, 국가유공자에 대한 예우 차원과 한편으로는 실업 인구를 줄이기 위한 방안이 아닐까 하는 생각도 들었다.

아파트에 이르자 온 식구가 문 앞에 나와서 우리 일행을 맞아 주었다. 4대가 함께 사는 대가족으로, 어린아이부터 아흔 살 노인까지 함께 살고 있었다. 손자까지는 우리말로 인사를 했지만 4대 증손들은 중국말로 인사했다. 아랫대로 내려갈수록 중국에 더욱 동화하는가 보다. 어쨌든 한집안에서 4대가 오순도순 사는 대가족제의 전형을 보아서 못내 흐뭇했다. 이태형 선생은 아흔 노인답지 않게 정정했고 깔끔했다. 왕년에 만주 벌판을 누비던 독립투사의 모습이라기보다 인정 많고 덕이 높은 곱살한 노인의 풍모였다. 이미 마련된 과일과 차를 들고는 소파로 가서 대담을 나눴다.

"요즘에는 가는귀도 먹고 기억력도 쇠퇴하여 인명이나 지명도 오락가락해서 별 도움이 될지 모르겠습니다. 산 귀신이나 다름없지요. 왜정 때 내가 한 일이라고는 석주 선생을 비롯한 어른들 일하는데 먹줄 잡는 심부름 정도밖에 없어요."

첫 마디부터 겸손하게 말씀했다. 당신의 손자뻘 되는 나는 돋보기안경을 끼고 기록하는데 춘추 93세인 당신은 안경을 끼지 않은 채, 내가 한자를 몰라 더듬거리면 곁에서 보완해 주셨다.

다음은 이태형 선생의 구술을 정리하여 기록한 것이다.

나는 1907년 경북 안동 용상동에서 태어났다. 만 6세 되던 1913년에 우리 가족(부모, 조모) 네 식구는 고향을 떠나 만주로 왔다. 그때 우리는 한일합방 후 왜놈을 피한 삼피(三避:세번째 피란)행렬이었다. 일피(一避)는 합방 이듬해인 1911년 1월에 석주 선생이 인솔한 행렬이었고, 그 이듬해 이피(二避) 행렬이 이어졌다. 우리 가족은 안동에서 김천으로 가서 거기서 기차를 타고 경성(서울)에 도착한 후 일박하고, 만주행 기차를 타서 의주를 지나 단동에서 내렸다. 그곳에서는 네 바퀴 마차를 타고 육로로 통화현에 도착하자 먼저 도착해서 을밀에서 살고 있던 외사촌 배재형(裵在衡:후일 신흥무관학교 교관) 형이 마중을 나와서 외가에서 며칠을 묵었다. 거기서 모저구(母猪溝)란 곳으로 가서 노래민(老來民:오래전에 이주해 온 조선족)의 도움으로 밭을 얻어 한 해

농사를 지었다. 그때 만주에 벼농사는 없었고 순전히 밭농사만 지었는데, 평지의 토지는 얻기가 힘들어 원시림으로 우거진 산비탈을 개간하여 불을 놓아 화전을 이룬 후 감자·보리·옥수수를 심었다.

우리 가족은 살 집이 없어서 틀방집을 지었는데 통나무를 우물 정(井)자로 쌓고 지붕은 돌이끼로 덮었다. 이듬해 다시 거기서 일백 리 떨어진 청구(靑泃)로 이사했다. 이곳은 파저강(波猪江) 상류로 합니하에 있는 신흥학교와 멀지 않았다. 8세 때 그곳에 있는 동진소학교에 입학했다. 마을에 조선사람이 40-50호 살았는데 비록 망명 생활이었지만, 교육열은 대단해서 조선사람이 사는 마을에는 으레 학교가 있기 마련이었다. 이곳에서도 틀방집을 짓고 살면서 밭농사를 지었다. 특히 메밀이 잘되었는데 풀밭에 비친년 널뛰듯 메밀을 뿌려도 생명력이 강해서 잘 자랐다. 메밀은 겨울 양식으로 요긴해서 국수를 뽑아 많이 먹었다.

만주는 워낙 땅이 넓은 곳이라 집이 드문드문 들어섰고 집집마다 가축을 많이 길렀다. 우리 집도 닭은 수백 수 길렀는데 농사지은 강냉이로 사료를 줬다. 손님이 오면 닭을 잡아 대접했고, 계란은 아이들 군것질로 많이 먹었는데 실이나 삼으로 계란을 칭칭 감아서 구워서 먹기도 했다. 그때 만주에는 석유와 소금이 귀해서 밤에는 전나무 뿌리를 캐서 불을 붙여 등잔불로 대신했고, 강냉이 한 짐과 소금 한 줌을 맞바꾸기도 했다.

그 이듬해 다시 거기서 80리 정도 떨어진 마록구(馬鹿泃)로 이사해서 조선사람이 세

대담중인 이태형·이대만
선생 부자

운 협창학교에 다니다가 12세 되던 1918년에 졸업했다. 1919년 해룡현(海龍縣)의 동흥학교 고등과(초등학교 5-6년 과정)에 입학했다. 거기서 오광선(吳光鮮) 선생을 만났는데 그 어른은 대단한 민족혼을 지닌 분이었다. 그분은 뒤에 신흥무관학교 교관으로 부임해서 많은 독립운동가를 길렀다.

다음해는 1920년, 바로 경신참변의 해였다. 일본군 토벌대가 덮쳐 온다는 기별을 받고 도망다녔다. 나는 나이가 어려서 선망했던 신흥무관학교에 끝내 입학하지 못했다.

16세 되던 1921년 다시 지린성 액목현(額穆縣)으로 이사했는데, 나는 혼자 화전(樺甸) 만량하(萬兩河)에 있는 석주 이상룡 선생 아드님 동구(東邱) 공(이준형)으로부터 한문과 조선독립 교육을 받았다. 당시 석주 선생은 서로군정서 독판이었는데 어느 날 신흥무관학교 교관이던 김창환(金昌煥) 선생에게 의용대장을 임명할 때, 내가 먹을 갈아 드리고 그 임명장 수여식을 곁에서 지켜보았다. 김창환 선생은 구한국시대부터 교관으로 목청이 대단히 좋아서 구령을 하면 산천이 울리는 분이었다. 석주 선생이 그분에게 임명장을 주면서, "첫째 중앙기관의 지시 없이 동포로부터 절대 의연금을 모금하지 말 것이요, 둘째 '대동 통일'이니 '작전 연락'이니 따위의 명의로 중앙기관의 지시 없이는 일체 회의 참가를 못한다"라고 주의하는 걸 목격했다.

그 뒤 석주 선생이 상하이 임시정부 국무령으로 가실 때까지 곁에서 도와드리고 이듬해 상하이에서 돌아오신 후, 운명하실 때까지 곁에서 많은 가르침을 받았다. 석주 선생은 대인 풍모로 안광이 매우 빛났으며 앉은키가 보통사람보다 더 컸다. 임시정부 국무령으로 추대받아 상하이로 가는데 그때 이광민 씨가 수행했다. 대련에서 일본 관헌들의 눈을 피하기 위해 상인으로 가장하여 영국 상선을 타고 갔다.

나는 일송 김동삼 선생이 세운 백서농장에도 직접 가본 적이 있는데, 그곳은 아주 험한 산골로 둔전제를 실시했다. 독립운동을 위한 원대한 계획으로 산지를 개발하여 논을 만들어 벼농사를 보급했다. 지금 동북지방에는 논이 없는 곳이 없을 만큼 벼농사가 보급되었는데, 이는 모두 우리 조선족들이 보급한 것이다.

내가 1945년 8월 15일 일제가 패망한 후의 심경을 묻자 노 독립운동가는 지금도 만감이 교차하는지 말을 잇지를 못했다. 한참 만에야 말문을 열었다.

처음에는 해방이 되었다는 사실을 알고 간악한 일본놈들이 거꾸러져서 얼마나 시원하고 통쾌한지 그저 춤을 추고 싶도록 좋았다. 우리 임정 요인들이 귀국해서 나라를 세울 줄 알았는데, 미군 당국이 임시정부를 인정치 않고 임정 요인들이 개인 자격으로 귀국해야 한다는 소식을 듣고는 억장이 무너지는 심정이었다.

그때 심정을 어찌 말로 할 수 있겠는가? 얼마 가지 않아 강대국이 시루떡 자르듯 38선을 세우고, 남조선에서는 이승만 씨가 단정을 주장한다는 소식을 들었을 때는 하늘이 무너지는 심정이었다. 이승만 씨는 임시정부 대통령으로 재직하면서, 조선을 미국에 위임 통치하에 둘 것을 청원하다가 당시에 임시정부 의정원으로부터 불신임 탄핵을 받아 물러난 인물이라 대단히 우려했다. 곧 그 우려가 사실로 드러나서 마침내 조국이 남북으로 갈라져 서로 싸우고 있으니….

해방이 되면 중국 땅에 살았던 우리 동포들은 으레 고국 땅을 밟을 줄 알았다. 그래서 우리 가족은 귀국하고자 이곳에 왔다가 끝내 귀국도 하지 못하고 여기에서 정착한 것이다.

점심시간이 되자 아들, 손자 내외가 우리 일행을 베이징 시내 번화가로 안내했다.

베이징은 중국 수도요 직할시이며, 화북평야의 북단 동북, 몽골고원과 화북을 잇는 요지다. 면적 1만6808제곱미터에 인구 1천3백만(2004년 조사 당시)의 대도시다. 중화인민공화국 성립 이후, 베이징의 도시건설은 급속히 발전하여 신축건물이 급증하면서 뚜렷하게 시가지가 확대되고 있다. 옛날의 성벽은 철거되고, 폭이 40-1백 미터로 확장된 장안가(長安街)는 옛 성 바깥쪽 동·서로 연장되어 40킬로미터나 된다. 그 중심인 천안문 부근은 50만 명을 수용할 수 있는 대광장이다. 역사적 도시 베이징에는 명승고적이 많이 있다. 옛 성내의 중심, 자금성은 명나라 때의 황궁으로 고궁박물원으로서 일반에 공개되고 있으며, 인민대회당·중국역사박물관·중국혁명박물관 등 볼거리가 많다.

아들 이대만 씨와 손자 내외는 우리 일행을 고국에서 온 귀한 손님이라고 그곳에서 가장 유명한 서대가 오리 전문요리점에서 대접했다.

오후에는 인민대회당, 천안문광장, 고궁박물원(자금성)을 관람했다. 저녁식사 후, 이태형 선생과 1차 면담이 미진하여 다시 선생 댁을 방문했다. 선생은 여

베이징 교외에 있는 만리장성

전히 조금도 흐트러짐이 없는 단아한 모습이었다. 90세가 넘도록 정정하게 건강을 유지하는 비결부터 물었다.

"내 건강에 특별한 비결은 없습니다. 욕심 없이 사는 게 비결일지도 모르겠네요. 20세 때, 장질부사를 앓고 한때 심장이 나빠 고생했는데 도교를 믿는 한족(漢族) 도인을 만나 그로부터 비방을 전수받아 오늘까지 하루도 빠지지 않고 그 처방을 하고 있어요. 그 비방이란 양 젖가슴 사이 들어간 부분을 단중혈이라고 하는데, 그곳을 장지로 누르면서 문지르라고 했습니다. 그러면 심장이 튼튼해지고 시원해져요. 심장이 튼튼하면 그 어떤 병에도 저항할 수 있습니다."

최근 연변 조선족의 한국 방문 푸대접으로 화제가 옮아갔다. 어쩌면 독립운동가 후손이 친일파 후손 집에 가정부 노릇을 하고 있을지도 모른다는 얘기였다.

"지금 동북에 사는 조선족 선대는 대부분 일본사람들이 싫어서 망명한 이들입니다. 그들 중에는 조선에서 생활고로 온 사람도, 죄짓고 도망온 사람도 없지는 않았습니다. 내 생각에는 독립운동을 한 후손이라면 굶어죽을지언정 그런 비렁뱅이 생활은 하지 않을 것 같은데, 요즘은 시대가 바뀐 탓인지 먹고사는

천안문광장

일, 돈벌이를 중요시해서 조상을 욕되게 하는 사람도 있는가 봅니다. 환경은 사람의 생각도 바꿔 놓는 모양이지요. 중국인들 사이에는 이런 말이 있습니다. '향전간(向前看)', 즉 미래를 보고 사는 사람이 있고, '향전간(向錢看)', 돈을 보고 사는 사람이 있다는 말입니다. 사람은 자기 가치관에 따라 처세가 달라지는 모양입니다.

조선 민족은 참 불쌍해요. 북쪽에서는 굶어 죽는다고 야단이고, 남쪽에서는 민족의 자존심이나 긍지를 잃고 살아가는 사람이 많은 것 같습니다. 내 듣자 하니 이완용 후손이 제 할아비 매국해서 왜놈으로부터 받은 토지와 왜왕 은사금으로 산 토지를 재판으로 찾아갔다는데, 그게 무슨 법치국가입니까. 말도 안 되는 일이지요. 그런 법은 법이 아닙니다. 민족 반역이 죄가 되지 않는 나라는 여타 범죄는 범죄도 아닌 세상입니다. 나라 팔아먹은 놈도, 왜놈 앞잡이 노릇 하던 놈도 높은 벼슬하며 떵떵거리고 사는 세상에 배고파서 도둑질한 사람이 무슨 죄가 되겠습니까? 그런 나라는 부패하기 마련이고 도의와 양심은 땅에 떨어져 버립니다."

서릿발 같은 노 애국지사의 울부짖음이었다. 한참 동안 말씀을 잇지 못하고 눈물을 삭였다. 같이 자리한 아드님도 울먹이며 한 말씀을 보탰다.

"이것이 '자본주의 법률의 원칙—사유재산 신성불가침, 사회주의의 근본 원칙—공유재산 신성불가침'의 차이입니다. 자본주의 국가에서는 매국노의 재산이라도 국가가 보호해야 한다는 게 아닙니까. 내가 과문한 탓인지는 몰라도 제2차세계대전 종전 후, 민족 반역자를 처벌하지 않은 나라는 대한민국뿐입니다. 중국에서는 일제에 협력한 민족 반역자를 '한간(漢奸)'이라 하여 모조리 처벌했습니다. 프랑스도 나치 협력자를 매우 가혹하게 처벌했습니다. 이들 나라보다 이민족의 통치 기간이 훨씬 길었던 대한민국에서는 숱한 민족 반역자를 양산했지만, 그들 중 단 한 사람도 제대로 처벌하지 않았습니다. 처벌은 그만두고 오히려 그들이 해방 후 외세에 빌붙어 지배 세력으로 군림했습니다. 심지어 일제 때 독립군을 토벌하는 자가 해방 후에 정권을 잡았으니 지하에 묻힌 선열들이 통곡하실 일이지요. 세계사에 유례를 찾을 수 없는 일입니다. 우리보다 미개한 동남아나 아프리카 여러 나라도 그렇지는 않았어요. 창피한 일이지요. 민족 정기에 먹칠을 했던, 우리 역사에 매우 부끄러운 일입니다. 이제는 때를 놓쳤습니다. 그때 사람들 이미 저승사람이 다 되었을 겁니다. 요즘 세상에 옛날처럼 부관참시는 할 수 없지요. 하지만 역사의 재판만은 제대로 해서 기록이라도 남겨야 합니다. 그래야 다음 세대가 다시는 반민족 행위를 하지 않습니다. 그저 말문이 막히는…"

이대만 씨가 말을 잇지 못하고 통곡을 했다. 갑자기 방안 분위기가 침울했다. 한동안 아무런 말없이 시간을 보냈다.

# 30. 자기가 약하면 남에게 당한다

    – 베이징(2)


이대만 씨는 중국 동북에서 태어나 1944년까지 영길현 강밀봉(江密峰) 조선족 소학교에서 교사로 복무했고, 1947년에는 연변신문사 기자로, 1949년부터 중앙 정부에 발탁되어 중국민족어문 번역사업국에 복무하여 국장으로 재직하다가 최근에 정년퇴임한, 조선족으로서는 비교적 성공한 지식인이다. 이대만 씨는 남북 양측 정부로부터 초청받아 두 곳 모두 두루 살펴본 분으로 남북 국내 사정에 매우 밝았다.

    "중국 고사에 이런 말이 있습니다. '지나간 일은 지나간 대로 내버려 두고 앞을 보라'고 했습니다. 지나간 일에 너무 집착하다 보면 앞일을 그르칠 수 있을 테지요. 지금도 조선 문제는 단순히 조선만의 문제는 아닙니다. 국제 문제입니다. 그동안 조선의 분단도, 전쟁도 강대국의 이해관계 때문이었습니다. 따라서 조선의 통일은 결코 쉽지 않습니다. 우선 중국이 고개를 끄덕여야 하고, 미국도 마찬가지입니다. 중국의 지식인들은 이렇게 말하고 있어요. '자기가 약하면 남에게 당한다' '국내 일부터 잘하라' '국력이 강해야 남이 업신여기지 않는다' 이 모두가 조선 백성들이 명심할 말들입니다. 결론으로 말하자면, 조선의 해방은 조선인의 온전한 힘으로 이루지 못했기에 나라가 분단된 겁니다. 답은 여기에 있습니다. 우리가 강해지면 모든 게 다 해결됩니다."

이런저런 얘기로 밤이 늦었다. 이야기 마무리로 이태형 선생에게 독립운동가 1세대로서 후손에게 남길 말씀을 부탁드렸다.

나를 독립 1세대로 호칭해 주는 건 잘못이다. 독립 1세대는 이미 생존하신 분이 없다고 봐야 한다. 나는 2세대나 3세대 정도다.

첫째, 옳은 일을 해야 된다. 곧 정의롭게 살아야 한다. 일본사람들도 사람인데 우리 세대가 그렇게 미워했던 것은 그들이 정의롭게 살지 않았기 때문이다. 곧 그들이 우리 조선을 침략했기 때문이다.

둘째, 옳고 그름의 판단은 시대에 따라 변할 수도 있다. 인문의 발달에 따라 사물에 대한 견해가 달라질 수도 있다. 사상이란 고정된 게 아니다. 하지만 그 시대 양심에 어긋나지 않게 살아야 한다. 일본놈 밑에서는 마땅히 독립운동을 하는 게 그 시대 양심이었다. 개미나 벌 같은 미물도 자기의 왕이나 제 집을 해치면 죽기를 각오하고 외적을 물리친다. 이민족 치하에서 가만히 있는 것도 비겁한데 하물며 그들 편에서 그자의 앞잡이가 된다는 것은 말도 안 되는 얘기다. 버러지보다 못한 사람이다.

셋째, 지금의 매장 풍습을 바꿔야 한다. 오늘날 매장은 산 자와 죽은 자의 싸움으로 번지고 있다. 모택동 주석이나 김일성 주석도 죽은 후에 화장하지 않고 안전관에 모셔두고 있는데, 인민을 교육하기 위하여 그런지는 몰라도 나는 잘못된 일로 생각한다. 지금은 몰라도 앞으로 1백 년이나 1천 년이 지난 다음에는 분명히 잘못된 일로 판명될 것이다. 한 줌의 재로 날려 버린 주은래·등소평 지도자야말로 얼마나 멋진 선각자인가. 호화 분묘를 만들고 비석을 세우는 일은 다 소용없는 일이다. 정말로 후손을 위한다면 화장하는 게 옳다. 나는 이미 부모와 처를 모두 화장했고, 나도 화장하라고 일렀다.

넷째, 남북 조선이 서로가 상대를 헐뜯지 말고 사실대로 인정해야 한다. 예를 들면 청산리전투를 북쪽에서는 홍범도, 김좌진 장군이 한 게 아니고 조선 빨치산이 했다고 하거나, 남쪽에서는 요즘은 쑥 들어간 듯하지만, '가짜 김일성'이라고 역사를 왜곡한다든지, 보천보전투의 김일성 장군 항일운동을 부인한다든지 하는 것은 서로의 틈만 더욱 벌리는 일이다. 북한의 김주석도 자기만이 항일했다는 독불장군식의 태도는 옳지 않다. 정권을 유지하기 위해 그런지는 몰라도 항일동지들을 종파분자로 숙청한 것은 나는 과한 점이라고 생각한다. 일제시대 항일독립운동은 민족계열 공산계열이 모두 힘을 합쳐 한 일이지 사실은 어느 한쪽만이 한 것은 아니다. 3·1운동 때 기독교,

천도교, 불교계가 일심 단합하여 만세를 부른 것과 같다. 서로가 자기만이 옳다는 극단은 좋지 않다. 거짓은 언젠가는 드러나게 마련이다. 같은 단군의 자손으로 태어나서 외세에 밀려 분단이 된 채, 서로가 대화를 하지 않고 한 하늘 아래 살 수 없는 원수처럼 사는 것은 역사에 죄를 짓는 일이다. 오늘만 보지 말고 지난날을 돌아보고, 먼 장래를 내다보면 우리 민족이 어떻게 해야 할지 그 답이 나올 것이다.

하루 동안 구십 평생을 사신 분의 인생 역정을 다 듣는 것은 무리이리라. 동석한 이항증 씨에게 당신이 한 일은 "먹줄 잡는 심부름 정도밖에"라고 말씀하셨지만, 그것은 겸손의 말씀이었다. 선생의 장인어른이 의성 김씨가의 월송(月松) 김형식(金衡植) 선생으로, 일송 선생 못잖은 대단한 항일운동 집안이라고 했다. 월송 선생은 해방 후에도 조국의 분단을 막고 통일정부를 수립하고자 김구·김규식·김일성·김두봉(金枓奉) 등이 1948년 4월 평양에서 남북협상(남북조선 제정당사회단체 지도자협의회)을 할 때 사회를 봤던 분이라고 했다.

이태형 선생이 말씀 도중 아직 시기상조라고 생각하셨는지, 이따금 무언가 숨긴 듯한 이야기가 있음을 알아차렸지만 예의에 어긋날 것 같아서 굳이 캐묻지 않았다.

그것이 인생의 후반 공산사회에서 무장투쟁으로 살아온 얘기인지, 남북 정부에 대한 섭섭한 얘기인지, 괜히 심중의 말을 내뱉어서 힘없는 글쟁이를 다치게 할지 모른다는 속 깊은 배려인지, 나로서는 그 속내를 알 수 없었다. 다만 이심전심 침묵의 대화로 그 숨긴 뜻을 헤아려 볼 수밖에 없었다. "남북이 분단된 이대로는 고향 땅에 묻힐 생각은 없고, 죽으면 화장을 해서 중국 땅에 재를 뿌리겠다"는 노옹의 단호한 말씀 속에 담겨진 의미를 내 나름대로 추리하면서, 작별인사를 나누고 손자가 태워 준 승용차에 타고서 빈관으로 돌아왔다. 이태형 선생은 2001년 95세로 운명하셨다.

깊은 밤, 베이징의 하늘 가운데는 보름을 갓 넘긴 달이 높이 떠 있었다. 서울에서 본 달과 조금도 다름이 없었다. 오랜 대담의 여운 탓인지, 나그네의 객수 탓인지, 이내 잠을 이룰 수 없었다. 커튼을 젖히고 창을 열자 푸르스레한 달빛이 방 안으로 실비처럼 쏟아졌다.

이 달빛 아래 헤아릴 수 없는 사람들이 살았고, 지금도 살고 있으며, 앞으로도 살아가리라. 누구나 이 세상에서 단 한 번밖에 살지 못하는 삶—어떻게 살아야 사람다운 인생일까? 중천의 달은 아무런 말도 없이 그저 흐드러지게 웃을 뿐이다. 그것은 네 삶의 길을 스스로 터득해서, 네 의지에 따라 사는 거라고 계시하는 듯하다.

달은 지상 모든 나라의 흥망성쇠도, 숱한 사람의 영고성쇠도, 다 알면서 모른 척 서쪽으로 쉬엄쉬엄 기울어만 갔다.

항일유적답사단 일행(왼쪽부터 김중생, 저자, 이항증.
베이징 교외 만리장성에서)

## 후기

우리나라 독립운동사에 까막눈이었던 내가 많은 분들의 도움으로 중국 대륙에 흩어진 항일유적지를 답사하고 참선하는 마음으로 이 책을 엮었다. 이는 선배 학자들의 값진 저서와 증언, 자료 제공으로 이루어진 것으로, 나는 오직 다리품만 팔았을 뿐이다. 역사 현장을 답사하거나 여러 문헌을 들추면서 내 마음을 울린 분들이 너무나 많았다. 이런 분들이 현대사의 주역이 되지 못한 채, 역사의 뒤안길로 끝내 사라진 현실이 매우 가슴 아팠다. 이제라도 역사학자나 작가들이 발벗고 나서서 묻혀진 진실을 발굴하여 그분들의 이름이나마 드높여 주는 게 이 시대의 소명이리라. 미력하나마 나는 앞으로도 이 방면에 더욱 관심을 갖고 무딘 필을 들고자 한다.

이 답사기가 완성될 때까지 많은 분들이 물심양면으로 도움을 줬지만, 특히 행촌학술문화진흥원 이영기 이사장님(전 전주지검장)에게 엎드려 감사를 드린다. 당신 막내아드님을 담임한 지 20년이 지났는데도, 나에게 민족혼을 지닌 작가가 되라면서 항일유적답사를 주선해 주시고 1차 답사비 전액을 쾌척해 주셨다. 격려의 글을 주신 백범기념관 김신 장군님, 우당기념관 이종찬 원장님, 동행하면서 길안내를 해주신 이항증·김중생·김시준 선생님, 사학자 강만길·박창욱·김우종·서명훈·장세윤·김춘선·김태국 선생님, 왕산 허위 선생 후손 허벽·허호 씨와 원고를 감수해 준 이범증 중앙중학교 교장선생님에게도 심심한 감사를 드린다. 아울러 답사 길에 핸들을 잡았던 왕빙, 한룡운, 김택현 기사, 낯선 이국 땅 길거리에서 길 안내를 해준 이름 모를 호로(胡老)와 촌민들에게도.

나는 역사학도가 아니기 때문에 이 글에는 잘못도 많으리라고 생각된다. 그래도 이 글을 참고하고자 하는 분이 있다면 분외의 영광으로 여기겠으나, 꼭 원전을 살펴 주기 부탁드린다. 다음 세대를 위해 이 글을 될 수 있는 한 쉽게 쓰고자, 다른 분의 글을 인용할 때도 내 자의로 풀어썼기 때문이다.

나의 얕은 학식에 거친 문장 그리고 어설픈 솜씨로 찍은 사진이나마, 다음 세대를 위한 자료가 된다는 신념으로 이 책을 엮어 준 눈빛출판사 이규상 대표와 편집실 가족의 노고에 심심한 감사를 드린다. 젊은이들이 이 책을 읽고서 나라와 겨레에 대한 뜨거운 마음이 일어난다면 내가 여러 어른에게 진 빚을 조금이라도 갚을 수 있겠다.

2006년 10월

지도와 답사 일정

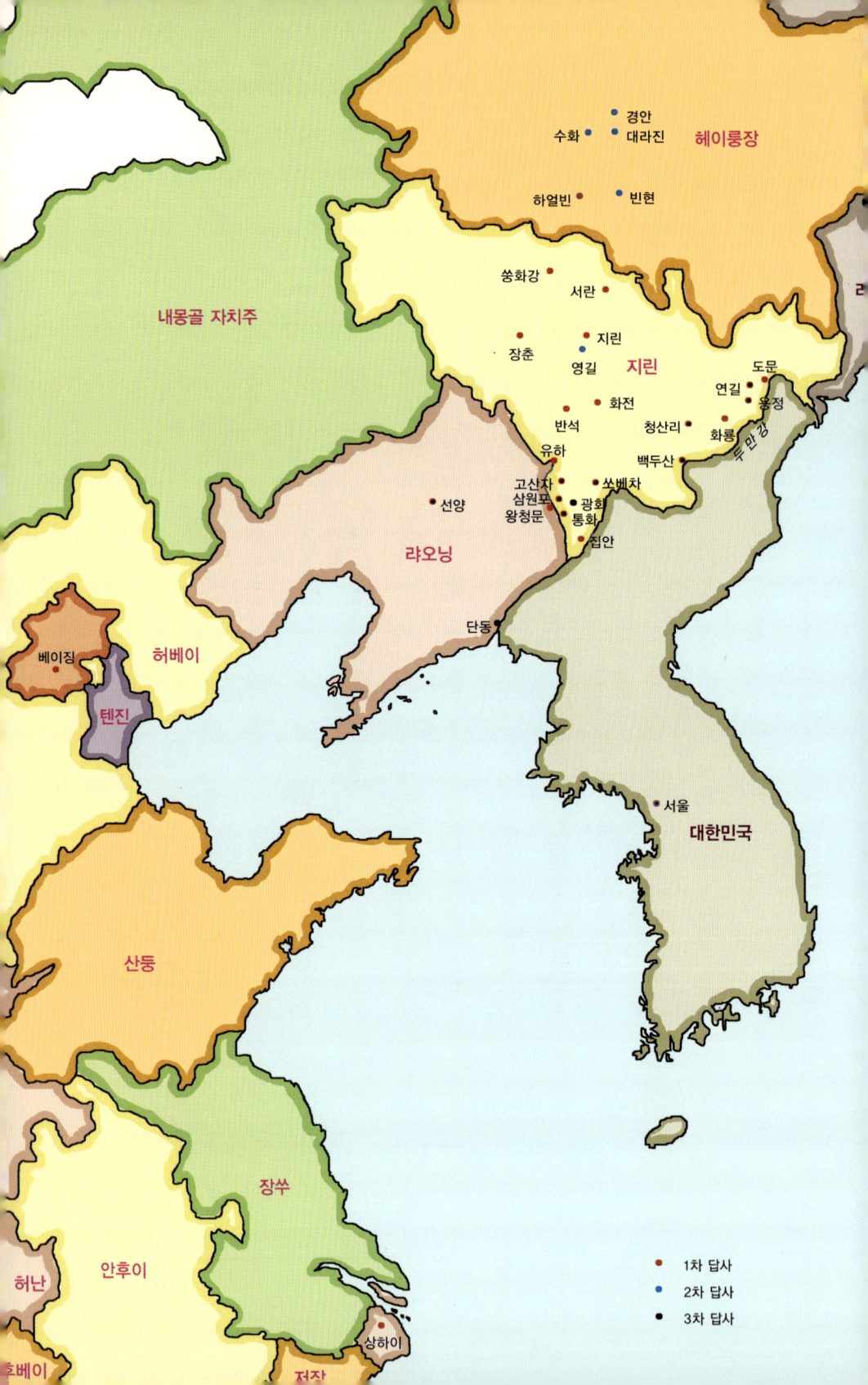

내몽골 자치주

헤이룽장

수화 · · 경안
· 대라진

하얼빈 · · 빈현

쑹화강 ·
서란 ·

장춘 · · 지린
영길 · 지린

화전 · 도문

반석 · 청산리 · 연길 · 룽정

유하 · 화룡

고산자 · 쏘베차
삼원포 · 백두산
왕청문 · 광화
통화
집안

선양 ·

라오닝

단둥 ·

베이징 ·
허베이
텐진

서울 ·
대한민국

산둥

장쑤

허난
안후이

상하이

· 1차 답사
· 2차 답사
· 3차 답사

## ● 제1차

답사기간 : 1999년 8월 1일-11일

답사자 : 이항증·김중생·박도

답사지 : 베이징 → 상하이 → 장춘 → 하얼빈 → 연길·용정( 화룡·어랑촌·청
산리·백두산) → 장춘 → 하얼빈→ 서란 → 지린 → 화전 → 반석→ 유
하→고산자 → 삼원포 → 통화 → 집안 → 왕청문→ 선양 → 베이징


## ● 제2차

답사기간 : 2000년 8월 17일-22일

답사자 : 박도

답사지 : 하얼빈→ 수화→ 경안→ 빈현 → 장춘


## ● 제3차

답사기간 : 2004년 5월 25일-6월 4일

답사자 : 이항증·김시준·박도, 권순태(안동문화방송 프로듀서)·

최종태·손대훈(안동문화방송 카메라맨)

답사지 : 선양→ 단동 → 통화→ 광화 → 고산자 → 삼원포 → 쏘베차 → 통화→
백산 → 무송 → 백두산 → 청산리 → 연길·용정

# 참고문헌

## 1. 단행본

강용권, 『만주 항일유적지 답사―죽은 자의 숨결 산 자의 발길』, 장산, 1996

강용권·김택, 『홍범도 장군』, 장산, 1996

고은, 『한용운평전』, 민음사, 1978

김구, 『백범일지』, 서문당, 1994

김산·님 웨일즈 지음, 조우화 옮김, 『아리랑』, 동녘, 1992

김용만, 『고구려의 발견』, 바다출판사, 1998

김우종·리동원 편저, 『안중근 의사』, 흑룡강 조선민족출판사, 1998

김준엽, 『長征』, 나남출판, 1987

김학준, 『매헌 윤봉길 평전』, 민음사, 1992

김희영 편저, 『이야기 중국사』, 청아출판사, 1998

나명순·조규석, 『대한국인 안중근』, 세계일보, 1993

마스이 야스이치 지음, 정운현 옮김, 『중국·대만 친일파 재판사』, 한울, 1995

박영석, 『항일독립운동의 발자취』, 탐구당, 1993

박찬교, 『백두산 그 형성과 역사, 자연, 생태계』, 한겨레신문사, 1993

사키류조 지음, 양억관 옮김, 『광야의 열사 안중근』, 고려원, 1993

삼성출판사 편, 『자신만만 세계여행·3 중국』, 삼성출판사, 1999

서중석, 『신흥무관학교와 망명자들』, 역사비평사, 2001

석주 선생 기념사업회, 『石洲 遺稿東邱遺稿小坡遺稿』, 고려대학교 출판부,
       1973

선주문화연구총서, 『왕산 허위의 사상과 구국 의병항쟁』, 금오공과대학교 선
       주문화연구소, 1995

송우혜, 『윤동주 평전』, 열음사, 1988

송지향 편저, 『안동향토지』, 대성문화사, 1983

신주백, 『만주지역 한인의 민족운동사』, 아세아문화사, 1999

野村浩一 지음, 오상훈 역, 『중국현대사』, 한길사, 1980

역사문제연구소 편, 『인물로 보는 항일무장투쟁사』, 역사비평사, 1995

우당기념관 엮음, 『사진으로 엮은 한국독립운동사』, 눈빛출판사, 2005

윤병석, 『한국독립운동의 해외사적 탐방기』, 지식산업사, 1994

이덕일, 『아나키스트 이회영과 젊은 그들』, 웅진닷컴, 2001

이민수, 『독립운동가 30인전』, 서문당, 1975

이범석, 『우둥불』, 사상사, 1971

이은숙, 『가슴에 품은 뜻 하늘에 사무쳐』, 인물연구소, 1981

이현희, 『대한민국 임시정부』, 한국민족운동사연구회, 1991

임종국, 『일제 침략과 친일파』, 靑史, 1982

장세윤, 『홍범도 생애와 독립전쟁』, 독립기념관 한국독립운동사연구소, 1997

장준하, 『돌베개』, 세계사, 1992

조동걸, 『독립군의 길따라 대륙을 가다』, 지식산업사, 1995

조일문, 『중국대륙을 가다』, 자유출판사, 1990

중국조선민족발자취 총서 편집위원회 편, 『2 불씨, 4 결실』, 민족출판사, 1995

지복영, 『항일 무장 독립운동과 백산 지청천 장군-역사의 수레를 끌고 밀며』,
      문학과지성사, 1993

추헌수, 『대한민국 임시정부사』, 독립기념관 한국독립운동사연구소, 1989

충남대학교 편, 『백두산의 자연』, 충남대학교 출판부, 1992

푸이 지음, 이충양 옮김, 『황제에서 시민으로』, 문학과비평, 1988

한국독립유공자협회 엮음, 『중국동북지역 한국독립운동사』, 집문당, 1997

한국문원 편집실 엮음, 『분단 50년, 북한을 가다』, 한국문원, 1995

한국학문헌연구소, 『국역 허위 전집』, 아세아문화사, 1985

한승인, 『독재자 이승만』, 일월서각, 1984

허은 구술, 변창애 기록, 『아직도 내 귀엔 서간도 바람소리가』, 정우사, 1995

황영애, 『백두산 가는 길』, 깊은샘, 1988

──, 『한국독립운동사연구』, 제7집 독립기념관, 1993

## 2. 논문

김기승, 「한말 유교 지식인의 사상 전환과 그 논리」, 민족문화

김성보, 「해외 민족운동 -간도에서의 무장독립운동을 중심으로」, 행촌회보
　　　　제6호

김승학, 「일송 김동삼 선생 투쟁사」

김용직, 「보수적 상황하의 서구 수용 -한말 영남 북부지방 문인들의 경우」

이동언, 「일송 김동삼 연구」, 한국독립운동사연구 제7집

이선우, 「중국 동삼성에 빛나는 항일 구국의 혼」, 국가보훈처

이준형, 「先府君 遺事」, 석주선생기념사업회

장세윤, 「허형식 연구」, 한국독립운동사연구 제7집

지은이 박도는 1945년 경북 구미에서 태어나
구미초등·구미중·중동고·고려대 국문과를 졸업했다.
오산중·중동고·이대부고에서 33년간의 교사생활을 마무리한 뒤,
지금은 강원도 안흥 산골에서 글쓰기에 전념하고 있다.
민족문학작가회의 회원으로 작품집으로 장편소설 「사람은 누군가를
그리며 산다」와 산문집 「비어 있는 자리」 「샘물 같은 사람」
「아버지의 목소리」 「일본기행」 「안흥 산골에서 띄우는 편지」
「길 위에서 길을 묻다」 「그 마을에서 살고 싶다」, 한국전쟁 사진집
「지울 수 없는 이미지 1·2」 「나를 울린 한국전쟁 100장면」과
「사진으로 엮은 한국독립운동사」 등이 있다.

# 항일유적 답사기

– 중국에 흩어져 있는 선열들의 발자취를 찾아서

박도 지음

초판 1쇄 발행일 — 2006년 11월 1일
발행인 — 이규상
발행처 — 눈빛출판사
　　　　서울시 마포구 성산동 572–506호
　　　　전화 336–2167 팩스 324–8273
등록번호 — 제1–839호
등록일 — 1988년 11월 16일
편집 — 정계화·이자영·고성희
출력 — DTP하우스
인쇄 — 예림인쇄
제책 — 일광문화사

ISBN 89–7409–605–6
값 12,000원